CW00864790

Meximieux, une Commune Pendant la Révolution

F. Page

Meximieux

Une Commune pendant la Révolution

par

L'Abbé F. PAGE

Curé de Mizérieux

EN VENTE
CHEZ H. MALLET, A MEXIMIEUX
CHEZ L'AUTEUR, A MIZÉRIEUX (AIN)
ET A L'IMPRIMERIE

BELLEY

IMPRIMERIE LOUIS CHADUC

1903

AVANT-PROPOS

Le présent travail n'était pas destiné à être présenté au public ; ce n'est que sur les instances de plusieurs amis qu'il a été livré à l'impression.

L'ouvrage comprend deux parties. La première est une notice historique sur Meximieux depuis les origines jusqu'en 1789. Ce n'est qu'un abrégé, mais il suffit pour faire connaître les principaux faits qui se sont passés autrefois dans notre pays. Nous aimons à croire qu'une plume autorisée publiera sous peu une histoire complète du prieuré de Saint-Jean et du chapitre de Saint-Apollinaire.

La seconde partie fait connaître les événements qui se sont déroulés à Meximieux pendant la période tourmentée de la Révolution. Elle va de 1789 au Directoire. Ce qui est raconté dans cette deuxième partie a été emprunté à des documents authentiques puisés à bonne source ; tout a été compulsé avec la plus rigoureuse exactitude.

Quelques-uns diront peut-être que c'est là de l'histoire écrite à coups de petits papiers ; mais d'autres penseront, avec raison, que l'histoire locale doit précéder l'histoire générale et lui marquer la route à suivre.

Dans la Révolution, le public s'est habitué à ne voir que l'exaltation populaire, les désordres les violences, les massacres, qui marquèrent si tristement la fin du XVIIIe *siècle. Il ne réfléchit pas que toutes ces calamités étaient les résultats de lois ou décrets qui, rédigés habilement, ne semblaient pas devoir produire de semblables effets. Les mesures révolutionnaires étaient prises, disait-on, dans un but d'humanité, et elles amenaient les plus malheureuses conséquences ; c'est ce qui les condamne. Si les conséquences sont mauvaises, comment les principes pourraient-ils être vrais ?*

Peut-être [illegible] *le lecteur, après avoir parcouru les pages de ce petit volume, réfléchira-t-il aux dangers des innovations sociales ou politiques, et gravera-t-il dans sa mémoire le précepte d'un fabuliste bressan :*

> *Des fautes du passé gardons au moins le fruit !*
> (GUICHELET).

S'il en est ainsi l'auteur aura atteint le but qu'il se propose.

Il lui reste maintenant à remercier les personnes bienveillantes qui lui ont facilité l'étude des documents, et ceux qui l'ont soutenu de leurs encouragements et de leurs conseils.

Mizérieux, le 25 juin 1903.

F. P.

PREMIÈRE PARTIE

NOTICE HISTORIQUE SUR MEXIMIEUX

---

§ Ier. — *Origines, jusqu'à la fondation du château par Humbert Ier, archevêque de Lyon (1070)*

Tous ceux qui ont écrit sur Meximieux ont dit, d'après Guichenon, que cette petite ville est bâtie dans la situation la plus agréable de toute la Bresse. Cette assertion peut paraître prétentieuse ; toutefois le concours des étrangers, qui depuis longtemps se plaisent à venir dans le pays, semble la justifier.

Les collines de la Cotière, inondées pour ainsi dire des clartés d'un beau soleil du midi, d'où l'on jouit d'une vue splendide sur les plaines de l'Ain et du Rhône, sur les monts du Jura et les sommets des Alpes, durent attirer de bonne heure les premiers habitants du sol de la Celtique. Ce n'est pas là une simple hypothèse. Les fouilles faites à la Côte-Colliard, lors de la construction de la maison Limb, ont mis à découvert trois corps humains renfermés dans une seule tombe, une quantité considérable d'ossements de chevaux, et quelques instruments en pierre. Les ossements humains étaient à peu près fossilisés. Ce qui nous donne droit de dire que dans les temps préhistoriques, à peu près à la même époque où la roche de Solutré possédait sa colonie de troglodytes, nos collines étaient déjà habitées par une tribu de hardis chasseurs qui poursuivaient le cheval dans les plaines de l'Ain et du Rhône.

Avant la conquête romaine le territoire de Meximieux se trouvait à peu près sur les frontières des Ambarres, des Ségusiaves et des Allobroges établis au nord du Rhône. Le pays était riche et bien cultivé. Les commentaires de César nous disent que c'est de ce pays, de celui des Eduens ou des Séquanes, que ce général romain tirait les grains nécessaires à la subsistance de son armée.

Nos ancêtres faisaient partie de la Gallia braccata, ainsi nommée parce que les habitants portaient des braies, sorte de pantalon qui se liait au-dessus des chevilles. Les pays du nord étaient désignés sous le nom de Gallia comata ou chevelue. Le Gaulois ou Celte portait aussi la saye ou sagion, vêtement assez semblable à la blouse de nos paysans : pendant l'hiver il ajoutait à son costume un manteau analogue aux pèlerines portées actuellement : les Romains nommaient ce manteau *caracalle.*

La société gauloise comprenait deux classes : le peuple et la noblesse, que César appelle *equitatus,* cavalerie ou chevalerie. Tous concouraient à la défense du pays. Le cavalier gaulois combattait armé d'un long javelot, qui lui servait de lance, et d'une épée de bronze suspendue à une ceinture également de bronze. Sa tête était protégée par un casque macédonien. Toutes ces armes lui venaient de Grèce (1). César ne fait pas difficulté de convenir que la cavalerie des Gaulois était supérieure à celle des Romains.

La Gaule tout entière formait une sorte de confédération composée de divers peuples: les plus influents étaient les Aquitains, les Arvernes, les Eduens, les Séquanes, qui appuyés de leurs clients ou alliés se disputaient la suprématie du pouvoir et la direction des affaires. En sorte que les Gaulois constituaient une race puissante, mais une société affaiblie par ses divisions. Ce peu d'entente devait amener la conquête du pays par les Romains.

D'après H. Martin, la Gaule, au temps de César, se trouvait menacée d'une double conquête: les Germains d'une part, les Romains de l'autre, en voulaient à son indépendance. Le déplacement des Helvètes aurait été une tentative faite dans le but de renforcer les populations gauloises et de créer une plus puissante confédération, capable de résister à la fois aux ennemis du nord et à ceux du midi. Ainsi les commentaires de César ne donneraient pas les véritables motifs de ce mouvement des Helvètes. Quoi qu'il en soit, cette émigration des peuplades Helvètes fut la cause occasionnelle de la première campagne de César et de la conquête de la Gaule.

(1) Les Séquanes ou Bressans se livraient déjà à l'élevage du porc· ils expédiaient leurs salaisons jusqu'en Grèce et dans l'Orient. Les marchands marseillais rapportaient de Grèce des armes pour les Gaulois. Les épées de bronze, trouvées dans nos régions, à Château-Gaillard et sur la bruyère de Saint-Barnard, étaient du type de celles de Mycènes.

Après sept années de lutte, le pays était complètement soumis à la domination de Rome, ses habitants désarmés et privés de leur liberté politique; les quelques tentatives faites pour recouvrer l'indépendance furent bien vite comprimées: le pas cadencé des cohortes romaines, le grincement de leurs lourdes caliges sur le pavé des chaussées, suffisaient pour faire tout rentrer dans l'obéissance. Rome et sa civilisation devaient rester maîtresses de nos pays pendant plus de cinq siècles.

Sans doute les armées romaines durent traverser souvent le territoire de Meximieux: on se trouvait à proximité de Lyon et placé sur la route de Genève. Même nous croyons que les Helvètes ou du moins une de leurs tribus, durent passer pas nos confins: la teneur des plaintes adressées à César par les populations, lésées dans leurs biens lors de ce passage, le donnerait à comprendre. Mais il serait puéril de vouloir affirmer qu'au pied de nos collines, dans la plaine de la Valbonne, se seraient passés les grands événements de la conquête des Gaules. Il faut avoir l'imagination fertile et complaisante pour voir dans Combe-à-Durand le champ d'une bataille qui fut livrée sur les frontières des Mandubiens (Côte-d'Or); — ou bien pour reconnaître dans le chemin de la Lèpe l'endroit où César perdit son épée (1). Les jeux de mots ne sont guère de mise en histoire.

(1) Les chartes du Moyen-âge mentionnent le territoire de la Luépi qui est certainement la Lèpe.

Cependant Meximieux fut certainement habité par les Romains. Son nom indiquerait qu'un certain Maxime, natif de Lyon, serait venu construire une villa dans cet endroit qui depuis lors aurait été appelé, du nom de son propriétaire, Maximiacum, lieu de Maxime. Cet établissement aurait eu lieu sous l'empereur Claude, après le décret du Sénat accordant aux lyonnais le droit d'entrer dans l'ordre des sénateurs. Messimy et Messimieux, près d'Anse, auraient une semblable origine: ce qui nous permet de conjecturer que ces Maxime appartenaient à une puissante famille de patriciens.

Il nous reste plusieurs vestiges de l'occupation de notre pays par les Romains. C'est d'abord une inscription funéraire, autrefois placée sur le côté oriental de l'église de St Jean, et actuellement encastrée dans le mur nord de la chapelle du petit-séminaire. C'est l'épitaphe d'un ingénieur militaire et de sa fille. On peut la lire ainsi: « Aux « dieux mânes et à la mémoire de Tibérius « Claudius Coinnacus Atticilius Agrippianus, de « la tribu Quirina, préfet d'ouvriers (militaires), « et à celle de Claudie Atticilie sa fille (1). » De Moyria et de Veyle sont d'accord pour dire que cette inscription daterait de la fin du deuxième siècle.

Le presbytère actuel (1903) serait bâti sur l'emplacement de bains romains: c'était l'opinion de l'architecte M. Bossan. Il me souvient d'avoir vu

(1) TIB. CLAVD. QVIR. COINNACI. ATTICIL. AGRIPPIANI PRÆF. FABR. ET CLAVD. ATTICILIÆ FILIÆ.

dans les fouilles, faites en 1862 pour cette construction, des fondations de murs très-solides qu'on disait être d'origine romaine. Je me rappelle avoir eu entre les mains un fragment de marbre provenant du pavage de la salle des bains.

La tour du château, détruite en 1794, était également attribuée aux Romains. Elle était ronde, de petit diamètre, et très-haute. Servait-elle de fanal ou de relai pour les courriers de l'Empire ? On ne saurait préciser. Elle aurait remonté aux temps de l'empereur Probus, vers l'an 280 de notre ère.

Des monnaies d'Adrien et de Tétricus ont aussi été trouvées à Meximieux et proche l'étang Vivier, vers la route de Chalamont. Ce sont là tout autant de témoignages de la civilisation gallo-romaine dans nos contrées.

En 197 après J.-C., eut lieu sur le plateau de Dombes, probablement près de Sathonay, la célèbre bataille entre Albin et Septime-Sévère. L'armée de celui-ci descendait vers Lyon par trois routes : celle de l'Océan, le long de la Saône ; celle du Rhin, par le plateau de Dombes ; celle de Genève, par la plaine de la Valbonne. Son aile gauche dut passer par Meximieux. Quelques érudits ont prétendu que la bataille, dont il s'agit, aurait été livrée dans la plaine de l'Ain, sous les collines de Pérouges et de Béligneux; que dans l'ivresse de la victoire les soldats de Sévère auraient nommé le champ de bataille Valbonne, c'est-à-dire, Bonne vallée. On ne voit pas que jusqu'ici ils aient donné de leur manière de voir aucune preuve acceptable.

C'est vers la même époque que des missionnaires envoyés par St Irénée vinrent prêcher l'Evangile au nord de Lyon : il est à croire que nos pères furent convertis à la foi chrétienne par ces missionnaires lyonnais. Du moins peut-on dire que le pays était chrétien quand, vers 430, St Domitian fonda le prieuré de St-Christophe qui donna naissance au bourg de ce nom (1).

Dans le Ve siècle commencent pour nos contrées les invasions des Barbares. Quelques-uns de ces peuples s'établissent en conquérants sur le vieux sol de la Gaule : d'autres, comme les Burgondions ou Bourguignons, franchissent les frontières de l'Empire à titre d'alliés et sont admis dans la société gallo-romaine comme des hôtes protecteurs. Les deux tiers des terres leur sont cédées, pour les attacher au sol et les intéresser à la défense du pays. Cette concession fut l'origine du premier royaume de Bourgogne, qui s'étendait des Alpes au Rhône. Le département de l'Ain, et par conséquent Meximieux, y était englobé. Genève et Lyon en furent tour à tour les capitales.

Le plus illustre des rois Bourguignons, Gondebaud, se montra un personnage vraiment remarquable. Lettré, il parlait le latin et composait même des poésies en langue grecque ; désireux de policer ses sujets, il leur donna une sorte de code connu sous le nom de loi Gombette (2); enfin dans ses démêlés

(1) Dans la légende de St Domitian la rivière d'Ain est appelée *Igneus fluvius*, fleuve de feu, fleuve ardent

(2) Cette loi bourguignonne fut donnée à Ambérieu. Beaucoup pensent, non sans raisons, qu'il s'agit d'Ambérieux-en-Dombes.

avec les Francs on ne le trouve guère inférieur à Clovis.

A peine constitué le nouveau royaume de Bourgogne fut ravagé par Attila et ses Huns (452). Ce fléau de Dieu passa par nos contrées : Bourg et Lyon éprouvèrent sa fureur. Meximieux ne dut pas être épargné plus que ces deux villes (1).

Ce premier royaume de Bourgogne dura 126 ans; il succomba sous les attaques des princes francs Childebert, Chlotaire et Théodebert (534). A partir de cette époque nos pays passent sous la domination franque.

Les rois francs de la première race et les Carlovingiens gouvernèrent nos contrées jusqu'en 879, année où Bozon, duc de Bourgogne, se fit nommer roi d'Arles et de Provence par une assemblée de seigneurs et d'évêques tenue au château de Mantaille, en Dauphiné. C'est dans cet intervalle de temps que se produisirent les incursions des Sarrazins. Pendant une douzaine d'années ces conquérants arabes restèrents maîtres des riches pays avoisinant le le Rhône et la Saône, jusqu'à ce que Charles-Martel, après la bataille de Poitiers, put venir les chasser (737-739) et punir les chefs Bourguignons qui les avaient appelés en haine de la domination franque. Dans certaines populations de nos montagnes du Bugey, on croit reconnaître des descendants de ces

(1) On a trouvé pres de Brou une médaille en argent d'Attila La tête est nue, aux épaules on voit deux ailes pour faire allusion à la rapidité de ses conquêtes· au revers est un cheval la tête haute, sans harnais et sans frein. — (Bossi. Statistique de l'Ain, p. 260.)

envahisseurs. Ce serait pour défendre le pays contre ces sortes d'invasions que Bozon aurait été proclamé roi.

Vers 924 commencèrent les rapides courses des Hongrois en Italie et en France. Ce peuple à demi-sauvage ne cherchait pas à créer des établissements dans les pays qu'il parcourait : son unique but était le pillage et la destruction. L'est de la France eut particulièrement à en souffrir jusqu'en 955. L'ogre, personnage légendaire, se repaissant de chair humaine, est resté comme le type de ces farouches guerriers.

On a écrit que Meximieux aurait été saccagé par les Hongrois: le fait n'a rien d'impossible. Même on voulu dire qu'une tradition, vivante encore dans le pays au siècle dernier, aurait conservé le souvenir du désastre. Nous n'avons aucune raison d'ajouter foi à l'existence de ces sortes de tradition. Cependant ceux qui admettent la réalité de cet événement disent que l'archevêque de Lyon, Burchard Ier, voulant relever Meximieux de ses ruines, l'aurait donné aux moines de l'Ile-Barbe sous la condition d'y construire une église et de fonder un prieuré (960). Quelques moines devaient habiter ce prieuré et pourvoir au service divin dans la paroisse. Ce qui a donné lieu à cette supposition est un passage de la bulle de Lucius III à Guichard, abbé de l'Ile-Barbe (1). Parmi les églises, dont le pape dans cette bulle confirme la possession au célèbre monastère, se trouve men-

(1) Cette bulle est de la seconde année du pontificat de Lucius III. elle porte la date du 5 des Ides de mai 1183, indiction 1re.

tionnée celle de : *Maximiaco mortuo, Meximieux le mort ?* Le contexte montre qu'il s'agit de notre Meximieux et non de Messimy ou de Messimieux, près d'Anse. Ce qualificatif de : *mortuo*, le mort, semble désigner quelque chose de bien vague : suffit-il pour étayer l'opinion précitée ? Ces mots Maximiaco mortuo, sont imprimés en italique dans la première édition des Masures de l'Ile-Barbe par le Laboureur, ce qui indiquerait que cet auteur soupçonnait une faute de copiste, ou bien une erreur qu'il ne savait comment corriger. On a fait sur ce sujet plusieurs suppositions et la question n'a pas été éclaicie : inutile d'ajouter une nouvelle hypothèse aux anciennes.

Quoi qu'il en soit, Burchard Ier, frère du roi de Bourgogne, Conrad le pacifique, sut mettre à profit sa haute situation pour faire de l'Archevêché de Lyon une véritable principauté ecclésiastique. Sous lui, Meximieux devint une terre seigneuriale des archevêques : l'antique église paroissiale de St Jean, aujourd'hui disparue, aurait été construite ou réparée par ses ordres. Un de ses successeurs, Humbert Ier, fera construire le château en 1070.

A cette date, le royaume de Bourgogne n'existait plus : son dernier roi, Rodolphe III, avait cédé ses états à son neveu, Conrad le Salique, empereur d'Allemagne. Lyon et le département de l'Ain passèrent sous la dépendance des empereurs allemands vers l'an 1030. C'était l'époque où une famine horrible désolait la Bourgogne.

Les grands seigneurs de nos contrées : les sires de Bâgé, de Coligny, de Villars, de Beaujeu, mirent à profit les difficultés occasionnées par ce changement pour se rendre à peu près indépendants de la royauté et de l'Empire. Dès lors, ils vécurent sur leurs possessions comme de petits roitelets: l'empereur se trouvait trop éloigné pour qu'il s'occupât de les faire rentrer dans l'obéissance.

Quelques années auparavant (980), Mayeul, abbé de Gigny (Jura) avait fait construire un prieuré dans la plaine de l'Ain, au milieu des terres qui avaient été cédées à son abbaye. Ce prieuré donna naissance au hameau de La Valbonne, et plus tard à la petite paroisse de St-Martin-des-Champs. Jusqu'au XVIIIe siècle, le chapitre de Meximieux fut chargé de desservir cette paroisse rurale. Un terrier de 1365 affirme que la directe (la propriété) dudit St-Martin appartenait alors au seigneur de Meximieux : ce qui tendrait à prouver que la donation primitivement faite à l'abbaye de Gigny provenait de la générosité des archevêques de Lyon.

§ IIe. — *Le château de Meximieux*

Nous avons dit que la construction du château de Meximieux remontait à Humbert Ier. Cet archevêque était alors en guerre avec Artaud III, comte de Forez, lequel retenait injustement les droits utiles sur tous les revenus de la ville de Lyon. Ces droits appartenaient à l'Eglise. Or le comte de Forez, ayant administré le pays pendant la vacance du siège archiépiscopal, voulut ensuite que les dits droits lui appartinssent. D'où conflit et guerre entre le Comte et l'Archevêque. Celui-ci, pour défendre les droits de son église, fit construire une série de forteresses défendant les confins de son diocèse (1). Meximieux fit partie de cette ligne de fortifications. Le château construit vers 1070 avait la forme de toutes les demeures féodales du moyen-âge et ne ressemblait en rien à la maison de plaisance qui l'a remplacé.

Ces constructions de châteaux étaient nécessitées par l'application du régime féodal. Quand on parle de féodalité, on évoque invariablement le souvenir d'un seigneur maître absolu dans ses domaines, disposant arbitrairement des biens de ses tenanciers, leur imposant tels travaux qu'il lui plaisait... etc. Cette idée que l'on se forme du chef féodal ne peut provenir que d'une étude superficielle.

A vrai dire la féodalité n'était autre chose que la nation armée pour la défense de son territoire. On lui connait une double origine : l'une éloignée, c'est le système romain des colonies militaires établies pour la défense des pays conquis ; une cession de territoire remplaçait la solde du vétéran : — l'autre immédiate, c'est le principe du service militaire imposé à tout propriétaire du sol ; cette doctrine avait toujours été appliquée par les Francs.

(1) L'Archevêque Humbert Ier était un habile administrateur, on peut dire un sage politique. Mais son élection aurait été entachée de simonie ; aussi sa déposition devint-elle une des conditions de la paix qui intervint à la suite de la guerre dont il est ici parle. (St Hist. de Lyon, p. 267).

Le chef féodal s'établissait au centre de ses possessions dans un château bâti suivant les nécessités de la défense. Il s'entourait de chevaliers (miles) avec le concours desquels il gouvernait. Ceux-ci occupaient à leur tour des terres, ou alleux, de moindre importance. Tel pouvait se construire un castel presque égal à celui du seigneur; mais tel autre ne possédait qu'une ferme, un moulin, une grange, sans autre signe distinctif de sa noblesse qu'une girouette ornementant son toit. A chacune de ces conditions correspondait un grade dans l'armée. Le plus faible cherchait toujours la protection d'un plus puissant : il lui engageait sa terre à condition qu'il en recevrait aide et secours contre ses ennemis ; d'où le système d'inféodation, avec le régime compliqué de fiefs et d'arrière-fiefs, de suzerains et de vassaux. Le premier des suzerains était le roi, tous lui devaient foi et hommage.

Le guerrier féodal devait défendre le territoire national : il était attaché à ce devoir par une servitude aussi étroite que celle qui liait le serf à la culture de ce même sol. Il ne pouvait s'y soustraire sous aucun prétexte ; la forfaiture sur ce point l'exposait à perdre son fief. Le manant au contraire pouvait améliorer sa condition, devenir libre s'il lui plaisait(1), enfin parvenir aux richesses et aux honneurs.

(1) Voici comment se pratiquait l'émancipation symbolique d'un serf des domaines royaux au temps de Charles-le-Chauve. Suivant le cérémonial établi par la loi salique, le serf présentait une pièce de monnaie au roi qui, d'un coup de sa propre main, la faisait tomber à terre, comme pour marquer que l'antique système de la liberté achetée à prix d'argent était condamné et que la servitude devait disparaître gratuitement supprimée.

On comprend que cette servitude militaire, quoique honorable, devait forcément devenir onéreuse et ruiner la noblesse : de fait c'est ce qui arriva. Pour subvenir aux dépenses de la guerre, le seigneur était obligé d'emprunter sans cesse : nombre de chartes du moyen-âge sont des engagements de châtellenies, des ventes de moulins ou de fermes avec grâce de réachapt, des cessions de droits féodaux, etc. Tous ces contrats cachaient des emprunts : le prêteur occupait la propriété engagée dont les revenus lui tenaient lieu d'intérêts : puis il rendait le gage contre remboursement du capital prêté. Ce système d'emprunts fut la grande cause de la chûte des familles nobles; aussi ont-elles presque toutes disparu (1).

Il est vrai que le seigneur faisait contribuer ses hommes à l'entretien de ses forteresses ; mais en cas guerre il était obligé de les y recevoir, eux et leurs bestiaux, ce qui devenait une lourde charge. Les droits de garde, qu'il levait parfois, constituaient une indemnité pour les dépenses occasionnées par la police qu'il était tenu de faire dans le pays.

Somme toute le système féodal était compliqué, variable suivant les provinces: il devait donner naissance à des abus, et les officiers du roi n'avaient pas toujours la puissance nécessaire pour les réprimer. Mais il avait du bon : il était excellent pour déve-

(1) Il serait facile de citer une des plus anciennes familles nobles du département aujourd'hui éteinte. Vers la fin du XVIIe siècle, un de ses membres se plaignait amèrement dans ses lettres d'avoir été obligé de passer sa vie dans les camps, ce qui l'avait réduit à aliéner ses biens de famille et à connaître la pauvreté sur ses vieux jours.

lopper l'énergie et l'initiative de chacun, deux qualités absolument nécessaires dans les circonstances troublées où l'on vivait. Quand on voudra réfléchir à la difficulté des communications, à l'impossibilité où se trouvait le pouvoir royal de faire sentir son influence sur tous les points du royaume, on sera obligé de convenir que la féodalité du moyen-âge était peut-être la seule organisation capable de défendre d'une manière pratique le territoire national.

Ce rapide aperçu sur le régime féodal était nécessaire pour faire comprendre comment la France du moyen-âge fut couverte de châteaux.

Les archevêques de Lyon restèrent en paisible possession du château de Meximieux jusqu'en l'année 1270. Vers cette époque de grandes difficultés s'étaient élevées entre les bourgeois de Lyon et l'archevêque. Le peuple ravagea et brûla plusieurs villages appartenant à l'Eglise de Lyon, entre autres Genay. Pour défendre les droits de son archevêché, Pierre de Tarentaise, récemment élevé sur le siège épiscopal, s'associa avec Louis de Forez, sire de Beaujeu ; et pour récompenser les services que cet allié pourrait lui rendre, il lui céda d'avance la moitié de la seigneurie de Meximieux. Cette petite ville eut dès lors deux seigneurs.

Un tel arrangement ne tarda pas à devenir une source de conflits. Louis de Forez et l'archevêque ne purent s'entendre sur la manière d'exercer leurs droits de seigneurie sur Meximieux. Ils durent recourir à l'arbitrage du duc d'Alençon, frère du roi.

Celui-ci décida (1287) que l'archevêque et le sire de Beaujeu occuperaient le château à tour de rôle chacun pendant une année. C'était vouloir pallier les difficultés sans en faire disparaître la cause. Les choses restèrent en l'état jusqu'en 1308. Au mois de décembre de cette année, le nouvel archevêque de Lyon, Pierre de Savoie, cousin du sire de Beaujeu, résolut d'en finir et parvint à traiter avec son parent. On convint que la seigneurie de Meximieux, ensemble la juridiction et les droits d'appel, appartiendraient à Guichard VII, sire de Beaujeu ; l'archevêque ne retenait pour lui que la suzeraineté et l'hommage. En contre-échange Guichard abandonne à l'archevêque et à ses successeurs tous les droits qu'il pouvait avoir sur les brotteaux et les moulins du Rhône, depuis Miribel jusqu'à Lyon, ainsi que tout ce qu'il possédait sur le plateau de La Croix-Rousse, Cuire et Caluire. Les seigneurs de Beaujeu étaient enfin parvenus à leur but, ils possédaient une place forte sur les frontières de la Savoie et du Dauphiné. Désormais ils pourraient étendre leur influence sur tout le pays de Dombes. Toutefois Meximieux ne resta que dix-sept ans au pouvoir de Guichard VII. Ayant été fait prisonnier à la bataille de Varey (7 août 1325), il se vit dans la nécessité de remettre, comme rançon, au dauphin Guigue sa nouvelle forteresse et le Bourg-St-Christophe, qui dès lors firent partie du Dauphiné.

Quelque vingt ans après ces événements, le dauphin Humbert II se voyant sans postérité prit la résolution de donner ses états au roi de France, à condition que l'héritier de la couronne porterait toujours le titre de dauphin. L'acte de cession fut passé à Romans le 30 mars 1349, et ratifié au mois de juillet de la même année dans l'église des dominicains de Lyon (1). Par suite de ce traité, Humbert de Curnillon, bailli du Mâconnais, prit possession de la province au nom du roi Philippe VI de Valois. Pour ce qui nous concerne, le château de Meximieux fut remis à la garde de Henri Noir, gentilhomme dauphinois.

A cette époque les possessions frontières du Dauphiné, de la Savoie, des sires de Villars et de Beaujeu, se trouvaient enclavées les unes dans les autres. Cette situation était une source continuelle de difficultés et de guerres qui désolaient nos pays. Une rectification de frontières s'imposait, elle eut lieu en 1355. Par traité du 5 janvier, le roi de France remettait au comte de Savoie tout ce qu'il possédait au Nord du Rhône ; le comte à son tour abandonnait au roi toutes les places fortes qui lui appartenaient dans le Dauphiné. A partir de ce traité, Meximieux fit partie de la Savoie.

En 1368 le comte de Savoie, Amé VI, inféoda Meximieux à Guillaume de Chalamont, seigneur de Montanay. Cette inféodation dissimulait une vente réelle faite au prix de 4.000 écus d'or. L'acte en fut passé le 10 octobre à Rivoli en Piémont. Amé VI se

(1) Humbert II entra dans les Ordres le pape Clément VI le créa patriarche d'Alexandrie. Il passa le reste ses jours dans l'exercice de la piété Il mourut à Clermont en 1355, âgé de 45 ans. Le roi lui avait fait une pension de 10 000 liv.

réservait seulement l'hommage ou suzeraineté. Ce Guillaume de Chalamont n'eut qu'une fille, Ancelyse qui étant mariée à Jean Maréchal lui apporta en dot les seigneuries de Meximieux et de Montanay (1384).

La famille des Maréchal posséda Meximieux à titre de simple seigneurie pendant environ un siècle, jusqu'à ce que le cinquième successeur de Jean, c'est-à-dire François Maréchal, fit ériger sa terre en baronnie par le duc Charles III . les lettres ducales sont datées du 14 août 1514. François Maréchal épousa Philippine de Luyrieux, petite-fille par sa mère du duc Charles de Bourgogne (1). Cette alliance et ses propres mérites lui valurent une haute situation à la cour de Savoie, dont il était grand chambellan. Désigné pour accompagner en Italie la princesse Philiberte, sœur du duc Charles, laquelle venait d'épouser Julien de Médicis, neveu de Léon X, il sut mettre à profit son titre d'ambassadeur pour obtenir du pape l'érection de l'église de Saint-Apollinaire en collégiale et la création d'un chapitre de chanoines à Meximieux (1515). Il mourut au commencement de l'année 1521. Sa fille unique Isabeau Maréchal avait épousé Charles de La Chambre, seigneur de Sermoyer.

(1) Ce mariage déplut au grand bâtard de Bourgogne qui résolut de l'empêcher. Croyant que Philippine de Luyrieux s'était retirée au château de Meximieux, il le fit escalader par Gaspard de Chandée, seigneur de Versailleux, assisté de 25 archers Claude Maréchal, le seigneur de Montanay son fils, et Catherine de Bourgogne, mère de la dite Philippine, s'y trouvaient seuls. Chandée les emmena prisonniers à Avallon. Peu de temps après ils furent délivrés par ordre du roi de France.

La famille de La Chambre, originaire de la Maurienne, était une des plus illustres de la Savoie. Charles, époux d'Isabeau Maréchal, qui par son mariage devenait baron de Meximieux, descendait de Louis de La Chambre et d'Anne de Boulogne. Il prenait possession de sa nouvelle seigneurie presque à l'époque où François Ier faisait la conquête de la Savoie. En 1536 une garnison française occupait son château, et il était obligé de se retirer avec sa famille dans la maison du prieuré de Saint-Jean dont il était fermier pour le compte de l'abbé d'Ambronay. Quelques années après il fit nommer son petit-fils, Charles-Henri, prieur intrus de ce même prieuré, qu'il ne voulait plus relâcher ni à l'abbaye d'Ambronay ni au chapitre de Meximieux. Il y mourut dans les premiers jours de 1570. De son mariage naquirent six enfants ; nous n'en nommerons que deux : Philippe qui lui succéda, et Antoine d'abord doyen de Saint-Apollinaire, puis évêque de Belley pendant trente-neuf ans.

Philippe de La Chambre, marié à Jeanne de Gorrevod, fille du comte de Pont-de-Vaux, mena une vie assez effacée. Il habitait le château tandis que son père occupait la maison du prieuré. Il décéda un an avant son père. Par son testament du 21 septembre 1568, il laissa la tutelle de ses enfants à sa femme. Celle-ci vécut jusqu'en 1595.

Charles-Henri de La Chambre, fils de Philippe, fut longtemps maintenu par son aïeul comme prieur intrus de Saint-Jean. A la mort de son oncle Antoine, il pensa lui succéder sur le trône épiscopal de Belley, mais ses bulles n'arrivèrent pas de Rome. D'ailleurs il n'était pas dans les ordres ; il avait seulement reçu la tonsure à l'âge de quinze ans. Voyant que sa race allait s'éteindre, il se maria : ses deux enfants moururent en bas-âge. De plus la baronnie de Meximieux fut saisie au préjudice de ce père malheureux et vendue en 1615. La détention du prieuré ne lui avait pas porté bonheur. Claudine de Villelune, nièce de Charles-Henri, acheta la baronnie de son oncle, afin que la terre de Meximieux ne sortit pas de sa famille.

Claudine de Villelune, petite-fille par sa mère de Philippe de La Chambre, fut d'abord mariée à Guillaume de Bauffremont, dont elle eut un fils nommé Claude. En secondes noces elle s'unit à Louis de Pontaillier, baron de Talmey. Ils habitaient Meximieux, car dans le registre des sépultures on lit que : « le 23 septembre 1627, Pierre, cuisinier « de M. de Talmey, fut tué accidentellement d'un « coup d'épée sous l'horloge du château ».

La baronne de Talmey garda la jouissance de la terre de Meximieux jusqu'à sa mort arrivée en 1634. Cette même année, le 4 mai, elle en fournit le dénombrement à la Cour des Comptes de Dijon. Par son testament elle fit héritier de tous ses biens son fils Claude de Bauffremont. Celui-ci était gouverneur de Franche-Comté. Pendant quelques années il posséda Meximieux à titre de marquisat : mais comme cette terre se trouvait trop éloignée de ses autres propriétés toutes situées en Bourgogne, il la vendit à Claude Tocquet de Montgeffond. L'acte de de vente fut passé à Besançon le 25 mars 1650.

Les Sottonaz, dits Tocquet, étaient originaires de Nantua. Ils furent anoblis par lettres patentes du duc de Savoie, datées du 27 décembre 1581, en la personne de François Tocquet, premier gentilhomme de sa race. Ils possédaient les seigneuries de Matafelon, de l'Ile, de Montillet et du Planet. Le petit-fils de François, Claude de Montgeffond, devint marquis de Meximieux par l'acquisition qu'il fit de cette terre, comme il vient d'être dit (1).

Claude de Montgeffond donna le marquisat de Meximieux à son fils François-Ennemond lors du mariage de celui-ci avec Claire-Eugénie de Ballion de la Salle (14 février 1679). Il y eut reprise de fief pour Meximieux et Pérouges en 1683 et 1684. Le doyen du chapitre, M. Tardy, donna la bénédiction nuptiale à une de ses filles dans la chapelle de Notre-Dame des Grâces (2).

A son tour Ennemond Tocquet céda le marquisat de Meximieux à son fils Louis-Ennemond lorsqu'il le maria en 1704 à Marie-Marguerite Gabrielle Simon, fille d'Etienne Simon, lieutenant général au baillage d'Orgelet. Le nouveau marquis fit reprise de fief le 21 juillet de l'année suivante, Louis-Ennemond trépassa le 31 mai 1749 et fut ensépulturé dans le chœur de la collégiale de Saint-Apollinaire : il était âgé de soixante-neuf ans.

(1) Un frère du marquis de Meximieux, Jean-Claude de Montgeffond, se fit chartreux et devint prieur général de son ordre.

(2) Cette chapelle était située en haut du pré de Romillieu, au-dessous de Pérouges.

En 1750 le marquisat de Meximieux appartenait à Guy Balthazar de Montgeffond. Il avait pris alliance en 1737 avec Jeanne-Marie Legour, fille de Bénigne Germain Legour, président à mortier du parlement de Bourgogne. De ce mariage naquirent : François-Ennemond, dont il va être parlé : — Marie-Charlotte mariée à Bernard-François de Menthon, baron de Touloujon · — Marie-Octavie, mariée à François-Marie de Regard, comte de Divonne et de Balon. Ces deux mariages se firent le même jour (24 janvier 1763) dans la chapelle du château : l'abbé Joseph de Montgeffond, prévôt du chapitre d'Ainay, donna la bénédiction nuptiale.

Marie-François-Ennemond Tocquet de Montgeffond succéda à son père comme marquis de Meximieux. C'était un ancien officier des gardes françaises : il avait le titre de lieutenant des maréchaux de France. Son alliance fut avec Marie Chollier de Cibeins de Mizérieux. Leur fils Laurent-Marie-Balthasar mourut après quelques jours de maladie, âgé de quatorze ans. Avec lui s'éteignit la famille des Tocquet de Montgeffond.

A partir de 1790 les actes publics ne parlent plus guère du marquis de Meximieux : il habitait ordinairement Lyon. Pendant le siège de la ville il servit sous les ordres du général de Précy. Traduit ensuite devant le comité révolutionnaire, il fut condamné à mort et exécuté le même jour : (6 nivôse, an II.— 26 décembre 1793) il n'avait que cinquante-cinq ans. Ses biens furent mis sous séquestre et son château démantelé. Sa fille Laurence-Joséphine avait épousé en 1789 Philippe-François de Blonay, officier du prince de Piémont. Leurs descendants possédèrent le château de Meximieux jusqu'en 1865, mais ils ne l'habitèrent jamais. Seule Mademoiselle Eléonore, fille de Philippe de Blonay, y fit un séjour de quelques années. La famille Godard est actuellement en possession de l'antique château des archevêques de Lyon.

§ IIIe. — *La paroisse de Meximieux.*

Meximieux avant la Révolution possédait deux églises : celle de Saint Jean-Baptiste, appelée aussi église du prieuré, et la collégiale de Saint Apollinaire; la première située en dehors de la ville, la seconde comprise dans l'enceinte fortifiée, au centre de l'agglomération paroissiale. Le même fait se présentait pour Pérouges qui avait une église de St Georges et une autre sous le vocable de Sainte Madeleine.

Voici comment le savant abbé Blanchon explique la coexistence de ces deux églises. L'évêque de Valence, saint Apollinaire, petit-fils de l'empereur Avitus, avait été envoyé en exil par le roi Arien Sigismond, fils de Gondebaud. Comme la sainteté de sa vie lui attirait sans cesse la vénération des fidèles, le roi ordonna de changer plusieurs fois le lieu de son exil : enfin il aurait été relégué à Meximieux. Là il fit construire un modeste oratoire dans l'endroit où il aimait à venir prier. Cet oratoire n'aurait pas cessé d'être visité par les fidèles après le départ du saint exilé ; agrandi dans la suite des temps il serait devenu l'église St Apollinaire. Quant à celle de St Jean, c'était l'antique église paroissiale, construite, ou simplement restaurée, vers la fin du xe siècle, par les moines de l'Ile-Barbe, sous la direction de l'Archevêque Burchard.

Assez longtemps la paroisse resta réunie au prieuré : la même église était commune aux moines et aux laïcs. Les pouillés de l'église de Lyon, qui ne sont autre chose que des catalogues énumérant les paroisses dépendantes du diocèse, contiennent pour le XIIIe et le XIVe siècle la mention suivante : « Ecclesia prioratûs de Maximiaco ». — Eglise du prieuré de Meximieux. Mais alors nous nous trouvons en présence d'une difficulté qui n'a pas encore été éclaircie. D'une part la bulle du pape Lucius III nous apprend qu'au XIIe siècle la paroisse de Meximieux appartenait à l'abbaye de l'Ile-Barbe. D'autre part nous constatons qu'à la même époque le prieuré dépendait de l'abbaye d'Ambronay. Plusieurs faits mettent ce point hors de doute. Car nous savons qu'en 1115 le prieur de Meximieux, Adalard, souscrit à la charte par laquelle Didier, abbé d'Ambronay, cède le territoire de Portes aux Chartreux : sa signature était donnée comme religieux dépendant de cette abbaye. Nous savons aussi que par suite d'une décision du IIIe Concile de Latran (1179) les moines durent quitter l'administration des paroisses et les remettre aux clercs séculiers. Mais comme dans bien des cas les moines avaient fait de grandes dépenses pour l'établissement des églises, on convint qu'ils en resteraient les patrons, qu'ils percevraient les dîmes, avec obligation d'en remettre une partie aux curés nommés par les évêques, enfin qu'à cause de ces dîmes l'entretien du chœur et du clocher, et, le cas échéant, leur reconstruction seraient à leur charge. Or une partie des dîmes du prieuré de Meximieux revenait à l'abbaye d'Ambronay et non à celle de l'Ile-Barbe. Cette dernière n'a jamais fait valoir aucun droit à ce sujet. Faudrait-il conclure que ce sont les moines d'Ambronay qui ont fondé l'église et le prieuré de Meximieux ? — Peut-être ! — Mais alors comment interpréter la bulle du pape Lucius III, laquelle a toujours passé pour authentique ? Ou bien si les moines de l'Ile-Barbe ont cédé leur prieuré à l'abbaye d'Ambronay, à quelle époque aurait eu lieu cette transaction ? Il serait à désirer qu'un document ignoré jusqu'ici vint nous l'apprendre.

En 1158 Meximieux fut témoin d'une procession d'un genre spécial : il s'agit de la translation des reliques de saint Taurin par les moines de Gigny (Jura). L'année précédente un violent incendie avait détruit ce monastère et le bourg qui l'entourait. Réduits à la plus triste indigence les religieux prirent la détermination d'aller en procession à Cluny portant avec eux les reliques de saint Taurin : leur but était d'aller demander à a célèbre abbaye des secours qui les missent à même de réparer les désastres causés par l'incendie. Ce pieux dessein réussit au-delà de leurs espérances : de nombreux miracles s'opéraient sur leur passage et provoquaient de riches dons. L'auteur de la relation du voyage affirme que l'on entendait les ossements du saint bruire dans la châsse quand un miracle s'opérait. L'archevêque de Lyon informé de ces faits désira posséder quelque temps le saint corps dans sa ville épiscopale. Les moines de Gigny ayant accédé à son désir, il arriva que plusieurs miracles s'opérèrent dans l'église de St Nizier. Pour regagner Gigny le cortège de saint Taurin passa par Montluel, Meximieux, les vallées de l'Ain et du Suran. Voici, d'après la relation dont nous venons de parler, le fait extraordinaire arrivé lors de son passage dans notre ville. « Dans le pays appelé Meximieux une femme « se trouvait affligée d'une maladie dont les médecins « ne pouvaient connaître ni l'origine ni la cause : « car elle faisait entendre tantôt le mugissement des « taureaux, tantôt le hurlement des loups, parfois « l'aboiement des chiens, ou bien des cris inarticulés « qu'elle poussait d'une manière effrayante. On « l'avait conduite à divers sanctuaires sans obtenir « aucun soulagement : aucun remède n'avait pu la « guérir. Des personnages pieux et prudents com- « prirent alors que la guérison de cette malheureuse « était réservée à notre très-miséricordieux pontife : « ce qui arriva en effet. Par les mérites de notre « bienheureux, elle cessa de faire entendre ces cris « confus et effrayants, reprit l'usage de sa voix aux « sons distincts et bien articulés, put garder le « silence, enfin recouvra une parfaite santé (1) .»

(1) In loco cui Maximiacus nomen est. quædam mulier infirma conversabatur, cujus infirmitatis causam aut originem medici cognoscere non poterant. nàmque modo mugitus tauro-

Evidemment il s'agit dans ce récit d'une démoniaque ou d'une malheureuse atteinte de folie furieuse, guérie par l'intercession de saint Taurin.

Pendant le xive et le xve siècles on trouve quelques documents relatifs au prieuré et à la paroisse de Meximieux. C'est d'abord une transaction (1318) entre le prieur et le curé, concernant les dîmes ; les trois quarts de la dîme du blé, et les quatre cinquièmes de celle du vin, doivent appartenir au prieur. — Viennent ensuite deux terriers ou catalogues de redevances, dressés en faveur du prieuré. Par les reconnaissances contenues dans ces terriers on voit que les dîmes du prieuré s'étendaient sur Charnoz, sur les mas Catimel et la Glaye dépendants aujourd'hui de Pérouges. En 1360 Michel du Riu (de Rivo) fonde une maison de cure à laquelle il joint une vigne ; le tout est situé au quartier de Rapans. Cette fondation ferait conjecturer que les offices paroissiaux se faisaient alors à St Apollinaire et qu'on laissait le prieur et ses religieux en possession de l'église de Saint Jean.

Les prieurs les plus connus sont : Guillaume de la Baume (1330), Jean de Forez (1352), Jean Bidard

rum, modó ululatus luporum, quandoque latratus canum, et alias diversitates inarticulatarum vocum terribiliter proferebat. Deducta fuerat per diversa pignora sanctorum, sed nullus ei subvenerat. Exhibita fuerant ei multa genera medicamentorum, sed nihil remedii consequi poterat. Intellectum est à religiosis et sapientibus viris miseram misericordissimo pontifici curandam divinitùs reservari; quod itá factum est. Denique per suffragia beati viri terribilem vocum confusionem perdidit et unam discretam et articulatam vocem, quam competenti silentio frœnare posset, recepit et plenariam sospitatem obtinuit. — *Act. Sanct II, p. 638, éd. Palmé.*

(1360), Jean de Lyobard (1384), Jean Tirel (1475), Jean des Terreaux (1492) et Jean Maréchal (1495). Ce dernier était en même temps chanoine comte de Lyon. — A partir de la fin du XIVe siècle apparaissent les noms de quelques curés : Pierre de Valliginosâ (de Vallignon), Jean Turut (1436), Louis Favre (1456), André Favre (1480) protonotaire apostolique, Pierre Favre (1490), Béraud du Molard (1510).

Jean Maréchal et Béraud du Molard étaient, l'un prieur de Saint Jean, l'autre curé de Meximieux, quand le baron François Maréchal obtint de Rome la fondation de la collégiale.

Un acte de 1478 mérite d'attirer l'attention : c'est un échange de maisons passé entre le prieur Pierre Tirel et François Chazey. Le prieur remet audit Chazey la maison neuve du prieuré, située à l'intérieur de la ville close, dans un lieudit appelé en Bort. Au midi de cette maison passait le chemin tendant de la porte de la ville vers la grande tour du château, et à l'est, le même chemin se dirigeant vers le four de la dite ville close. En contre-échange François Chazey cède au prieur sa maison de la Bozonne avec cinq bicherées de vigne y attenant. Le contrat est du 24 septembre (1).

(1) ...Dictus prior (Petrus Tirel) permutat et excambit... et remittit dicto Francisco Chazey... quamdam domum novam prioratûs ipsius loci Meximiaci, sitam in villâ clausâ Meximiaci, loco dicto in Bort, juxtà iter tendens de portâ dictæ villæ clausæ apud magnam turrim castri ipsius loci ex vento, dictum iter tendens de dictâ portâ versùs furnum dictæ villæ clausæ ex oriente, domum Joannis Berrodi ex seró, et juxtà domum Benedicti de Lent, quâdam ruettâ intermediâ ex boreâ ... (Arch. Mex.)

La maison Bozonne est connue (1), c'est celle qu'on appelle actuellement le Fouilloux. Nous verrons ci-après pourquoi ce nom lui fut donné. Mais il est bien difficile de reconnaître l'emplacement de l'ancien prieuré. Le lieudit en Bort est tout à fait inconnu à Meximieux, et les noms des maisons ont changé avec les propriétaires. Une circonstance pourrait peut-être faire reconnaître cet ancien prieuré ; c'est qu'il était situé à l'angle de deux chemins passant l'un au midi et l'autre à l'est. La vieille maison réparée par M. Dumesnil présenterait cette disposition : la cour actuelle aurait été la cour du prieuré ; mais ce n'est là qu'une hypothèse. Observons aussi qu'un acte du XVIe siècle nous fait connaître que Benoit Vernat reçut d'Enard Chazey la maison dite de Courteville, remarquable par son architecture, style renaissance (2). Cette maison serait de l'époque et aurait la situation indiquées dans l'acte d'échange : de plus la famille Chazey devait posséder le prieuré cédé par Jean Tirel ; mais la ville close comprenait-elle le quartier de Surin ? — En définitive on ne peut pas dire dans quel quartier de la ville se trouvait située la maison de l'ancien prieuré.

Quelques années encore et le prieuré de Saint Jean allait disparaître absorbé dans le chapitre collégial de Saint Apollinaire.

(1) On a prétendu que ce nom venait d'une donation faite par le roi Bozon; cette assertion est plus que problématique.

(2) La façade gothique de la maison Courteville a été démolie, il y a quelques années, pour faire des réparations urgentes.

Les chapitres étaient des sociétés de prêtres séculiers établis pour chanter l'office en commun. Les chanoines acquittaient les fondations faites dans leurs églises ou chapelles : les revenus de ces fondations formaient leurs prébendes : en outre ils desservaient les paroisses unies à leur chapitre. A partir du xve siècle on ne voit plus guère, comme dans le moyen-âge, se fonder de nouveaux monastères : les chanoines remplacent les moines.

François Maréchal, ambassadeur du duc de Savoie à Rome, obtint de Léon X, avons-nous dit, que l'église Saint Apollinaire fût érigée en collégiale. En 1790 la bulle d'érection se trouvait encore dans les archives du chapitre. Cependant on ne la trouve pas mentionnée dans l'inventaire des papiers de la fabrique fait en 1793. Elle commençait par ces mots. «Leo episcopus..». Sa date était la veille des calendes de juin (31 mai 1515). Le même jour était érigé l'évêché éphémère de Bourg ; cette coïncidence permet de croire que François Maréchal fut aussi le négociateur de cette affaire.

Cette bulle instituait un chapitre de six chanoines, à la tête desquels était un doyen possédant toute juridiction sur ses confrères. En leur faveur étaient créés six canonicats, avec six prébendes et six bénéfices simples. Le patronage appartenait à François Maréchal et à ses successeurs. En qualité de patron le seigneur de Meximieux nommait le doyen, les chanoines et les prébendiers ; toutefois si dans les six mois, ces nominations n'avaient pas été agréées en cour de Rome, elles étaient frappées de nullité.

Pour jouir du droit de patronage le baron Maréchal avait dû promettre en faveur du nouveau chapitre une dotation de cinq cents ducats d'or, monnaie de Savoie.

Cinq églises ou chapelles étaient unies à la collégiale, savoir : le prieuré de Saint Jean-Baptiste, l'église paroissiale de Villieu-Loyes, celle de Notre-Dame de Charnoz, celle de Saint Martin des Champs en La Valbonne et la chapelle du château dédiée à Saint Pierre, martyr. Les chanoines en percevaient les revenus, mais en retour ils devaient pourvoir au service divin par eux-mêmes ou par des prêtres étrangers.

En lisant la bulle de Léon X, on constate que lors de son érection en collégiale, Saint Apollinaire n'était qu'une chapelle desservie par le recteur de l'église paroissiale de Saint Jean-Baptiste (1) : — Que le prieuré n'était plus habité par les moines d'Ambronay (2), mais tenu en commende par Jean Maréchal, frère de François, chanoine et comte de Lyon.

Pour être valable cette fondation de Chapitre devait réunir l'assentiment de tous les intéressés, c'est-à-dire du seigneur-patron, François Maréchal, des syndics de Meximieux, du prieur commendataire, enfin de Béraud du Molard, recteur de Saint Jean-Baptiste et Saint Apollinaire ainsi que de l'église de Villieu-Loyes. Le défaut de consentement des

(1) Verùm si capella S[ti] Apollinaris quœ pro tempore existente per rectorem parochialis ecclesiæ S[ti] Joannis Baptistœ propè dictum oppidum teneri consuevit in colligiatam ecclesiam...

(2) Ac prioratum qui conventualis non est.

parties intéressées devait entraîner la nullité des lettres apostoliques : cette dernière clause y est formellement exprimée.

Dès 1516 le chapitre était constitué : Beraud du Mollard en fut le premier doyen. Comme François Maréchal décéda en 1521, sa fille Isabeau, de l'autorité de Charles de la Chambre son mari, ratifia, par devant maître Prost, notaire ducal, la donation d'une rente de vingt-cinq écus d'or, au capital de 500 ducats, faite par son père au chapitre nouvellement fondé. Elle hypothéqua cette rente sur cinquante fosserées de vignes sises au Buizet ; sur un pré de deux seytives et sur un autre pré de huit seytives. Ce dernier, situé proche et à l'ouest de la Rouge, était appelé le pré des chanoines.

Dans cette question de fondation du chapitre, on ne voit pas que les droits de l'abbaye d'Ambronay sur le prieuré de Saint Jean aient été pris en considération. Aussi dès l'an 1517 Jean de Cuzance était-il nommé prieur par les moines en opposition à la bulle de Léon X. Charles de la Chambre prévoyant des difficultés se constitua fermier du prieuré, en sorte qu'il représentait les droits de son oncle, prieur commendataire et ceux de l'Abbaye d'Ambronay. C'est ce qui appert par une quittance de 90 écus d'or passée audit Charles par Jean de Cuzance pour un terme des revenus du prieuré (17 Juillet 1532). Beraud du Molard voyant sans doute qu'il avait affaire à trop forte partie donna sa démission de doyen. De suite il fut remplacé par Antoine de la Chambre, fils de Charles, qui reçut bientôt de Rome ses bulles ou provisions de doyen de Saint-Apollinaire. La famille de la Chambre était parvenue à ses fins : elle dominait au prieuré et au chapitre.

En même temps les chanoines se voyaient contester la possession des cures de Villieu et Loyes. Les habitants avaient fait appel au Sénat de Chambéry : mais une sentence de 1542 les débouta de leurs prétentions et maintint le chapitre en la jouissance des dites cures. A partir de cette année elles furent desservies par des prébendiers. Toutefois, le prieuré de Saint-Pierre-de-Villieu demeura à l'abbaye de Saint-Rambert.

L'année précédente, Antoine de la Chambre avait été élu évêque de Belley ; il conserva néanmoins ses titre et dignité de doyen de Saint-Apollinaire et en 1545 il écrivit les statuts de son chapitre. La brièveté de cette notice ne nous permet pas d'en parler.

En 1546 les Chanoines acquièrent la maison de Saint-Antoine (1) pour en faire une cure et maison capitulaire. Cette antique maison a été remplacée en 1788 par les constructions actuellement existantes qui ont servi de presbytère jusqu'en 1863. La vieille maison de cure avait été, jusqu'au XVIe siècle, le bâtiment habité aujourd'hui (1903) par Jérôme Chevrier: en 1568 elle devint la propriété de Jean Genevey notaire, qui l'acheta du chapitre.

Cependant l'Abbaye d'Ambronay veillait à ses droits sur le prieuré de Meximieux. Après Jean de

(1) Au XIIIe siècle, cette maison était un hôpital destiné à recueillir les personnes atteintes du mal des Ardents. Desservi par les religieux de Saint-Antoine, il en prit le nom

Cuzance elle nomma prieur messire Josserand Fournier. Celui-ci en administrateur habile commença par faire reconnaître ses droits à peu près incontestables sur les dîmes. Une sentence du grand juge de Bresse, confirmée en 1549 par le sénat de Chambéry, lui donna raison et obligea les habitants de Meximieux à payer les dites dîmes à raison de la quinzième gerbe : les trois quarts devaient appartenir au prieur. Ce résultat faisait ressortir la priorité des droits de l'abbaye sur ceux du chapitre.

Sur ces entrefaites l'évêque de Belley ayant donné sa démission de doyen de Saint-Apollinaire, est remplacé par messire Antoine Piquet, qui tente d'établir sa résidence dans les bâtiments du prieuré (23 Janvier 1555). Le même jour, il afferme les dîmes au prix de 300 florins : le contrat est passé tant en son nom qu'au nom du chapitre. Mais frère Etienne de La Couz, procureur de l'Abbaye, vient de suite protéster par voie de justice contre les actes du doyen. Une note écrite en marge d'une pièce de procédure nous apprend que dans cette occasion les sergents (huissiers) employés par le procureur exercèrent tant de violences contre les chanoines et prébendiers qu'ils furent obligés de quitter Meximieux.

Alors réapparaît Josserand Fournier qui passe un nouveau bail de tous les biens et maison du prieuré. Cependant il n'osait y faire sa résidence par crainte de Charles de la Chambre : le procès d'une enquête faite par le sieur Piron, clerc au baillage de Bresse, le dit expressément. En effet le Seigneur de Meximieux, profitant des difficultés dont nous venons de parler, avait établi comme prieur intrus son petit-fils Charles-Henri, neveu de l'évêque de Belley ; puis malgré l'opposition des chanoines et de l'Abbaye d'Ambronay il s'était installé par violence dans la maison Bozonne sous prétexte: que cette maison dépendait de la seigneurie de Meximieux ; — que son petit-fils était prieur de Saint-Jean ; — que lui-même était fermier du prieuré au nom de son petit-fils. C'est alors que l'évêque de Belley reprend son titre de doyen de Saint-Apollinaire ; peut-être espérait-il aplanir les difficultés rendues presque inextricables par les agissements de son père et de son neveu.

Au décès de Charles de la Chambre, survenu dans les premiers jours de 1570, Josserand Fournier somme une dernière fois le doyen et les chanoines d'avoir à reconnaître les fonds dépendants du prieuré ; puis lassé de la lutte il cède la place à Etienne de la Couz que nous avons déjà vu apparaître dans ces procès. Antoine de la Chambre s'était aussi retiré, voyant sans doute que ses efforts pour arriver à un arrangement étaient inutiles. Son successeur comme doyen fut Mre François Cortois. L'action judiciaire continua entre les deux nouveaux dignitaires et Charles-Henri de la Chambre. Après une enquête en faveur d'Etienne de la Couz et une contre-enquête faite au nom du doyen, le juge d'appel de Bresse rendit une sentence (22 Janvier 1575) par laquelle le doyen et les chanoines étaient maintenus en possession du prieuré. Cette décision était motivée principalement sur le fait que Jean Maréchal, prieur commendataire, après la fulmination de la bulle de

Léon X, avait consenti à la réunion de son prieuré à la mense collégiale, et qu'en vertu de cette renonciation le chapitre avait acquis un droit véritable. L'arrêt de 1549 relatif à la portion des dîmes revenant à l'abbaye d'Ambronay était maintenu. L'année suivante un arrêt du Sénat de Chambéry confirmait cette sentence.

L'évêque de Belley décède cette même année (1575). L'influence de la famille de La Chambre obtient du duc de Savoie que Charles-Henri, soi-disant prieur de Saint-Jean, soit proposé pour remplacer son oncle sur le siège épiscopal de Belley. Celui-ci voyant que les juges ne tenaient aucun compte de ses prétendus droits sur le prieuré les cède au doyen Cortois pour la somme de 280 écus d'or (21 avril 1575). Son espoir d'arriver à l'évêché de Belley fut également déçu, ses bulles n'arrivèrent pas de Rome.

La victoire appartenait donc au chapitre. Immédiatement son doyen sollicite un nouvel arrêt du sénat de Chambéry, relatif à la perception des dîmes ; cet arrêt est publié le 9 août de cette même année 1575. Il y était dit que : « inhibition est faite « à tous devant dîmes aux chanoines et chapitre de « Meximieux de transmarcher les bleds hors des « terres sans avoir appelé sur les lieux par trois « diverses fois à haute et intelligible voix, tant qu'ils « puyssent ouyr de loing, les dixmeurs pour venir « recevoir les dixmes à la manière et cote accoustu- « mées ». — Quant à la part de ces dîmes revenant à l'abbaye d'Ambronay, elle fut réglée par une convention amiable passée en 1579 entre Claude de La

Couz, abbé, d'une part, et les doyen et chanoines d'autre part. Par cette transaction on convint que le seigneur abbé d'Ambronay recevrait chaque année cinq grands setiers de froment pur et net ; quarante setiers de vin franc, pur et recevable, rendus à Ambronay aux frais et dépens du chapitre : l'abbaye devait nourrir et héberger le conducteur.

A peine le chapitre jouissait-il depuis quelques années de la paisible possession du prieuré et des dîmes qu'il lui fallut soutenir un nouveau procès. Les habitants de Meximieux prétendaient que payer la dîme à la quinzième gerbe constituait une cote trop élevée : ils en appelèrent au sénat de Chambéry. En 1583, Antoine Delacua, procureur-syndic, fit même un voyage en cette ville pour soutenir les intérêts de ses administrés. L'affaire traîna en longueur ; enfin le sénat confirma, en 1587, ses précédents arrêts.

Toutefois il y a lieu de croire que les dîmes ne furent pas toujours exigées à raison de la quinzième gerbe, puisqu'en 1613 on en vint à une transaction amiable qui enleva tout motif de mésintelligence. Par cet accord, messire François Gaudet et les chanoines d'une part, Loys Thévenin, syndic, assisté de ses conseillers, d'autre part, réglèrent qu'à l'avenir la dîme de toutes récoltes, blé et vin, serait payée au taux de la vingt-unième partie. L'acte fut passé au treyvoz Thévenin et reçu par les notaires Bergeret et Prost de Pérouges (1). A l'époque de la

(1) Tit. particulier.

Révolution, cette convention était toujours observée.

Mais il était dans la destinée du chapitre de ne jamais posséder en paix le prieuré de Saint-Jean. Nous avons dit que le doyen Cortois avait acheté les prétentions de Charles-Henri de La Chambre sur la maison Bozonne. Sans doute il dut considérer cette acquisition comme faite en son nom personnel, puisqu'il laissa cette maison en héritage à son neveu, Guillot du Fouilloux, bourgeois de Montluel. Celui-ci vint habiter le vieux prieuré qui du nom de son nouveau propriétaire fut appelé le Fouilloux. De nos jours on ne le désigne pas autrement.

Depuis l'année de la fondation du chapitre jusque vers la fin du XVIIe siècle, les chanoines firent desservir par des prêtres amovibles les paroisses unies à leur collégiale. Ces desservants avaient le titre de vicaires et jouissaient d'une portion congrue. Mais une déclaration de Louis XIV (1686), vint changer cet ordre de choses. Dès lors toutes les églises unies à des chapitres durent être administrées par des curés titulaires percevant tous les revenus de leurs bénéfices. Il en fut ainsi pour les cures de Villieu et Loyes : assez souvent elles furent attribuées à des chanoines de Saint-Apollinaire. Pour Meximieux on prit le parti de nommer curé le doyen du chapitre qui devait être aidé par un chanoine portant le titre de vicaire. Comme avant l'ordonnance de 1686 tous les revenus de la collégiale restaient communs entre les membres du chapitre ; exception était faite pour le casuel, qui appartenait à ceux qui desservaient la paroisse. Cet arrangement persista jusqu'à la Révolution sans modifications notables.

Les biens particuliers de la paroisse étaient régis par des luminiers : ils représentaient les fabriciens actuels. La principale fonction de leur charge était de pourvoir aux dépenses usuelles du culte. La luminaire de Meximieux n'était pas riche : elle possédait quelques pièces de terre ou de vigne ; la ferme d'un four banal lui rapportait dix-huit florins ; enfin la location d'un banc de boucher sous les halles du marché de Pérouges lui donnait un petit revenu assez variable.

Une manière spéciale de faire valoir les fonds de la luminaire nous est révélée par un petit registre contenant les actes des années 1539 à 1547. Les luminiers mettaient en commende un certain nombre de têtes de bétail chez divers cultivateurs du pays et des environs. Ces commendes étaient parfois consenties pour une redevance convenue ; d'autres fois le fruit du bétail se partageait entre le preneur et le propriétaire : les comptes se réglaient ordinairement à la Saint-Martin d'hiver. Cette location de bestiaux équivalait à une sorte de cheptel. Chacun y trouvait son profit : le laboureur, qui n'était pas obligé d'emprunter pour se procurer les animaux nécessaires à sa culture ; le bailleur, qui retirait profit de ses avances.

Pour la curiosité du fait, citons un exemple de ces baux : « Le dernier jour de novembre 1544, Pierre « Ogier, de Sainte-Eulalie (Saint-Eloy), sachant « pour lui et les siens, confesse tenir de Claude Gui-

« chard, luminier de Meximieux, présent et approu-
« vant, un bœuf arable de poil bardel, pour quatre
« bichets de froment bel et recevable, païable à la
« Saint-Martin venant. — Prost, notaire. »

A cette époque le prêt à intérêt était peu usité : on cherchait à tirer profit de son argent en achetant des choses capables de produire un revenu par elles-mêmes. Telle serait la raison d'être de ces sortes de contrats.

§ IVe. — *La Commune de Meximieux*

Nos pays de Bresse et du Bugey avaient participé au mouvement qui poussait les petites villes à s'ériger en communes. De 1250 à 1350, près de quarante paroisses, bourgs, ou villes du département de l'Ain reçurent de leurs seigneurs des chartes de franchises. Les plus anciennes sont celles de Saint-Trivier-sur-Moignans et de Miribel. Guichard VII de Beaujeu, tenant la parole donnée aux habitants de Meximieux par son père, Louis de Forez, leur en accorda une au mois de décembre 1309. Cette charte de franchises fut confirmée par tous les princes ou seigneurs qui possédèrent Meximieux, savoir : en 1337 par le dauphin du Viennois : — le titre existant actuellement à la mairie est de cette année ; — en 1355 et 1360, par les officiers des comtes de Savoie ; en 1409 par Jean Maréchal.

Ces chartes étaient-elles des concessions arrachées aux seigneurs par les habitants désireux de posséder des garanties contre l'autorité par trop arbitraire du chef féodal ? C'est là une opinion assez souvent émise. Cependant à la lecture elles ne laissent pas cette impression. Il serait plus naturel d'y voir des traités consentis à l'amiable à seule fin de régler les rapports des populations avec leurs seigneurs. Chacun y faisait valoir ses droits, d'où ressortaient les obligations des uns à l'égard des autres. Ce qui justifierait cette manière de voir, c'est que dans plusieurs villes les bourgeois fiers de leur indépendance ne consentaient à jurer fidélité à leur seigneur qu'à la condition que lui-même promettrait de maintenir leurs privilèges et qu'un certain nombre de chevaliers feraient avec lui le même serment. Ainsi les franchises de Meximieux furent jurées par Guichard VII et par dix chevaliers : les bourgeois de Belleville et de Villefranche exigèrent que vingt chevaliers du sire de Beaujeu prêtassent avec lui le serment de ne rien tenter contre leurs privilèges. On traitait donc de puissance à puissance.

Les concessions de franchises étaient faites dans un sens très libéral : elles constituaient à côté du pouvoir seigneurial une administration communale tout à fait distincte ; aussi produisirent-elles sur les esprits une grande impression. Partout on vit les paroisses s'organiser en communauté : par là elles acquéraient le droit de se gouverner elles-mêmes, de traiter de leurs affaires par l'entremise de leurs syndics ou de leurs procureurs ; de passer des contrats soit avec les simples bourgeois, soit avec les seigneurs ou le clergé. En toute occasion elles se montraient jalouses de faire valoir leurs droits.

C'est dans ces actes administratifs que se résume l'histoire de la plupart des communes : l'examen attentif de ces actes oblige à conclure qu'autrefois les libertés communales étaient plus étendues qu'on le croit généralement. Louis XIII ne défendit-il pas aux gouverneurs et aux gentilhommes de s'immiscer dans la nomination des syndics de paroisses ? (1).

Quelques auteurs distinguent entre les communes et les communautés. Dans celles-ci, disent-ils, les fonctions municipales émanaient du pouvoir seigneurial, elles s'exerçaient au nom du seigneur : dans les communes au contraire ces mêmes fonctions étaient exercées au nom des habitants. Il est possible que cette distinction ait existé dans certaines provinces, mais elle n'est pas constatée dans nos pays. Ainsi Meximieux se disait communauté ; à partir de la concession de ses franchises elle s'administre elle-même ; tous les contrats sont passés en son nom par les syndics assistés d'un conseil et souvent de la majeure partie des habitants convoqués au son de la cloche. Les assemblées délibérantes se tenaient en public ; chaque bourgeois avait le droit de donner son avis. Le seigneur n'intervenait jamais dans les actes de la vie administrative ; son autorité était limitée au commandement militaire, à la garde ou police et au droit de justice.

Les tabellions et les notaires avaient le monopole de la rédaction de tous actes : aussi jouissaient-ils d'une grande influence dans leur pays. Ils étaient

(1) Ordonnance de Janvier 1629.

plus nombreux que de nos jours : dans le XVIe siècle on en compte jusqu'à sept exerçant simultanément les fonctions de leur charge à Meximieux, c'étaient : Genevay, Prost, Bernard, Vivier, Charpinel, Fornier, Favre; en outre Claude George était notaire au hameau de Chavagneux, et Roux de la Côte, curial de Meximieux.

L'académicien Claude Favre de Vaugelas descendait par sa mère, Benoîte, du notaire Favre dont il vient d'être parlé. Voici l'acte de son baptême copié textuellement dans les registres paroissiaux. — « Le six du dict mois (janvier 1585) a esté baptisé « noble Claude, fils de spectable Anthoine Favre, « juge mage de Bresse, et damoiselle Benoîte Favre, « sa femme. Et a esté parreyn honnête Claude Favre, « et marreyne damoiselle Bonna (1), vefve de noble « Philibert Favre. Et a esté baptisé par Louis Estion. »

Les Favre, notaires, auraient habité la maison qui fait l'angle sud-ouest de la rue du Séminaire et de la Grand'Rue. Le jurisconsulte Anthoine Favre possédait aussi une habitation à Meximieux : elle devait être située dans les environs de la maison du docteur Roux, car il y a peu de temps les terrains voisins portaient encore le nom de clos Favre. C'est seulement après avoir acquis la baronnie de Pérouges qu'Anthoine Favre fit construire la maison Vaugelas où serait né le célèbre académicien.

En dehors de la vie administrative quelques rares événements apparaissent dans l'histoire de Meximieux.

(1) Bonne de Chatellion, fille d'Antoine, juge ordinaire de Meximieux.

mieux. En 1468 eut lieu l'invasion de la Bresse par les Dauphinois sous la conduite du comte de Comminges, leur gouverneur. Cette petite guerre se fit par les ordres de Louis XI qui était irrité de ce que Philippe de Savoie, comte de Bresse, avait fait alliance avec Charles le Téméraire. Sathonay, Montluel, Le Bourg-Saint-Christophe, Meximieux furent pris : Loyes capitula après six heures de résistance. Montanay et Pérouges, mieux fortifiés et garnis de troupes, firent une belle résistance : les Dauphinois ne purent emporter ces deux places. Pour récompenser les habitants de Pérouges, le comte de Bresse les exempta d'impôts pendant vingt ans. Une inscription placée au-dessus d'une porte de la ville rappelle l'échec des Dauphinois et le courage des Pérogiens.

L'expédition de Comminges en Bresse s'était bornée à quelques incursions qui durèrent environ quarante jours. Soixante-cinq ans plus tard François Ier faisait la conquête de la Bresse et du Bugey. Le duc de Savoie ne fit pas de résistance sérieuse ; en moins de trois semaines les pays formant le département de l'Ain furent occupés par les Français. Meximieux suivit le sort de la Bresse et une compagnie française vint occuper le château. Cet état de choses dura vingt-trois ans jusqu'à ce que le roi François II, cinq jours après son avènement au trône, donnât ordre (14 juillet 1559) de remettre au duc de Savoie les villes et les provinces qui devaient lui être rendues d'après le traité de Cateau-Cambrésis. Alors nous redevînmes Savoyards pour la dernière fois.

Dans le XVIe siècle Meximieux offrait un tout autre aspect que de nos jours. Les routes de Lyon à Genève et de Lyon à Bourg n'existaient pas ; elles furent construites de 1750 à 1763. La route de Lyon passait alors par le hameau de La Valbonne et par le territoire des Camponnes à moitié distance de Charnoz ; on l'appelle encore le vieux chemin de Lyon. Le pays communiquait avec Pérouges et le Bourg-Saint-Christophe par la rue de Pivarel, qui avant le moulin de l'Estra se soudait au chemin de la Billonette venant de Charnoz ; — avec Charnoz et Saint-Jean-de-Niost, par la ruette du Loup, faisant suite à la rue de l'Eglise, et par le chemin de la Billonette à Chantagrillet ; — avec Villieu et Loyes, par une vieille route, que quelques-uns disent romaine, tracée par Le Sève, Chavagneux et La Croze ; — avec Chalamont, par deux chemins: l'un montant du treyvoz Thévenin (Séminaire) vers le mas Grobon prenait ensuite la direction du Favier ; l'autre partant du treyvoz Chantabeau contournait à l'ouest du château et tendait vers Crevel et le Favier ; c'était la route de Bourg.

Les constructions bordant actuellement la rue de Lyon et la Grand'Rue, sauf deux ou trois maisons des clos Favre et Vaugelas, n'existaient pas. La ville était composée de deux parties bien distinctes : la ville haute attenant à l'enceinte du château, et la ville basse s'étendant vers la plaine le long du ruisseau de Surin. Chaque partie était divisée en quartiers ou mas : le mas Rivollet, le long de la route de Genève et près du ruisseau ; — les mas Constantin et Richelet remplacés par les constructions du Séminaire ; — Bouvagne ou de Surin, comprenant les maisons situées auprès de la tour hexagonale ; — le quartier Farou, au-dessus du Séminaire ; — les mas Grobon et Bret au-dessus de l'hôpital ; — le mas Lambert, aujourd'hui Puits-Volland ; — Rapans, au-dessous du château et vers la Croix-Estion ; — le quartier de la ville, formant la rue de l'ancienne cure, depuis la place Estion jusqu'à la place Chantabeau ; — les quartiers Chantabeau et de Saint-Apollinaire ; — enfin le mas Charnodière ou Billonette. Au-dessus et dominant tout le pays était l'enceinte du château : des vieilles fortifications il ne reste pas de vestiges.

Les maisons de la ville étaient très resserrées ; l'air et l'espace manquaient. De plus les habitants avaient obtenu du seigneur la liberté de faire pourrir leurs pailles dans les rues. On se trouvait donc dans des conditions d'hygiène tout à fait déplorables. Aussi ne faut-il pas s'étonner qu'à diverses époques des maladies contagieuses aient causé de grands ravages dans le pays. En 1349 la peste bubonique venue de l'Orient dura peu, mais ses effets furent terribles ; des villages perdirent leur population tout entière. L'historien Froissard rapporte que la contagion « emportait la tierce part du genre humain ». Un autre chroniqueur a écrit :

L'an mil trois cent quarante-neuf
De cent n'en demourait que neuf.

Paradin affirme que de mille malades atteints de bubons, il n'en guérissait pas dix. Les populations effrayées ne parlaient que de « La grande mort ! ».

Les pestiférés de Meximieux étaient ensépulturés dans les cimetières de Laya et de Champollon. Les Juifs accusés d'avoir empoisonné les fontaines furent massacrés dans plusieurs villes, entre autres à Saint-Sorlin ; nos ancêtres n'eurent pas à se reprocher cette cruauté, aucun juif ne pouvant venir s'établir parmi eux d'après une clause des franchises.

La peste, ou peut-être le choléra, fit sa réapparition dans nos contrées en 1553, 1554 et 1580 ; durant cette dernière année on compte 91 décès dans la paroisse. Trois ans plus tard le fléau sévissait avec une recrudescence effrayante ; le désarroi était parmi la population. Aussi voyons-nous les syndics obligés de passer des contrats pour louer à gages des personnes capables de désinfecter les maisons et d'ensevelir les morts. Voici le second de ces contrats: — « L'an mil cinq cent huictante-trois et le « cinquiesme juillet, par devant moy notayre et les « tesmoings soubnommés, establys Benoit Veson « et Benoit Trat de Rignat lesquels de leurs gré et « vouloir ont promis comme ils promettent en gens « de bien à la communauté de Meximieux d'ensé- « pulturer les corps qui mourront de maladie con- « tagieuse et aussi de nettoyer les maisons infestées « et soubçonnées de la dicte maladie de conta- « gion durant le terme et temps de six seymeynes « commençant aujourd'hui et date de dessus, au « gaige de quatre-vingt-cinq livres tournois, un cha- « peau à chascun d'eux, cinq aulnes de saldis, et ung « pare de solliers à chascung. Honnête Claude Ri- « vollet, syndic, a promis leur payer en paix et sans

« figure de procès dans trois seymaines et l'aultre « moitié dans le susdit terme fini... — Genevay, « notaire. »

L'année 1595 fut marquée par une invasion plus terrible encore de la peste. Elle éclata tout à coup au mois de novembre 1594 ; deux Suisses et leur enfant furent les premières victimes. Il y eut 19 sépultures en novembre et 30 en décembre. Le fléau continua à sévir pendant toute l'année 1595 ; dans le mois de mars on compta 71 décès, et 51 dans le mois d'octobre ; enfin la contagion disparut au mois de janvier 1596 pour ne plus reparaître. En la seule année 1595 il y eut 392 morts ; ce qui, joint aux 49 décès des deux derniers mois de l'année précédente, porte à 441 le nombre total des victimes du mal contagieux. C'est là un chiffre énorme pour une population ne dépassant guère 1.100 âmes : plus du tiers des habitants.

Les pestiférés étaient enterrés loin de la ville, sur une hauteur située entre la Côte et Meximieux ; on appelle encore cet endroit le cimetière du bois de Laya. Les cabanes où devaient se retirer les personnes soupçonnées d'être atteintes de la contagion, ainsi que ceux qui les soignaient, étaient construites vers le mont Champigneux.

En même temps la guerre désolait nos contrées. Les Ligueurs soutenus par Philippe II, roi d'Espagne, disputaient le trône de France à Henri IV. Le duc de Savoie avait pris parti pour les Ligueurs : aussi toute la frontière savoyarde était-elle garnie de soldats. Dans le Dauphiné et à Lyon stationnaient les troupes françaises qui vinrent même occuper Montluel. Le château de Meximieux reçut une garnison savoisienne commandée successivement par les capitaines Balançon et du Haut-Villars. En 1594 la ville se sentant menacée se prépare à une sérieuse résistance : on répare les fortifications du château ; on mure la porte *Feoyde* (?) ; sous le commandement de leurs conseillers les habitants divisés en escouades travaillent pendant les mois de juin et de juillet à servir les maçons, à élever les terrassements et faire les transports. La ville supportait les frais de ces préparatifs de défense, ainsi que nous l'apprend le *rolle* ou compte des dépenses. Cependant Meximieux et Pérouges furent occupés sans coup férir par le maréchal de Biron (août 1595) ; tout se borna à quelques escarmouches. Les habitants avaient-ils changé d'opinion ? Non, assurément : toutefois ils étaient découragés, la peste sévissait dans leurs murs. Quelle que soit la trempe de caractère d'une population, il ne serait pas juste d'attendre d'elle un effort plus grand que le comporte la nature humaine. Cette facile prise de Meximieux et de Pérouges explique mieux que toute autre raison pourquoi la conquête de la Bresse et du Bugey fut faite si rapidement par l'armée de Henri IV.

A la paix de 1601, Meximieux, ainsi que les pays composant le département de l'Ain, appartint définitivement à la France. Aucun changement notable n'intervint dans l'administration des communes. Toutefois le lien qui les reliait au pouvoir central se resserra : dès 1609 elles durent faire leur déclaration de propriétés, et les syndics, rendre leurs comptes à l'intendant de la province. Au XVIIIe siècle le syndic n'est plus uniquement le chef de la communauté, il devient l'homme de l'administration royale chargé de la levée des impôts, du recrutement de la milice, de la direction des travaux de la corvée royale... Il est nommé par le roi et porte le titre de syndic perpétuel : le second syndic reste soumis à l'élection.

Voici les noms de quelques syndics de Meximieux à la fin du XVIIIe siècle.

De 1762 à 1769, Charles Baret est syndic perpétuel. Avec lui sont seconds syndics : — de 1763 à 1766, Didier, notaire ; — 1766-1768, Jean-Baptiste Valliat ; — 1769, Claude-Joseph Jacquemet.

En 1769, Charles Baret fils, avocat, est nommé syndic perpétuel en remplacement de son père décédé. Il prête serment le 2 avril de cette même année. Sa nomination est signée par le ministre secrétaire d'Etat, comte de Saint-Florentin.

1771, est second syndic Humbert-Joseph Rudigoz ; il cède la place à Antoine Baret en 1773.

1777, Antoine Baret devient syndic perpétuel ; son frère Charles avait démissionné. En même temps Etienne Morelon accepte la charge de second syndic.

1783, démission d'Etienne Morelon ; Claude-Joseph Jacquemet le remplace.

1785, Antoine Baret résigne ses fonctious de syndic perpétuel : son successeur est Claude-François

Mazoyer, notaire. Le procès-verbal de son installation fait connaître le mode de nomination alors en vigueur : le roi choisissait le syndic sur une liste de trois noms présentée par la communauté.

Lors des événements de 1789, Mazoyer et Jacquemet remplissaient toujours les fonctions de syndics.

DEUXIÈME PARTIE

MEXIMIEUX PENDANT LA RÉVOLUTION

CHAPITRE PREMIER

Causes de la Révolution. — Convocation des États généraux. — Élections à Meximieux. — Réunion des États. — Assemblée Constituante. — Garde nationale. — Nuit du 4 août. — Droit du seigneur. — Impositions nouvelles. — Les Dîmes. — Contribution patriotique. — Les biens du clergé confisqués. — La France divisée en départements.

La cause déterminante de la grande Révolution française fut le déficit dans les finances, qui sans être considérable, s'accroissait sans cesse. Louis XVI voyant l'impuissance de ses ministres à remédier à cette pénurie du Trésor, prit le parti de convoquer à Versailles une réunion des notables (1787). Cette assemblée, composée d'hommes qui avaient le plus grand intérêt au bon fonctionnement de la chose publique, et qui paraissaient le plus aptes au maniement des affaires, se sépara sans avoir rien tenté : ses membres ne croyaient pas avoir les pouvoirs nécessaires pour engager l'avenir de la France.

Le roi prit alors le parti de faire enregistrer par le Parlement de Paris un édit portant emprunt de quatre cent millions à répartir sur cinq années, de 1788 à 1792. Pour cela il tint un lit de justice le 19 novembre 1787. Mais ce projet échoua encore par suite de l'opposition du Parlement, soutenu par le parti de duc d'Orléans. Il fallut se résoudre à convoquer les Etats généraux que réclamaient les parlements et dont les ministres du roi avaient déjà parlé. Ainsi l'exigibilité d'une dette flottante peu considérable, qui de nos jours passerait presque inaperçue, fut la cause immédiate de la Révolution.

Quant à ses causes éloignées, nous devons les voir dans les doctrines nouvelles répandues par toute une classe d'écrivains qui se nommaient eux-mêmes encyclopédistes ou philosophes. Sous prétexte de réformer les abus et d'attaquer les préjugés, ils renversaient les principes religieux et sociaux : leurs écrits étaient comme une semence malsaine jetée dans la société ; en 1789, cette semence a déjà montré son germe ; en 1793 et 1794, elle donne ses plus tristes fruits.

La réunion des Etats généraux fut résolue en conseil du roi le 8 août 1788 : puis vint le règlement des élections publié par Necker le 24 janvier 1789 et sanctionné par lettres patentes du roi en date du 7 février. Le nombre des députés était fixé à douze cents : trois cents pour la noblesse, autant pour le clergé et six cents pour le tiers état. Les élections devaient être directes pour les représentants de la noblesse et du haut clergé, et à deux degrés pour les députés du bas clergé et du tiers. Tout Français âgé de vingt-cinq ans et payant une contribution quelconque était électeur et éligible. On le voit cette loi électorale était conçue dans un sens très large et très libéral.

En convoquant les Etats généraux, le gouvernement de Louis XVI commit la faute de ne pas tracer aux nouveaux législateurs la marche à suivre dans leurs travaux ; il n'y eut point de programme déterminant les questions à traiter. On se borna à dire que chaque province rédigerait, par ordres ou en commun, un cahier de doléances et de réformes à opérer. C'était inviter le public à se plaindre ; il ne manqua pas de le faire. Avec une direction aussi vague, la forme même du gouvernement pouvait être mise en cause.

Dès l'ouverture de la période électorale, il y eut dans les baillages et dans les pays un peu importants des réunions préparatoires pour rédiger les cahier et désigner les électeurs : l'effervescence était grande dans toute la France.

La réunion préparatoire se tint à Meximieux le 21 décembre 1788 : elle était présidée par le syndic perpétuel Claude-François Mazoyer, notaire, et se composait des principaux habitants. Par le procès-verbal de la séance nous connaissons quels vœux y furent exprimés. On demandait : — que la liberté des élections fût assurée au tiers état ; — que les députés seraient choisis par leurs pairs seulement et élus par leurs égaux ; — que les privilégiés ne feraient pas partie des assemblées et ne pourraient être élus ; —

que cette exclusion s'étendrait aux agents et receveurs du clergé et des nobles ; — que les états provinciaux, particuliers à la Bresse, seraient rétablis; — que tous privilèges relatifs aux impôts seraient abolis ; — que l'impôt serait réparti et payé d'une manière uniforme, de manière que le plus riche soit celui qui contribue le plus au bien de l'Etat.

Outre ces vœux, on en trouve un autre tout spécial qui n'a pas dû être écrit dans les cahiers des autres provinces ; citons le procès-verbal. — « Les « habitants soussignés, et autres ne sachant lire, « ici présents et assemblés...... remerciant les ci- « toyens généreux qui se sont uniquement occupés « à faire connaître les abus qui s'étaient glissés dans « notre administration et qui, par une heureuse « suite, ont engagé le chef-lieu (Bourg) à demander « que *notre province soit régie suivant le régime « qui s'observait lors des ducs de Savoie, nos an- « ciens souverains.....* » Suivent vingt-huit signatures de notables, parmi lesquelles on distingue celles de : Mazoyer et Jacquemet, syndics ; Carrier, Bernard, Bonnardel, Didier, notaire, Honoré Page, Portallier, Rudigoz.... etc. *(Arch. Mex.)*.

Au commencement de la séance, on avait lu la requête rédigée par le tiers état de Bourg et on l'avait approuvée. C'est dans cette requête qu'on avait puisé l'idée de demander le retour de la province à l'administration savoisienne. Jarrin, dans son livre : Bresse et Bugey, affirme que c'est là une demande des cahiers du baillage de Belley, et il n'a pas l'air de trouver ce même vœu dans les cahiers de Bourg : les textes lui donnent tort.

Ainsi par le procès-verbal de la séance préparatoire, on voit qu'à Meximieux, comme à Bourg et dans toute la Bresse, on demandait des réformes mais on était bien loin de vouloir la Révolution, puisqu'on désirait que la province fut régie suivant l'ancienne administration des ducs de Savoie. Voilà qui serait propre à modifier les idées de certaines personnes qui pensent qu'au moyen âge il n'existait pas de règles administratives, ou plutôt que l'administration n'existait qu'à l'état rudimentaire.

Les élections se faisant à deux degrés, les assemblées primaires choisissaient seulement les délégués électeurs — choisis à raison d'un sur cent électeurs primaires — qui, à leur tour, devaient nommer les députés aux États généraux. L'assemblée primaire de Meximieux se tint le 15 mars 1789. Elle fut convoquée en la manière accoutumée, au son de la cloche, dans la vieille église de Saint-Jean. Son président était Claude-François Mazoyer, syndic perpétuel ; cent quarante-un électeurs se trouvaient présents. Le cahier de doléances et remontrances fut d'abord présenté et signé. Puis les suffrages désignèrent comme électeurs délégués : MM. Claude-François Mazoyer, Jean-Baptiste Valliat, Charles Bernard et Jérome-François Chenevier. Ils devaient se rendre à Bourg pour assister à l'assemblée générale des électeurs de la province, qui devait se tenir le lundi 23 mars, en l'église des R. P. Dominicains. Le cahier des doléances leur fut remis, ainsi qu'un duplicata du procès-verbal de leur nomination (1). De leur côté ils promirent de représenter leurs mandants et de faire en sorte que les vœux exprimés dans le cahier de Meximieux fussent insérés dans le cahier définitif de la province.

Les délégués pour la province de Bresse et Dombes se réunirent à Bourg au jour fixé. Ils étaient au nombre de 538 votants pour le tiers ; 150 pour le clergé ; et 80 pour la noblesse. Le tiers état siégeait dans l'église des dominicains : le clergé occupait l'ancienne salle de physique du collège: enfin la noblesse tenait ses réunions dans l'Hôtel de la province. L'accord des trois ordres se fit remarquer dans la rédaction des cahiers de doléances ; on peut dire que les deux premiers ordres favorisèrent et secondèrent les vœux du troisième. Nos provinces de Dombes, Bresse et Bugey, comme toutes les provinces de la France, se prononcèrent pour le maintien des principes monarchiques, pour le respect de l'autorité royale, de la religion et de la propriété. La marche des événements nous fera voir comment ce programme ne fut pas suivi.

Les députés de nos provinces furent :

1° *Pour le Clergé :* Bresse : — MM. Gueidan, curé de St-Trivier-de-Courtes, et Bottex, curé de Neuville-sur-Ain ; avec M. Philibert, curé de St-Jean-sur-Reyssouze, pour suppléant.

Dombes : — M. Lhousmeau-Dupont, curé de St-Didier-de-Vallin.

(1) Ce procès-verbal est rédigé en forme de procuration notariée; voir pièce justificative n° 1.

Bugey : M. Favre, curé d'Hotonnes.

Pays de Gex : M. Rouph de Varicourt, curé de Gex.

2° *Pour la Noblesse:* — Bresse : MM. Garon de la Bévière, et Cardon baron de Sandrans ; avec M. de Lucinge, pour suppléant.

Dombes : — M. Vincent de Panette, syndic de la noblesse.

Bugey : — M. le marquis de Clermont-Mont-Saint-Jean.

Pays de Gex : — M. de Prez-Crassier, lieutenant-général.

3° *Pour le Tiers-Etat :* — Bresse : — MM. Populus, père, avocat à Bourg ; Bouveyron, bourgeois de Treffort ; Gauthier-des-Orcières et Piquet, avocats à Bourg ; avec MM. Buget, avoué à Bourg et Cerizier de Châtillon-les-Dombes, pour suppléants.

Dombes : — MM. Arriveur, commissaire à Lyon, et Jourdan, avocat à Trévoux.

Bugey : MM. Brillat-Savarin, avocat à Belley, et de Liliaz, de Montréal.

Pays de Gex : — MM. Girod, nommés Jean-Pierre de leurs prénoms, l'un avocat à Thoiry et l'autre bourgeois à Chevry.

Quoique partisans de sages réformes ces députés ne voulaient aucun changement dans la forme du gouvernement de la France.

Les Etats généraux se réunirent à Versailles le 5 mai 1789. Louis XVI les avait convoqués pour rétablir l'ordre dans les finances et concourir aux réformes devenues utiles ; mais il n'avait pas tranché deux questions importantes qui se posèrent dès l'ouverture des Etats : « Vérifierait-on les pouvoirs « en commun ou par ordres ? — Voterait-on par « tête ou par ordres ? » — Le tiers état qui sentait sa force, puisqu'il comptait à lui seul autant de députés que les deux autres ordres à la fois, exigeait qu'on vérifiât les pouvoirs en commun, et qu'on votât par tête. Après un mois de pourparlers, le 19 juin, un certain nombre des députés de la noblesse et du clergé se réunirent à ceux du tiers, de ce nombre furent deux députés du clergé de notre région : Favre et Lhousmeau-Dupont. Dès lors il devint évident que le tiers état l'emporterait. C'est ce qui arriva dès le 27 juin. Ce jour-là, sur le conseil du roi, les trois ordres se réunirent en une assemblée unique qui prit le nom d'Assemblée nationale. Et comme le 20 juin, journée du serment du jeu de paume, les députés du tiers s'étaient engagés de ne pas se séparer avant d'avoir donné une constitution à la France, on l'appelle aussi Assemblée constituante.

On a prétendu qu'avant 1789 la France ne possédait pas de constitution. Cette assertion ne paraît guère compréhensible. Comme si un pays qui comptait quatorze siècles d'existence nationale, toujours grandissant, étendant ses frontières, perfectionnant ses institutions, marchant de progrès en progrès et arrivant à se placer à la tête de la civilisation européenne, comme si un tel pays, dis-je, n'avait pas eu une constitution ! Autant vaudrait prétendre qu'un individu n'a pas de constitution physique tant que les médecins ne lui en ont pas assigné une! Ce qui fait bien comprendre qu'on a fait sortir la France hors de sa constitution séculaire, c'est que, dans les dix années qui ont suivi 1789, on ne lui a pas imposé moins de cinq constitutions, et qu'aucune n'a pu lui rendre le repos. Sous la troisième république, notre patrie est-elle devenue plus heureuse ?

On a même été jusqu'à dire que l'ancien régime était celui du : « Bon plaisir » (1) ; que la volonté royale faisait toute la loi ! C'est donner une signification étrange à une formule honorifique apposée au bas des ordonnances et des décrets royaux. Si cette prétention était fondée, il faudrait conclure qu'en France on aurait vu ce phénomène incroyable : des parlements et des tribunaux qui auraient jugé d'après des lois non-existantes: — des jurisconsultes célèbres, comme L'Hopital, D'Aguesseau, Lamoignon, Malesherbes et d'autres, qui auraient commenté et appliqué une législation et des coutumes imaginaires. Cela est inadmissible pour tout homme qui réfléchit. Le code du roi Henri IV renferme-t-il des principes de droit si différents de ceux du code Napoléon ?

Après la journée du 20 juin, où les députés du tiers prêtèrent le fameux serment du jeu de paume, les événements s'étaient précipités. Une vive agitation régnait dans Paris : les désordres et les émeutes amenèrent la prise de la Bastille (14 juillet). Ces

(1) La formule vraie, authentique, est : « Car tel est notre plaisir. » Chose bizarre, ce serait Napoléon Ier qui aurait altéré cette formule le gouvernement de la Restauration aurait emprunté la formule napoléonienne L'ancien régime n'est pour rien dans l'introduction de l'épithète « bon ». (A. Loth)

événements eurent leur répercussion dans les provinces : une vague inquiétude troublait les populations : on attendait des réformes mais on ne savait ni en quoi elles consisteraient ni si elles aboutiraient. Profitant de cet état des esprits, des gens malintentionnés se répandaient dans toute la France et propageaient partout des bruits alarmants : on parlait de disette (1), d'accaparement de grains, d'affameurs du peuple. On vit apparaître des bandes de gens inconnus qui ravageaient les campagnes, pillaient les demeures, mettaient le feu aux châteaux. Pour ce qui concerne la région de Meximieux, ces désordres se passèrent sur les bords du Rhône, dans les pays voisins du Dauphiné. C'est ce que nous apprend le procès-verbal d'une assemblée de citoyens présidée par le syndic Mazoyer. Après avoir exposé la situation il engagea tous les assistants à demeurer fidèles au roi et à la nation, et à s'armer pour repousser les ennemis de la tranquillité publique (2).

Ce syndic désireux du bon ordre devançait un décret de l'Assemblée nationale (10 août 1789). Ce décret confiait le soin de la police aux municipalités et prescrivait la formation d'une milice bour-

(1) Voici ce qu'on trouve écrit dans un registre paroissial au sujet de la disette. — « L'hyver de cette année a été selon les « nouvelles publiques plus rigoureux qu'en 1709. Le froid a « commencé le 14 novembre et a fini le 14 janvier, et il était « toujours allé en augmentant : la terre était gelée partout à 22 « pouces et même à 30 pouces de profondeur. — (0,60 à 0,82 « centimètres) — Le bled s'est vendu aux environs de Pàques « (1789) et quelques mois après, jusqu'à vingt écus la neuvaine... » — (Signé Pansut).

(2) Arch Mex. — Réunion du 2 Août 1789.

geoise dite garde nationale. Ces milices furent promptement organisées dans toute la France : chacun en sentait le besoin. La garde bourgeoise de Meximieux fut définitivement constituée le 30 août. Dans l'assemblée tenue à cet effet, on décida que les habitants se garderaient eux-mêmes ; que chaque quartier de la ville formerait une section de la garde à la tête de laquelle serait placé un sergent. Le commandement fut donné à Mazoyer, premier syndic, qui eut pour lieutenant Jacquemet, second syndic. Les sergents des quartiers furent : Vincent, aîné ; Dumas; Vincent, cadet ; Jean Graton ; Vezu ; Louis Emoz ; Louis David. — La garde nationale ainsi composée eut successivement pour commandants : Mazoyer, Vezu, Portallier, Valliat, Lacua. — L'année suivante, le jour de la Fête-Dieu (3 juin 1790), elle fit solennellement bénir son drapeau à la grand'messe ; toutes les autorités étaient présentes (1).

On le voit,le pouvoir civil marchait d'accord avec l'autorité religieuse ; était-ce pour longtemps ?

Toutefois l'organisation de la garde nationale ne s'était pas faite sans difficultés. Il s'était formé un parti d'opposition contre l'administration du syndic : à la tête se trouvait Chenevier, notaire et commissaire à terriers. On fit paraître un mémoire critiquant la nouvelle organisation ; d'autres actes du syndic furent aussi plus ou moins blâmés. Ce que voyant celui-ci prit le parti de se présenter devant

(1) Arch. Mex.

le conseil de la province séant à Bourg. Les élus-administrateurs, ayant pris connaissance des faits et examiné les pièces produites, louèrent la prudente administration de Mazoyer et engagèrent les habitants de Meximieux à lui continuer leur confiance sans écouter ses détracteurs. Le procès-verbal de cette décision est transcrit tout au long dans le cahier des délibérations et à la suite de celle du 30 août. — *(Arch. Mex.)*.

Quelques jours auparavant avait eu lieu la célèbre séance de la nuit du 4 août, dans laquelle l'Assemblée nationale éprise d'un beau zèle, et aussi d'un enthousiasme inconsidéré, abolit les privilèges des nobles, du clergé, des corporations, des communes, des provinces, et décréta l'égalité de tous les citoyens devant l'impôt. Les droits féodaux *personnels* étaient purement et simplement abolis : les droits *prédiaux*, c'est-à-dire portant sur les terres et constituant les rentes nobles devaient être rachetés (1) ; toutes les terres et tous les citoyens devenaient soumis à l'impôt foncier de la même manière et en proportion du revenu. En une heure on fit table rase du passé de la France ; en quelques traits de plume on décréta l'existence d'une nouvelle société. Suivant l'expression de Rivarol : « le feu avait pris

(1) Dans la nuit du 4 Août fut voté seulement le principe de la suppression des droits feodaux. De février à avril l'assemblée revint sur cette question et décréta quels droits seraient abolis et quels droits seraient rachetes — Un décret de l'assemblée législative abolit tous les droits féodaux quels qu'ils fussent (25 Août 1792). En conséquence les droits prédiaux, qui n'avaient pas encore été rachetés, furent simplement supprimés comme les droits personnels.

· toutes les têtes » ; bon nombre de députés, ‹e la noblesse et du clergé se payèrent le plaisir de renoncer aux privilèges des autres. Il est vrai que quelques hommes réfléchis se demandèrent comment on pouvait ,sans amener des désordres, ordonner un changement si radical : la suite des événements leur donna raison. Mais alors on ne tint pas compte de leurs dires ; et l'enthousiasme était tel, qu'à la fin de la séance, l'archevêque de Paris fit voter un *Te Deum* solennel qui devait être chanté dans son église métropolitaine.

On est convenu de dire que l'Assemblée fit acte de justice dans son vote de la nuit du 4 août. Nous ne voyons pas grande difficulté à accepter cette opinion, pourvu qu'on y joigne des correctifs nécessaires. Il est vrai que quelques privilèges très anciens, reposant sur un ordre de choses déjà modifié, étaient surannés et destinés à disparaître forcément : ceux-là étaient plutôt honorifiques sans être onéreux au peuple : telles les distinctions seigneuriales, les droits de préséance à l'église, dans les assemblées... Mais on serait grandement dans l'erreur si on affirmait que c'est à partir de ce vote de l'Assemblée nationale que la noblesse et le clergé furent astreints à payer des impôts. Aussi ayant conscience du peu de fondement de cette assertion, certains écrivains se bornent à dire que l'impôt était supporté pour la plus grosse part par le peuple. La vérité est que la noblesse ne payait pas la taille, qui correspondait à peu près à notre impôt foncier actuel. Ce privilège était compensé par certaines charges : telle l'obligation pour les nobles de porter les armes — (l'arrière-ban était déjà tombé en désuétude);— l'obligation de faire rendre la justice et partant de payer leurs juges, procureurs, châtelains, curiaux ; — l'obligation de nourrir les enfants abandonnés ; les seigneurs n'en furent exonérés que par la loi du 10 décembre 1790. — Mais la noblesse payait la capitation calculée comme valant la moitié de la taille ; les dixièmes, vingtièmes, demi-vingtièmes, soixantièmes du roi, sans compter les subsides extraordinaires que le prince lui demandait assez souvent.

Le clergé payait les mêmes impôts que les gens du peuple pour les biens de roture ; il ne jouissait du privilège que pour les biens dits de rente noble. Il était aussi appelé à fournir assez souvent des subsides extraordinaires appelés *dons gratuits* (1). Au moment de la Révolution les biens du clergé, dîmes comprises, donnaient un revenu d'environ 130 millions (2). C'est le chiffre donné dans le rapport de Necker, qui dit que ces biens étaient grevés de plus de dix millions d'impôts au profit de l'Etat ; et il

(1) Ces dons gratuits étaient votés par les assemblées du clergé leur origine remontait au XVIe siècle Elles se tenaient tous les cinq ans. Elles s'occupaient aussi d'affaires religieuses. Il y avait les grandes assemblées qui duraient six mois ; les petites assemblées, qui siégeaient trois mois: les premières comptaient deux députés; les secondes, un seul député, de chaque ordre du clergé, par province ecclésiastique. Ces deux sortes d'assemblées se tenaient alternativement tous les cinq ans.

(2) Mgr de La Fare, évêque de Nancy, qui prit la parole lors de la discussion relative à la cession des biens du clergé (Août-Octobre 1789), évaluait ses revenus, dîmes comprises, à 113 millions; ce qui donnait environ 800 livres pour chaque ecclésiastique.

ajoute que 10.700.000 liv. était le maximum d'impôts que ces biens pouvaient supporter.

De ces données et de l'étude de documents relatifs à cette question, il résulte que les deux ordres privilégiés payaient à peu près la même quote-part d'impôts que le tiers ; c'est la conclusion à laquelle doivent arriver ceux qui examinent les choses sans parti pris. Voici à ce sujet l'opinion de Talleyrand : il devait être bien renseigné, car il appartenait à la noblesse et n'étant encore qu'abbé de Périgord, il fut agent général du clergé ; d'autre part, il n'est pas accusé de partialité en faveur de l'ancien régime. « Ces « privilèges, dit-il, paraissaient injustes surtout par la « raison que portant *non sur la quotité mais sur la* « *forme de l'impôt*, ils établissaient une distinction « dans laquelle la classe plébéienne voyait moins « une faveur pour les nobles qu'une injure pour « elle (1). » Mais le peuple est simpliste ; il n'examinait pas les choses de si près, et il s'irritait de ce que les deux premiers ordres ne payaient pas l'impôt de la même manière que les roturiers.

Monsieur Jarrin nous dit qu'avant 1789 la quote-part d'impôts payés par les trois ordres, pour un arpent de terre, aurait été à peu près dans les proportions de 1,5 pour le clergé, 6,5 pour la noblesse et 40 pour le tiers état (2). Nous ne savons pas sur quoi repose cette affirmation, et nous ne nous chargeons pas de la justifier (3). On peut cependant re-

(1) Mém. de Talleyrand, t. 1er, p. 119.
(2) Bresse et Bugey; t IIIe.
(3) On a le droit de demander comment Jarrin a pu établir cette proportionnalité, puisque la noblesse ne payait pas de taille

marquer qu'elle devient incompréhensible quand on se reporte au rapport de Necker affirmant que les biens du clergé supportaient à peu près tout l'impôt dont ils étaient susceptibles.

Somme toute le vote de la nuit du 4 août abolit les privilèges personnels et changea le mode d'assiette de l'impôt. L'avantage obtenu ne paraît pas avoir été aussi grand qu'on a voulu dire. D'ailleurs plusieurs de ces abus qu'on voulait détruire ont reparu sous une autre forme. Le service féodal s'est transformé en service militaire ; les prestations ont remplacé la corvée (1); le droit de chasse a son équivalent dans le permis de chasse ; le droit des lombes ou des langues se retrouve dans l'octroi des boucheries... etc. ; et pour finir les impôts actuels pèsent un peu plus lourdement que les impôts de l'ancien régime. Il n'y a peut-être que le droit de colombier qui n'ait pas reparu dans le régime fiscal actuel (2). En un mot il y eut des mécomptes quant au résultat obtenu.

ou impôt foncier. Le métier de démolisseur fait écrire des choses surprenantes.

(1) Le nombre des corvées dues au seigneur variait de 4 à 12 par an; la moyenne était de six. Le corvéable avait droit au moins à un repas pour chaque journée de corvée et quelquefois à une légere indemnité. Le prestataire de nos jours n'a droit à rien il travaille et se nourrit comme il peut

(2) Le droit de colombier était le droit exclusif d'élever des pigeons. Ce droit n'existe plus, tout individu peut élever des pigeons comme il l'entend: aussi certains pays de Bresse subissent-ils de reels et sérieux dégats provenant de cette liberté. En Dombes, pour obtenir droit de colombier, il fallait posséder environ dix hectares de terrain d'un seul tènement autour des bâtiments contenant le colombier afin que les pigeons pussent trouver leur subsistance sur le terrain du propriétaire du colombier, sans causer des dégâts dans les récoltes des voisins.

Ne serait-ce pas ici le cas de parler de ce qu'on a appelé le droit du Seigneur ? Ce droit n'était pas ce que pensent bon nombre de personnes mal informées et l'Assemblée nationale n'eut pas à s'en occuper.

Dans les premiers siècles du Christianisme et au moyen-âge l'Eglise proposait aux nouveaux mariés d'imiter l'exemple du jeune Tobie et de son épouse. Elle leur disait : « Abstenez-vous, priez pendant trois « jours et votre mariage sera béni de Dieu comme « fut béni celui de ces jeunes Israélites ». Ce conseil généralement écouté dans les siècles de foi devint même une règle et le peuple l'avait dénommé le *Droit du Seigneur*. Déjà au XIVe siècle il avait cessé d'être une règle de discipline ; à peine en parlait-on encore au XVIe siècle comme d'un conseil à suivre.

A prendre le fait tel qu'il a existé, tout homme exempt de préjugés ne peut y voir qu'une leçon de haute moralité donnée aux jeunes époux. Là encore l'Eglise se montrait la grande éducatrice des peuples. Elle rappelait à ses enfants que Dieu est le maître de la vie des familles tout aussi bien que de celles des individus ; que l'union conjugale ne saurait être heureuse sans le respect mutuel des époux ; que la moralité dans la vie de famille est la principale cause de la prospérité des nations.

Mais, comment se fait-il que les disciples de Voltaire, jouant sur le mot *Seigneur*, aient pu dire et faire croire qu'en cette affaire il s'agissait du noble, du seigneur temporel, lequel se réservait les prémices de tout mariage contracté sur ses terres ? —

que cette prétention avait constitué un *droit du seigneur* auquel la Révolution avait mis bon ordre. Pour inventer et propager une pareille fable, il a fallu une rare audace et une singulière perversion d'esprit et de cœur ; et pour la croire,une étonnante naïveté.

Nous n'avons rien à renier dans le passé de l'Eglise. Si son droit du Seigneur, c'est-à-dire de Dieu, était encore mis en pratique, il y a gros à parier qu'il y aurait moins d'unions malheureuses, moins de séparations et de divorces ; et par une suite toute naturelle la dépopulation de notre pays n'aurait pas fait tomber la France au cinquième rang des puissances européennes.

Des lettres patentes du roi avaient prescrit l'application des nouvelles mesures décrétées par l'Assemblée nationale concernant les nouveaux impôts que devaient payer désormais la noblesse et le clergé. En conséquence une Commission se réunit le 20 février 1790 pour taxer suivant le nouveau système les biens du marquis de Meximieux ainsi que ceux du chapitre et des chapelles de l'église. La nouvelle cote devait être établie pour les six derniers mois de l'année 1789 seulement, et servir à décharger d'autant les contribuables du tiers-état durant l'année 1790. C'était une mesure provisoire en attendant un nouveau mode d'impositions. Cette Commission était composée de Vezu, notaire, fondé de pouvoirs de M. de Montgeffond ; — Jacquet, chanoine, procureur du chapitre ; — Pivet, doyen-curé ; — Philibert Rodet, maître de poste ; — Pierre Masson et Gaspard Venard, tous deux peréquateurs de l'impôt. Pour dresser le rôle on prit pour base l'estimation du revenu foncier, puis on fixa la cote de la capitation et des tailles tant ordinaires qu'extraordinaires, au marc la livre de ce revenu. De la sorte, le marquis de Meximieux fut taxé à une somme de soixante-quatorze livres pour les tailles et la capitation ; et à huit livres pour sa rente noble. D'un autre côté les chanoines du chapitre furent imposés à 49 liv. 10 sols pour leurs propriétés et leur rente de Meximieux.— Les recteurs des chapelles se virent aussi imposer au prorata de leurs prébendes, savoir : le recteur de la chapelle du Rosaire, à 22 sols ; — celui de Sainte Madeleine, à 4 sols ; — celui de Saint Claude, à 56 sols ; — celui de Saint Joseph, à 8 sols ; — le chapelain de Saint Sébastien, à 9 sols ; — celui de Ste Barbe, à 30 sols ; — celui de Saint Christophe, à 34 sols ; —enfin le prébendier de la chapelle des Soffray, à 48 sols (1).— (*Arch. Mex.*)

On peut se montrer étonné, et à juste titre, que la nouvelle taxation ait fourni des sommes si peu élevées. Il est à regretter que les anciens rôles ne nous soient pas connus ; on aurait pu faire la comparaison. Jarrin émet ce principe absolu que la noblesse et le clergé possédaient, avant la Révolution, au moins la moitié du sol, sinon plus de cette moitié. En adoptant son système, il s'en suivrait qu'à Meximieux le tiers état aurait payé au plus une somme de 292 liv.

(1) Dans la pratique la livre peut être prise pour le franc, car 81 liv font 80 francs. — Le sol était le vingtième de la livre.

2 sols pour le montant total de son impôt foncier. Ce qui est évidemment une erreur.

Les dîmes étaient des redevances établies en faveur du clergé. Elles se percevaient sur les blés et le vin ainsi que sur les menus grains : d'où les grosses et menues dîmes. Toutes les terres cultivées, quels qu'en fussent les propriétaires, étaient sujettes à la dîme ; les clercs eux-mêmes la payaient pour leurs possessions patrimoniales. On les distinguait en *anciennes* ou *novales* suivant qu'elles frappaient des terres anciennement cultivées ou des fonds récemment mis en culture. La féodalité avait marqué son pouvoir sur les dîmes : aussi en trouvait-on qui étaient inféodées à des décimateurs laïques parce qu'elles avaient été engagées en tout ou en partie dans le cours des âges ; le territoire de notre département comptait environ cinquante dîmes inféodées. En Bresse il n'y avait que des dîmes prédiales, c'est-à-dire levées sur des biens fonds (1).

Le taux de la dîme variait du dixième au cinquantième (2). Le tableau des dîmes du département de l'Ain, dressé par les ordres de Thomas Riboud, et expédié (19 mars 1791) au comité des impositions, à Paris, montre qu'en moyenne la dîme du froment et du seigle ne prenait guère que la quinzième gerbe. A Meximieux et dans tout le canton, on levait la vingt-unième gerbe, excepté à Charnoz, où l'on donnait la seizième. Dans beaucoup de pays la dîme des

(1) Guyot, Répertoire de 1784, article Dîmes.

(2) Le président Favre dit que la plupart des dîmes se percevaient au quarantième. (Codex Fabrianus)

menus grains se percevait *à la volonté du propriétaire dîmé.*

La suppression de toutes les dîmes fut votée trois jours après la séance du 4 août. Aucune ne devait être rachetée : c'était la spoliation pure et simple. L'article V[e] du décret de suppression indique d'une manière très claire et très exacte la destination des dîmes ; en voici la teneur:

« Les dîmes de toute nature et les redevances qui « en tiennent lieu, sous quelques dénominations « qu'elles soient connues et perçues, même par « abonnement, possédées par les corps séculiers et « réguliers, par les bénéficiers, les fabriques, et tous « gens de main-morte, même par l'Ordre de Malte « et autres ordres religieux et militaires ; même « celles qui auraient été abandonnées à des laïques « en remplacement et par option de portion con- « grue, sont abolies : sauf à aviser aux *moyens* de « subvenir d'une autre manière à la *dépense du « culte divin,* à l'*entretien des ministres des autels,* « au *soulagement des pauvres,* aux *réparations* et « *reconstruction des églises et presbytères,* et à « tous les établissements, *écoles, collèges, séminai- « res, hôpitaux, communautés* et autres à l'*entre- « tien desquels elles sont actuellement destinées.* »

Les dîmes furent bien supprimées, mais on ne vit jamais venir les fameux *moyens* qui devaient les remplacer : en fin de compte on supprima aussi les décimateurs.

La perception des dîmes en nature et dans les champs créait toutes sortes de difficultés, et donnait lieu à de nombreux procès, parfois aussi à des abus inévitables. D'autre part les populations étaient agacées par l'inspection sans cesse renouvelée de leurs récoltes. Leur suppression mit un terme aux plaintes des deux parties intéressées : à ce point de vue ce fut un bien. C'est aussi ce qui explique pourquoi elles ne furent pas plus vivement défendues par le clergé à la tribune de l'Assemblée. Mgr de Juigné, archevêque de Paris, déclara au nom de tous les membres du clergé qu'ils remettaient les dîmes entre les mains d'une nation « juste et généreuse, et qu'ils « se confiaient en l'Assemblée pour qu'elle leur « procure les *moyens* de remplir leur ministère ». Quelles illusions !

Le chapitre de Meximieux jouissait d'une dîme assez étendue, quoique pas très considérable. Elle se percevait sur toutes les paroisses que les chanoines desservaient, savoir : outre Meximieux, Charnoz, Villieu, Loyes et Priay. — (Ils n'avaient que le tiers dans ces deux dernières paroisses). — L'état des dîmes de Bresse, dressé en 1650 par Bouchu, intendant de Bourgogne, établit que les revenus de celle de Meximieux se montaient alors à 1.800 liv. environ. Au moment de la Révolution, elle valait 2.400 liv. ; c'est une réclamation du district de Montluel qui nous fixe sur ce point. Le directoire de ce district soupçonnait le chapitre de Saint Apollinaire de n'avoir pas fait une déclaration exacte de ses revenus ; il se renseigna auprès des municipaux de Meximieux. Ceux-ci répondirent, le 12 juin 1791, « que la déclaration du chapitre était exacte de tous

« points ; que la dîme devait être évaluée, année « commune, à 2.400 liv. ; que si Claude-Joseph Jac- « quemet et Lacua l'avaient, pour une fois, prise à « bail pour 2.800 liv., ils s'étaient trouvés en perte « et l'avaient abandonnée. ». *(Reg. municip. de Mex.)*

La dîme fut perçue pour la dernière fois en 1790.

Il ne paraît pas que les événements du 6 octobre, qui forcèrent le roi de partir pour Paris, aient causé quelque émotion dans notre pays ; du moins les documents ne nous le laissent pas deviner.

Ce même jour, l'Assemblée vota la contribution patriotique d'un quart ; trois jours après le roi sanctionna le décret. Cette loi disposait que : — tous les citoyens possédant plus de 400 liv. de revenus en verseraient le quart dans les caisses publiques afin de parer au déficit des finances ; — cette contribution n'aurait lieu qu'une seule fois sans qu'on pût jamais y revenir ; — elle serait payée en trois ans et par tiers ; — les citoyens possédant moins de 400 liv. de revenus feraient des souscriptions volontaires ; — les journaliers n'étaient astreints à aucune taxe.

Un homme de loi devait être délégué pour recevoir les déclarations et dresser le rôle ; pour Meximieux et les pays environnants, ce délégué fut Mazoyer ; et pour Loyes, Berthet (1). Ce ne fut que le

(1) Les listes dressées pour recevoir les déclarations de la contribution patriotique ne se remplissant pas, l'assemblée, par un décret du 27 mars 1790, sanctionné par le roi le 1er avril, déclara obligatoire cette contribution, et força les municipalités à appeler les retardataires.

8 août 1790 que le rôle de cette contribution revint approuvé à Meximieux. Pour en faire la recette, les municipaux nommèrent aussitôt collecteur Benoît George, le secrétaire de la mairie. Ce rôle n'existe plus, nous ne savons pas quel en fut le montant. Cependant une pièce certifiée véridique par les officiers municipaux, nous apprend que la quote-part des ecclésiastiques se monta à un chiffre assez élevé. Nous y lisons en effet que, pour le second tiers seulement, M. Pivet, curé, paya 96 liv. ; — M. Jacquet, vicaire, 80 liv. ; — M. Dufour, chanoine, 35 liv. ; — Dominique Tuber, ancien religieux de Sept-Fonds, 100 liv. ; — Christin Emoz, aussi religieux de Sept-Fonds, demeurant au quartier de Saint-Jullien, 75 liv. ; — Claude-Benoît Jacquemet, curé de Samans, 150 liv. ; ce qui formait une somme de 636 liv. En sorte que pour le total de leur don patriotique ces ecclésiastiques s'étaient imposés à la somme de 1.908 liv. Si les habitants payèrent dans la même proportion, cet impôt forcé dut peser lourdement sur Meximieux.

Le déficit des finances n'était pas comblé : il restait 360 millions de dette immédiatement exigibles. L'évêque d'Autun, Talleyrand-Périgord, émit l'idée de mettre en vente les biens des églises et de pensionner le clergé. Ce projet fut mis en discussion le 10 octobre. L'archevêque d'Aix, Mgr de Boisgelin, proposait de faire un emprunt de 400 millions, décrété, garanti, levé par l'assemblée, mais hypothéqué sur les biens du clergé qui payerait les intérêts et rembourserait le capital par des ventes successives de biens fonds. C'était là une solution vraiment patriotique : elle aurait permis d'éteindre la dette de l'État sans compromettre la situation de l'Église de France. L'Assemblée ne voulut rien entendre. La discussion fut close le 2 novembre par un décret disant que les biens du clergé *sont mis à la disposition de la nation* pour concourir à l'acquittement de la dette nationale. Ce premier décret fut complété par deux autres : l'un, du 14 avril 1790, remettait les biens ecclésiastiques aux départements et aux districts ; — l'autre, du 14 mai, ordonnait la vente de tous ces biens sans exception. On prit tout ; on ruina le clergé (ce qu'on voulait) et on ne fit profit de rien : la dette nationale ne fut pas éteinte, et cinq ans plus tard, la France faisait une banqueroute de 33 milliards. Est-ce que par hasard le bien mal acquis aurait pu lui profiter ?

Taine apprécie très durement cet acte de spoliation : « L'Etat abuse étrangement de son mandat, « dit-il, lorsqu'il met dans sa poche la succession pour « combler le déficit de ses propres caisses, pour « l'engloutir dans sa propre banqueroute, jusqu'à « ce qu'enfin, de ce trésor amassé pendant quarante « générations, pour les enfants, pour les malades, « pour les pauvres, pour les fidèles, il ne reste plus « de quoi payer une maîtresse dans une école, un « desservant dans une paroisse, une tasse de bouil« lon dans un hôpital (1). »

Nous verrons ci-après comment furent séquestrés,

(1) Taine : La Révolution, t 1er, p. 220

puis vendus les biens du chapitre, des chapelles et des confréries de Meximieux.

Dès le mois d'octobre un mouvement d'opposition contre l'Assemblée nationale se dessinait dans les provinces. Par des assemblées particulières elles essayaient de sauvegarder leurs intérêts et de prêter leur appui à la royauté. Pour briser cette tentative l'Assemblée nationale décréta la division de la France en départements de 324 lieues carrées : — chaque département comprenait neuf districts de 36 lieues carrées ; — enfin le district était divisé en cantons de 4 lieues carrées. Cette division arbitraire ne tenait compte ni des anciennes limites des pays, ni des intérêts des populations ; même certains départements se trouvèrent composés de pays ayant des intérêts différents, afin qu'il ne put y avoir entente dans l'opposition. Cette loi fut votée le 3 novembre 1789.

Nos quatre provinces : Bresse, Dombes, Bugey et Pays de Gex, formèrent un seul département auquel on voulut d'abord donner le nom de Bresse ; mais la dénomination de département de l'Ain l'emporta. Les députés nommés pour en fixer les limites accomplirent leur travail à la hâte, du 15 au 25 février 1790. Les neuf districts désignés étaient ceux de : Bourg, Belley, Gex, Nantua, Saint-Rambert, Pont-de-Vaux, Châtillon-les-Dombes, Montluel et Trévoux Meximieux devint le chef-lieu d'un canton du district de Montluel. Ce canton était composé des mêmes communes qu'aujourd'hui sauf Birieux, Cordieux et

Samans, qui remplaçaient St-Jean-de-Niost et St-Maurice-de-Gourdans.

Dès le 26 novembre le syndic Mazoyer annonçait à l'assemblée des électeurs que les districts allaient bientôt être désignés ; qu'il lui paraissait que Meximieux, grâce à son heureuse situation sur deux routes de grande communication, pouvait prétendre à être désigné comme chef-lieu d'un de ces districts. Les habitants présents à la réunion approuvèrent la manière de voir de leur syndic et le chargèrent de faire les démarches nécessaires. Au temps d'Albitte la même demande fut renouvelée lorsqu'il s'agissait de supprimer ou de remplacer le district de Montluel. Mais ces tentatives n'aboutirent ni dans l'un ni dans l'autre cas. (*Arch. Mex.*)

Cette division départementale nécessitait une organisation nouvelle dans l'ordre électoral, administratif, judiciaire. Nous en parlerons dans le chapitre suivant.

CHAPITRE IIe

Réorganisation administrative ; — Elections municipales à Meximieux ; — Serment civique ; — Elections départementales ; — Fête de la fédération.

Les provinces de la France monarchique étaient administrées par des gouverneurs ou par des lieutenants-généraux nommés par le roi.

Certaines provinces étaient pays d'états, et d'autres pays d'élection. Les premières avaient conservé le privilège de se faire imposer par leurs états provinciaux : telles étaient la Bretagne, la Bourgogne, le Dauphiné, la Lorraine... Les secondes n'avaient pas d'états provinciaux ; elles étaient imposées d'office par des *élus* nommés par le roi. Ces élus étaient de vrais fonctionnaires royaux (1).

Louis XVI modifia quelque peu cet état de choses. D'après les idées de Turgot il institua dans les vingt-six généralités d'élection, des assemblées provinciales composées de délégués des trois ordres. Le roi nommait la moitié des membres ; ceux-ci se complétaient eux-mêmes par un libre choix. Le tiers état avait autant de délégués que les deux autres ordres. Ces assemblées tenaient une session d'un mois tous les deux ans. Elles s'occupaient de la répartition et de la perception des impôts ; en outre elles jouissaient

(1) On les appelait élus parce qu'à l'origine ils avaient été réellement élus par les Etats généraux de 1356.

à peu près de toutes les attributions de nos conseils généraux.

Tout cet ordre administratif fut modifié par le décret du 3 novembre 1789. Il n'y eut plus de provinces, mais des départements, divisés comme nous avons dit. A la tête du département il y avait un procureur-général-syndic assisté d'un directoire permanent de huit membres ; — (c'était le conseil exécutif) — et d'un conseil administratif composé de trente-six membres siégeant un mois par an. Ces deux corps administratifs étaient analogues au conseil de préfecture et au conseil général actuels.

Cette administration départementale comprenait six comités : impôts et finances, travaux publics, contentieux, biens nationaux, réglements et municipalités, bienfaisance et établissements publics.

Le district avait son administration spéciale composée d'un directoire à la tête duquel se trouvait un procureur syndic, assisté d'un conseil permanent de quatre membres, et d'un conseil administratif de douze membres siégeant quinze jours par an. Le directoire de district comprenait également six sections : Administration et vente des biens nationaux, liquidation des traitements ecclésiastiques, impositions, voirie et travaux publics, comptabilité et inspection des caisses publiques, utilité publique. Les deux premières sections étant de pure circonstance devaient disparaître.

Pour l'administration locale on adopta la qualification de commune, en place de communauté précédemment employée. La commune était administrée par une municipalité, dont les membres portaient le titre d'officiers municipaux : le maire était leur chef. Un tiers des officiers municipaux formaient le bureau. Ce corps municipal se complétait d'un nombre double de notables et leur réunion formait le conseil général de la commune. Enfin le procureur, choisi parmi les officiers municipaux, était chargé des affaires judiciaires et de l'exécution des arrêtés pris par le conseil. Le décret constitutif des nouvelles municipalités est du 29 décembre 1789. Louis XVI promulgua ce décret par ses lettres patentes du 6 janvier 1790.

Cette nouvelle organisation administrative amena une puissante centralisation des pouvoirs dont nous subissons encore les effets.

En 1789, il y avait en Bresse un baillage-présidial, une prévôté, une élection, une gabelle et une traite foraine. En Dombes existaient une sénéchaussée, une maîtrise et une gabelle; — Belley possédait aussi un baillage, une maîtrise, une gabelle et une traite foraine.

Le baillage présidial de Bourg se composait d'un grand bailli qui était premier président, d'un lieutenant-général civil, d'un second président, de douze conseillers, d'un avocat et d'un procureur du roi. Ce présidial jugeait en dernier ressort les causes civiles d'une importance de mille livres. Les sentences du baillage de Belley venaient en appel au présidial de Bourg si les causes restaient dans la compétence de ce tribunal, sinon elles étaient portées en appel au parlement de Bourgogne.

La justice criminelle était exercée à la fois par le présidial, les baillages et la prévôté. Les baillages connaissaient des délits commis sans effraction dans les maisons et les propriétés. Les vols avec effraction et les délits commis dans les rues et sur les places publiques rentraient dans la compétence du présidial. Les vols et les assassinats perpétrés sur les routes et les grands chemins étaient jugés prévôtalement et en dernier ressort. La prévôté se composait du lieutenant criminel, du prévôt, et de l'assesseur de la maréchaussée, de sept conseillers et du procureur du roi à la maréchaussée.

Nous avons dit que l'élection était chargée de tout ce qui concernait les impôts,

Le tribunal de la gabelle comprenait un juge, un lieutenant et un procureur du roi : il jugeait toutes les affaires relatives aux lois sur les sels.

La traite foraine était un tribunal composé comme le précédent. il jugeait les affairés relatives aux douanes.

Les justices seigneuriales s'exerçaient à Bourg, Belley, St-Rambert, Pont-d'Ain, Pont-de-Vaux, Pont-de-Veyle et Montluel. Elles avaient leurs juges spéciaux : on appelait de leurs sentences au présidial de Bourg.

La sénéchaussée de Dombes, séant à Trévoux, se composait d'un sénéchal, d'un lieutenant civil et criminel, de cinq conseillers et d'un procureur du roi (1). Appel était interjeté de ses sentences au pré-

(1) Le parlement de Dombes avait été supprimé en 1771.

sidial de Bourg, ou bien au conseil du roi, suivant la nature des affaires.

La maîtrise jugeait toutes les affaires relatives aux eaux et forêts et à la chasse. — Toutes les justices seigneuriales de Dombes avaient leur siège à Trévoux (1).

La même organisation judiciaire existait à peu de chose près dans toutes les provinces. Mais lors de la création des départements, l'administration de la justice fut mise en rapport avec la nouvelle division de la France. Dans chaque département il y eut un tribunal criminel ; dans chaque district, un tribunal de district ; et dans chaque canton, un juge de paix ; celui-ci remplaçait le tribunal des arbitrages. Les tribunaux de district fournissaient des juges au tribunal criminel, dont le président seul était stable. L'accusé était jugé par le jury qu'on appelait alors *juré*.— Il y avait le juré d'accusation qui instruisait les causes, et le juré de jugement qui se prononçait sur la culpabilité ou l'innocence de l'accusé,

Enfin tous les juges étaient nommés par les électeurs : ce fut la grande erreur de la Révolution. On voulut que la justice résidât dans le peuple, c'est-à-dire, dans la volonté du plus grand nombre, tandis qu'elle devait émaner d'une autorité supérieure et reposer sur la notion suprême de l'équité. C'est au nom du peuple que devaient bientôt fonctionner ces tribunaux de sang qui couvrirent la France d'horreurs. Les scélérats qui les présidaient autorisaient leurs atrocités de la volonté du peuple, laquelle ils

(2) Bossi ; Statistique de l'Ain.

proclamaient supérieure aux droits de l'humanité. N'est-ce pas la condamnation définitive de cette théorie?

Nous verrons que la constitution civile du clergé fut aussi une conséquence de la création des départements, ainsi que de la suppression des biens ecclésiastiques.

Il était nécessaire de faire connaître la nouvelle organisation administrative de la France pour la comparer à ce qui existait autrefois, et pour mettre le lecteur à même de mieux comprendre les faits de la Révolution.

La loi électorale votée par la Constituante date du 22 octobre 1789. Les élections se faisaient à deux degrés : les électeurs du premier degré étaient dits citoyens actifs; ceux du deuxième degré, citoyens éligibles ou électeurs. Le choix de ces derniers se faisait dans la proportion de *un* électeur sur *cent* citoyens actifs. Les électeurs, désignés par le vote des citoyens actifs, nommaient les députés ainsi que les administrateurs des départements et des districts. Dans les élections communales, les éligibles étaient nommés aux fonctions directement par tous les citoyens ayant droit de vote.

Le citoyen actif devait être français et âgé de vingt-cinq ans accomplis; — payer une contribution équivalente à trois journées de travail (45 sols) ; être inscrit au rôle de la garde nationale de sa commune, et avoir prêté le serment civique. — Pour être électeur il fallait en outre justifier qu'on possédait en revenus la valeur de 150 journées de travail — (112 liv. 10 sols).

Ainsi le législateur de 1789 avait eu le bon sens de n'admettre comme électeurs que des citoyens intéressés au bon ordre social. De nos jours que n'a-t-on suivi ce sage exemple !

Les listes électorales dressées par les syndics de Meximieux comptaient 119 citoyens actifs, dont 62 étaient électeurs éligibles.

Par son décret du 29 décembre 1789, sanctionné par le roi le 6 janvier suivant, l'Assemblée nationale avait décidé que dans chaque paroisse seraient élues de nouvelles administrations communales. En conformité de l'article VIII de ce décret, le syndic perpétuel Mazoyer convoqua les citoyens actifs de Meximieux dans l'église de Saint Jean : « attendu, « disait l'acte de convocation, l'insuffisance du local « ordinaire ».

Cette antique église paroissiale était située en dehors de Meximieux, vers l'ouest, sur un monticule qu'on appelle encore Calvaire de Saint Jean. Elle était entourée d'un cimetière portant le même nom. Vers la fin du siècle dernier, elle ne servait plus d'une manière régulière aux cérémonies du culte : Saint Apollinaire était devenu église paroissiale. De loin en loin les chanoines allaient y dire une messe ; les Pénitents blancs s'y réunissaient pour chanter leurs offices. Ce demi abandon explique le choix de l'église Saint Jean comme lieu de réunion des électeurs.

Les opérations électorales s'ouvrirent par l'audition de la messe et le chant du *Veni Creator :* rien de plus conforme à la tradition chrétienne. Elles occupèrent cinq grandes séances, du lundi 1er février au mercredi 3 février 1790.

La première séance fut marquée par un incident qui devait changer la physionomie de l'assemblée. A peine était-elle ouverte que parut M. Pivet, curé doyen de la paroisse : il venait protester contre la non inscription des chanoines sur la liste électorale. Son allocution fut très modérée mais ferme.

« Messieurs, dit-il, ce n'est point comme votre « pasteur que je vous adresse aujourd'hui la parole, « c'est comme propriétaire. En recevant hier la liste « des citoyens actifs de la communauté, je fus fort « étonné de ne pas voir mon nom inscrit parmi les « vôtres. J'en témoignai ma surprise. On me répon- « dit que j'exposerais mes raisons à l'assemblée. « C'est ce qui me force, messieurs, à retarder de « quelques instants vos opérations.

« Je ne vous rappellerai pas les qualités néces- « saires pour être citoyen actif, électeur et éligible : « aucun de vous ne les ignore sans doute. Il serait « facile de vous prouver que je les possède toutes. « Je ne suis pas à la vérité un des gros propriétai- « res, mais je suis néanmoins parmi les moyens ; « et sans compter ce que je paie pour mes biens de « famille, je suis imposé sur le rôle de Meximieux à « huit liv. seize sols pour un seul de mes bénéfices, « ce qui est une contribution directe plus forte que « celle qui est exigée par l'Assemblée.

« Quels seraient donc les moyens d'exclusion dont

« on voudrait user à mon égard ? Serait-ce ma qua-
« lité d'ecclésiastique ? Mais, messieurs, je vous
« prie d'observer qu'il n'y a plus aujourd'hui de
« distinction d'ordres ; tous les individus de ce
« royaume ne forment plus qu'une seule famille ; et
« quiconque a intérêt à la chose publique et les qua-
« lités requises pour être citoyen actif, est par là-
« même admissible à votre assemblée. C'est un prin-
« cipe de droit que, là où la loi ne distingue pas,
« nous ne devons pas distinguer nous-mêmes. Le
« décret de l'Assemblée nationale y appelle tous les
« états et conditions, pourquoi donc flétrir de l'ex-
« clusion le clergé seul ? Quoi, messieurs, le roi
« aura admis aux Etats généraux les pasteurs du
« second ordre, et ces mêmes pasteurs seraient
« exclus des assemblées de leurs paroisses ! D'ail-
« leurs, messieurs, il faut l'avouer, à qui devons-
« nous l'heureuse révolution qui vient de briser nos
« fers ? N'est-ce pas au clergé du second ordre ?
« N'ont-ils pas été les premiers à se réunir au tiers
« état, à faire l'abandon généreux de leurs privilè-
« ges ? Transportons-nous à cette époque mémora-
« ble : sans cette réunion, sans cet abandon, la
« France aurait peut-être essuyé les horreurs d'une
« guerre civile ; peut-être serait-elle aujourd'hui
« inondée de sang ? Est-il raisonnable, messieurs,
« qu'une nation si généreuse que la nôtre, pour ré-
« compense de ces sacrifices, voue à l'avilissement
« et exclue même des assemblées primaires le res-
« pectable clergé à qui elle doit pour ainsi dire sa
« liberté ? Non, messieurs, non ! des sentiments

« plus reconnaissants renaissent, et jamais elle n'ou-
« bliera les services qu'il lui a rendus.

« Enfin, en nous consacrant au service des autels, « aurions-nous perdu notre qualité de citoyens ? Ne « croyez pas, messieurs, que vos pasteurs soient ja- « loux des dignités, des honneurs ! Contents dans « leur obscurité ils n'ambitionneront jamais que le « doux avantage de concourir à faire le bien ! » (*Arch. Mex.*)

Ayant ainsi parlé M. Pivet se retira. Ceux qui avaient dressé la liste électorale s'étaient trompés de date : ils croyaient toujours être à l'Assemblée du 21 Décembre 1788 dans laquelle ils avaient fait prononcer l'exclusion des nobles et des ecclésiastiques. Aussi n'est-ce pas chose piquante de constater qu'un curé est obligé de rappeler aux électeurs qu'il n'y a plus d'ordres privilégiés, ni de tiers état ; qu'il n'y a que des citoyens français ?

La leçon fut comprise ; de suite l'assemblée décida de réparer l'erreur de ses mandataires. Pour cela elle nomma trois délégués chargés d'amener à l'Assemblée les membres du chapitre. Ils furent reçus avec joie ; bien mieux le curé-doyen fut porté à la présidence. Ce témoignage d'estime émut M. Pivet, aussi crut-il devoir remercier l'Assemblée en ces termes :

« Messieurs, je reçois avec la sensibilité la plus vive « cette marque de votre confiance ; j'en connais tout « le prix. La manière dont la présidence de cette « Assemblée m'est déférée me flatte infiniment. Il « vous eût été facile de trouver une personne plus

« intelligente, plus éclairée, mais à coup sûr vous ne « pouviez en choisir une plus impartiale et plus « zélée.» (*Arch. Mex.*)

Les élections se poursuivirent sans incident notable. Les élus furent proclamés dans la soirée du mercredi. C'étaient : Mazoyer, maire ; Jérôme Chenevier, procureur ; Claude-Joseph Jacquemet ; Humbert Rudigoz ; Honoré Favier ; Jean-Claude Soffray et Pierre George, officiers municipaux ; — enfin douze notables, savoir : Jean Moiffon, Philibert Rodet, François Derrias, Jérôme George, Humbert-Joseph Prost, Antoine Derrias, Aimé Léon, Jean-Joseph Falconnet, Jean-Marie Jacquemet, Michel Soffray, Jean-Baptiste Lacua, et Benoit George. (*Arch. Mex.— procès-verbal d'élection*).

A la suite du vote le médecin Jean-Marie Carrier, beau-frère du maire Mazoyer, présente à l'Assemblée une motion demandant que des prières publiques d'actions de grâces fussent célébrées pour remercier Dieu de l'heureux résultat des élections (1). Son allocution ne dénote pas l'homme politique qui allait bientôt s'abandonner aux pires excès du jacobinisme. Sa motion fut adoptée, et les prières eurent lieu le lendemain dans l'église de Saint Apollinaire.

M. Pivet, de son côté ne crut pas devoir clore les opérations électorales sans adresser la parole aux électeurs. Nous ne pouvons nous dispenser de relater son discours, car il peint bien l'état d'esprit de bon nombre d'ecclésiastiques au commencement de la Révolution.

(1) Voir, pièce justificative n° 2, le discours de M. Carrier.

« Messieurs, vous voilà à la fin de vos travaux ; « l'objet de la convocation de cette assemblée est « rempli. Il ne me reste qu'à vous témoigner la « satisfaction que je ressens de son heureux suc- « cès, ainsi que de la tranquillité et du bon ordre « qui y ont régné. Il faut l'avouer, messieurs, le « choix que vous avez fait vous honore. Vous avez « mis à la tête de votre municipalité un citoyen « droit, juste, généralement aimé et estimé. Vous « avez choisi pour officiers municipaux des hommes « intègres, vertueux, pleins de religion ; pour nota- « bles, des hommes mûrs, réfléchis, pacifiques et « prudents, pour procureur de votre commune, un « homme plein de probité, instruit et parfaitement « au fait des affaires. Que d'espérances ne peut-on « pas fonder sur un choix semblable dans lequel « lequel vous n'avez été guidés que par l'amour du « bien public ! N'en doutons point, messieurs, nous « allons voir renaître parmi nous la paix, la tran- « quillité, le bon ordre, en même temps que nous « verrons disparaître les abus de toute espèce dont « nous sommes témoins depuis si longtemps. Puis- « sions-nous, messieurs, jouir en paix de ce doux « avantage. Puisse l'époque de la formation de cette « municipalité être aussi l'époque de l'extinction des « haines et des inimitiés personnelles, et celle de « l'union des esprits et des cœurs ! Ce sont là, « messieurs, les vœux les plus sincères que je forme « comme pasteur et comme citoyen. Hâtons-nous « d'adresser au ciel des témoignages de notre recon- « naissance. Nous allons à cette intention, chanter

« un *Te Deum*, et faire des prières particulières « pour le monarque chéri à qui nous sommes rede- « vables de la liberté dont nous commençons à « sentir les douceurs. » *(Arch. Mex.)*.

On le voit, que d'illusions d'heureux avenir hantaient l'imagination de bien des membres du clergé inférieur ! Les deux discours de M. Pivet en sont des témoignages frappants. Les égards qu'on avait eus pour lui et pour ses confrères les chanoines, au cours de ces élections de 1790, avaient peut-être fortifié ces illusions. C'est qu'à l'origine de la Révolution le peuple n'était pas antireligieux ; ce qui venait de se passer à Meximieux était une preuve que l'entente existait d'une manière complète entre le peuple et ses pasteurs. La même entente se reproduisait dans toute l'étendue de la France. Ce ne fut que plus tard que surgit la haine contre les prêtres, lorsque les agitateurs républicains et les athées de l'Assemblée législative eurent fait voter des lois que le clergé ne pouvait, en conscience, ni admettre, ni observer. A ce moment se produisit la défiance d'abord, puis la persécution. On avait répété un peu partout, comme à Meximieux, « que la voix du peuple est la voix de Dieu », c'est-à-dire que sa volonté est absolue maîtresse de tout. A l'instar de M. Pivet, bon nombre d'ecclésiastiques avaient accepté cette maxime ; quoi d'étonnant alors que le peuple s'irritât, et en vint à exercer la violence contre ces mêmes ecclésiastiques qui voulaient lui faire apercevoir que certaines lois, décrétées en son nom, étaient mauvaises et malfaisantes. Lorsqu'il s'agira du serment à prêter à la Constitution civile du clergé, les espérances de M. Pivet, comme celles de tant d'autres illusionnés, tomberont : leurs yeux se dessilleront devant la réalité des faits, mais ce sera de la clairvoyance un peu tardive.

Que d'honnêtes gens ont, d'une manière inconsciente, provoqué et favorisé les saturnales de la Révolution en parlant sans cesse d'abus à réformer, de haines à éteindre, d'égalité à procurer ! Le peuple croit volontiers ce qu'il entend répéter souvent. Une chose frappe quand on lit les discours et les documents de cette époque : presqu'invariablement il y est parlé d'abus à réformer, mais l'affirmation reste dans le vague, personne ne spécifie quels étaient ces abus. C'est à inspirer de la défiance.

A Bourg les élections municipales avaient eu lieu du 25 au 31 janvier : Valentin du Plantier, lieutenant général au baillage, et Thomas Riboud, procureur du roi, les avaient présidées. Celui-ci ne put s'empêcher d'exposer devant les électeurs ses espérances de félicité future. — « Que les bons Français se rassu-« rent ! s'écria-t-il ; croyons à un avenir heureux ! « Bannissons ces alarmes inutiles qui ne sont pro-« pres qu'à fomenter la défiance et le trouble ! Que « tous les bons citoyens fassent avec joie des sacri-« fices qui sauveront la France !... Une bonne cons-« titution va bientôt nous donner la prospérité pu-« blique... Ne redoutons plus ni l'aristocratie oppres-« sive ni la brûlante démocratie. Le gouvernement « français sera celui d'une famille heureuse... » (1).

(1) Suivant Philibert Le Duc ces paroles auraient été prononcées à la rentrée du baillage, 13 novembre 1789.

De fait la félicité ainsi promise se trouva être une tyrannie de la guillotine. L'auteur de ce discours n'eut aucune parole de blâme pour les massacres de septembre qu'il raconte comme témoin occulaire. Quand plus tard il fut incarcéré sous la Terreur, il ne sut écrire qu'une chose : « Je ne me suis mêlé de « rien... (!) ; j'ai vécu avec la philosophie qui con- « vient à une âme tranquille. » — Il y a des optimismes incurables.

Les municipaux élus entraient en fonctions pour deux ans ; ils devaient être renouvelés par moitié chaque année le dimanche qui suivrait la St Martin.

Le huit février la nouvelle municipalité de Meximieux nomme son bureau composé du maire, de trois officiers municipaux et de Jacquemet notable. Benoît George est installé secrétaire de mairie, emploi qu'il remplira durant la période révolutionnaire presque toute entière. Puis tous prêtent le serment exigé par le décret du 14 décembre 1789. Ces formalités remplies, la commune se trouva pourvue d'une administration régulière. — *(Arch. Mex.)*.

Deux mois après (24 mai) la municipalité est assemblée à l'hôtel de commune pour délibérer. Tous les membres décident qu'ils veulent bien se conformer au décret de l'Assemblée nationale et aux lettres patentes du roi concernant les insignes que doivent porter les officiers municipaux ; mais ils croient que ce n'est pas à eux à en faire les frais ; que les écharpes seront achetées par la commune puisqu'elles doivent passer à leurs successeurs (1).

Quoique enthousiastes ces municipaux restaient des hommes très pratiques.

Dès le mois de mars, la bonne entente qui régnait entre la municipalité et le clergé a déjà subi des atteintes. Nous lisons en effet dans la délibération du six dudit mois que le pouvoir civil essaye de régenter les choses d'église et d'empiéter sur les fonctions des fabriciens. Les municipaux, en effet, fixent le nombre et le prix des chaises ; donnent à ferme les bancs et chaises ; font la morale au fermier, lui enjoignent d'avoir à se bien comporter dans l'exercice de ses fonctions, etc... Dans la suite, sous le régime de l'église constitutionnelle, nous verrons la municipalité régler toutes les questions relatives au culte : elle aura tout absorbé.

Le 25 mars, après les offices paroissiaux, la cloche de Saint Jean se fait entendre ; elle convoque tous les citoyens à une réunion générale. On doit lire un discours du roi à l'Assemblée et prêter le serment civique. Le procès-verbal de la séance nous apprend que la lecture fut écoutée avec respect, que la prestation du serment fut acceptée avec enthousiasme. La formule du serment était la suivante : « Je jure d'être fidèle à la nation, à la loi et au roi ; « et de maintenir de tout mon pouvoir la constitu- « tion décrétée par l'Assemblée nationale et sanc-

(1) Ces insignes devaient être : pour le maire, une écharpe tricolore attachée d'un nœud et ornés d'une frange d'or, pour les municipaux, même écharpe mais de couleur blanche, pour le procureur de la commune, la couleur de l'écharpe était le violet.

« tionnée par le roi ! » Sur l'invitation du maire, chaque électeur prononça distinctement cette formule ; on dressa procès-verbal de la séance, puis les assistants se séparèrent. (*Arch. Mex.*)

Les députés avaient prêté ce serment le 4 février aussitôt après en avoir voté l'obligation. Dans les provinces, il fut exigé de tous les fonctionnaires et salariés de l'Etat. Mais on ne voit pas qu'il ait été imposé à tous les citoyens. Le maire de Meximieux faisait donc du zèle en le proposant à tous ses administrés ; il n'est pas admissible d'ailleurs qu'il ait pris les citoyens actifs pour des fonctionnaires.

Considérée en elle-même la rédaction de ce serment ne présente peut-être rien d'illicite. Mais si on fait réflexion que la Constitution était à peine ébauchée, on ne peut s'empêcher de blâmer l'ardeur hâtive des législateurs qui faisaient prêter obéissance à des lois qui n'existaient pas encore, et de taxer d'imprudence ceux qui le prêtèrent.

Le curé-doyen de Meximieux et son vicaire, le chanoine Jacquet, agirent comme leurs paroissiens; ils jurèrent sans restriction. Il n'en fut pas ainsi de M. le Curé de Montluel. Dans sa lettre du 15 février 1790 adressée à la municipalité de cette ville il exposait : que comme chrétien et comme prêtre, il veut rester soumis aux lois de l'Eglise, sans que cette soumission le dispense d'obéir aux lois de l'Etat ; que cependant la Constitution n'étant pas achevée, il était tout aussi imprudent de se soumettre d'avance à tout ce qu'elle déciderait, que de signer un contrat dont les clauses ne seraient écrites qu'à moitié. Puis comme on l'avait menacé de lui enlever sa cure s'il ne prêtait serment, il ajoutait : « Ne vaut-il pas « mieux que je perde un état temporel que de me « voir exposé, à vos yeux, au mépris que mérite « tout homme qui manque à ses premiers serments ; « et d'encourir, au jugement de Dieu, la condamna- « tion que subira nécessairement quiconque viole « l'obéissance liée aux caractères de prêtre et de « chrétien (1) ».

Dans cette circonstance le curé de Montluel se montra homme de caractère, prudent, avisé. Les événements se chargèrent de prouver qu'il avait raison. M. Pivet et son vicaire auraient été bien inspirés s'ils avaient agi avec la même circonspection.

Dans sa séance du 29 avril la municipalité arrête les mesures à prendre pour recevoir les citoyens actifs du canton invités à se réunir en Assemblée primaire à Meximieux, le lundi 4 mai et les jours suivants. Cette assemblée cantonale devait désigner les électeurs chargés de nommer les administrateurs du département et des districts. Comme elle comptait environ 900 membres elle ne put tenir ses séances que dans l'église Saint Apollinaire. La session fut ouverte par une messe du Saint Esprit que célébra M. Pivet ; les séances se passèrent dans un ordre parfait. Toutes les mesures avaient été fort sagement prises soit pour le logement, soit pour la nourriture des citoyens actifs. (*Arch. Mex.*)

(1) Lettre de M Benoit, docteur en Sorbonne, curé de Montluel, à la municipalité de la même ville.

Les élections définitives eurent lieu à Bourg (12-18 mai) dans l'église des Pénitents. Les électeurs nommèrent Thomas Riboud procureur-général-syndic dignité équivalente à celle de préfet. Meximieux fut représenté dans l'administration départementale par Baret aîné, ancien élu de la province de Bresse ; et dans le directoire de Montluel. par Chenevier, notaire. et par Baret avocat.

Il est facile de remarquer que la réunion des électeurs primaires au canton constituait un mode d'élection défectueux. C'était l'enfance de l'art ; aussi ne fut-il pas longtemps mis en pratique.

Dans la séance du 27 Juin, M. Chenevier annonce sa nomination définitive comme administrateur du district ; en conséquence il donne sa démission de procureur de la commune de Meximieux. Il est remplacé par Jean-Marie Carrier qui entra en fonctions le surlendemain. A cette occasion le nouveau procureur prononça un discours où, sous le couvert de la modestie, perce beaucoup de satisfaction. Ce discours *est couché* sur le registre municipal. (*Arch. Mex.*)

Les fédérations étaient à l'origine des fêtes que les gardes nationales se donnaient mutuellement entre voisins. Puis le mouvement s'étendit : Grenoble invita pour le 11 avril 1790 toutes les gardes de la province du Dauphiné et des provinces voisines. De même Dijon réunissait, le 18 mai, toutes celles de l'ancienne province de Bourgogne. Mais la fédération la plus remarquable fut celle de Lyon (30 mai). Qu'on nous permette de reproduire le récit qu'en a donné un historien moderne.

« On avait érigé au grand camp un monument de soixante-seize pieds de hauteur, représentant un rocher au sommet duquel se dressait la statue de la Liberté. En bas sur chacune des quatre faces on voyait le frontispice d'un temple antique, celui de la Concorde. En haut, aux pieds de la statue de la Liberté étaient deux autels. C'est autour de ce monument que se groupèrent 50.000 gardes nationaux accourus à l'appel des Lyonnais. La cérémonie commença par deux messes dites aux autels qui flanquaient la statue. Au moment de la consécration tout le monde mit genou en terre et présenta les armes ; en même temps le canon se mit à tonner et des centaines de tambours battirent aux champs. Ce fut un spectacle vraiment grandiose et imposant que ces 50.000 hommes prosternés, inclinant 400 drapeaux autour du gigantesque autel où des prêtres élevaient à quatre-vingts pieds au-dessus du sol l'hostie et le calice consacrés.

« Après la messe le commandant général debout au sommet du rocher lut le serment civique et fédératif, et tous les fédérés, se massant au pied du monument, mirent leur chapeau à la pointe de leurs armes, étendirent la main et le gigantesque murmure de cinquante mille voix répondit : « Nous le jurons ! » (1)

Fait à noter : les délégués des gardes nationales à ces fédérations se disaient les représentants des

(1) Steyert. Hist de Lyon, t III, p. 473-5.

anciennes provinces et non des départements. Voulait-on réagir par là contre l'envahissement incessant de Paris, et ranimer la vie ou l'esprit provincial ? On pourrait le croire, car ce fut surtout la fête lyonnaise qui donna à Paris l'idée de célébrer, le 14 juillet, l'anniversaire de la prise de la Bastille par une fédération nationale. Cette fédération réunit les délégués, non plus des provinces, mais des départements. C'était la contre-partie des fêtes provinciales, la concentration de la France à Paris.

La fête eut lieu au Champ de Mars. Comme à Lyon on avait fait de magnifiques préparatifs, mais plus en grand. L'enceinte et les gradins pouvaient contenir quatre cent mille spectateurs. Des tribunes spéciales avaient été dressées pour le roi, pour la famille royale et pour les députés. Deux cents prêtres revêtus d'aubes blanches retenues par des ceintures tricolores entouraient l'officiant qui était l'évêque d'Autun, Talleyrand de Périgord.

Les députés et les fédérés ayant prêté le serment civique, le roi se lève de son trône et prononce à son tour la formule suivante imposée, par l'Assemblée nationale : « Moi, roi des Français, je jure à la nation « d'employer tout le pouvoir qui m'est délégué par « la loi constitutionnelle de l'Etat à maintenir la « Constitution décrétée par l'Assemblée nationale « et acceptée par moi, et à faire exécuter les lois. »

Le serment du roi fut accueilli par les applaudissements des quatre cent mille spectateurs ; ils devaient être les derniers que recevrait l'infortuné Louis XVI.

Cependant la Constitution n'était pas votée. N'était-ce pas folie de prêter et de faire prêter serment en toute occasion ? En quoi ces serments répétés étaient-ils plus respectables ou mieux gardés ?

Une délégation de quarante-quatre membres représentait à cette fête les gardes nationales du département de l'Ain. Ils présentèrent une adresse à La Fayette, une autre à la municipalité de Paris et une troisième au roi. Parmi les signataires de celle-ci on trouve le nom de Jacquemet : il avait été délégué par la garde nationale de Meximieux.

Cette fête de la fédération fut célébrée le même jour dans toute la France. Dans notre ville la cérémonie eut lieu à Saint Apollinaire. Dès neuf heures du matin la foule y arrivait nombreuse. La municipalité inscrivit d'abord les noms des citoyens parvenus à l'âge de vingt-un ans à qui l'on fit prêter serment ; cette formalité était requise pour que, sur le vu de leur inscription, ils fussent admis à jouir des droits de citoyens actifs quand ils auraient atteint l'âge de vingt-cinq ans. — Le département de l'Ain avait été délimité au mois de février précédent, la municipalité proclama le fait d'une manière officielle. Le chant de la messe suivit. Enfin, à midi sonnant, au moment précis où le roi était censé jurer fidélité à la Constitution, les citoyens actifs « pour s'unir à tous les Français, leurs frères, prê« tèrent, dans la solennité la plus auguste, le serment « prescrit par la loi. » — *(Arch. Mex.)*.

Dans quelques localités cette fête prit un caractère d'intolérance. A Pont-de-Vaux par exemple, on fut obligé de chômer et de se réjouir sous peine d'amende. Citons le programme de la fête.

« Toutes les boutiques seront fermées pendant « toute la journée ; il est défendu d'en tenir aucune « ouverte sous peine d'amende.

« Le soir du même jour il y aura une illumination « générale : tous les habitants sont invités *de* met- « tre des lumières sur les fenêtres de leurs maisons « donnant sur les rues et places, aussi sous peine « d'amende contre les contrevenants. » — Signé Vuiron, Joubert aîné, Poizat, Deydier.

A Lyon la cérémonie fut abrégée par une pluie torrentielle. M. Ruivet qui se trouvait alors dans cette ville, entendit un garde national, revenant tout mouillé de la fédération, traiter Dieu d'*aristocrate* et ajouter à cette épithète des imprécations à faire frémir. C'était l'impiété qui perçait sous couleur de patriotisme.

Nous verrons dans la suite que les fédérations de 1792 et 1793 n'eurent pas le même éclat et passèrent à peu près inaperçues.

CHAPITRE IIIe

La question du marché ; — Partage des tâches de la plaine ; — Les communaux du Bois-Simon ; — Marais de Giron.

Dès 1789 surgirent entre Meximieux et Pérouges des difficultés à propos de l'existence d'un marché.

Pérouges, ville ancienne, était en possession d'un marché qui se tenait le samedi. On y vendait le fruit du bétail, le chanvre, le fil pour les tisserands ; mais il n'y avait pas de grenette.

Meximieux avait aussi été favorisé d'un marché depuis un temps très ancien, puisque les franchises, accordées en 1309 par Guichard de Beaujeu à cette ville, avaient été signées « sous la *hâle* du marché » — Sub alâ mercati. » — Plus tard il avait cessé d'être fréquenté à cause des nombreuses guerres que se faisaient les Dauphinois et les Savoyards, et aussi à cause des droits ou péages onéreux qu'on était obligé de payer pour passer d'un pays à un autre.

En 1532 il fut rétabli par ordonnance du duc de Savoie (1), et fixé au mercredi. Mais par suite des maladies contagieuses qui s'étaient abattues sur le

(1) Ordonnance donnée à Morges en date du 24 juin 1532. (Arch. Mex.)

pays, par suite également des guerres qui précédèrent l'annexion de la Bresse à la France, ce second marché était encore tombé et il ne restait plus que celui de Pérouges.

Cependant l'on ne pouvait s'approvisionner de grains dans la place étroite de Pérouges ; les cultivateurs pouvaient difficilement y mener leurs produits à cause de l'escarpement des chemins d'accès. Alors la municipalité de Meximieux s'occupa de faire vendre du blé sur la place Vaugelas pendant la disette de 1789. D'où protestation de Pérouges qui obtint du directoire départemental un arrêté fort dur pour Meximieux. Mais la municipalité de cette ville, loin de se laisser intimider, interjeta appel contre cet arrêté ; d'autre part elle chargea son procureur de dresser un mémoire sur la question afin de mieux éclairer le directoire de l'Ain ; finalement elle demanda un marché permanent pour Meximieux. On désirait qu'il se tînt le mercredi pour ne pas nuire à celui de Pérouges (8 juillet 1790).

Dans cette question tous les avantages de population, de situation, de facilité d'accès, étaient pour Meximieux : nécessairement il devait avoir gain de cause.

Tout d'abord, 12 septembre 1790, survint un ordre de l'Assemblée nationale renvoyant la pétition de Meximieux et des communes intéressées au district de Montluel et au directoire départemental pour nouvelle information. M. Chenevier se chargea de poursuivre l'affaire.

La question traîna en longueur pendant les années

1791 et 1792 ; les démarches de la municipalité demeuraient sans effet. Le directoire de l'Ain et celui de Montluel envisageaient la question d'après les anciens règlements qui défendaient d'ouvrir des foires et des marchés dans deux pays voisins, les marchés ne devant pas se nuire l'un à l'autre. De plus, il était visible que le district de Montluel soutenait les intérêts de Pérouges ; en sorte que le fondé de pouvoirs de Meximieux, Chenevier, se trouvait réduit à l'impuissance.

C'est dans ces conjonctures que la société populaire eut l'idée d'envoyer quelques-uns de ses membres en députation auprès des représentants du peuple, Amar et Merlino, de passage à Montluel. Les délégués exposèrent aux commissaires de la Convention la question de l'établissement d'un marché à Meximieux ; les avantages qui en résulteraient pour tout le pays ; les difficultés que Pérouges avait soulevées contre ce projet. — La réponse des citoyens représentants fut : « que chaque ville était « libre d'établir un marché comme elle l'enten- « drait ».

La municipalité saisit, pour ainsi dire au vol, cette réponse favorable. Immédiatement elle décide (22 avril 1793) la création d'un marché ou grenette qui devait se tenir le samedi. Ordre est donné d'avertir les communes environnantes. D'où nouvelles protestations de la part de Pérouges et nouveau mémoire adressé par Meximieux au département.

Le marché se tenait régulièrement ; mais les réclamations de Pérouges avaient provoqué un arrêté du département (20 juin) interdisant de tenir une grenette à Meximieux. D'autre part, le district de Montluel avait envoyé un de ses membres, Belin, pour examiner ce qui se passerait au marché du 22 juin. Il faut croire que cet administrateur redoutait une émeute puisqu'il arriva flanqué de cinq gendarmes; de plus, il avait requis la brigade de Chalamont de venir lui prêter main-forte. Ce déploiement de force aigrit les esprits. Le procureur de la commune, Pijolet, eut une altercation assez vive, devant son auberge, avec l'envoyé de Montluel ; la foule prenait partie pour Meximieux et soutenait le procureur. Devant cette protestation le délégué, Belin, vida la place pour se rendre à Pérouges. Il n'y eut pas de désordres.

Mais les municipaux se réunirent immédiatement et dans leur délibération ils décidèrent : 1° de poursuivre le citoyen Belin pour excès de pouvoirs : il avait été chargé de voir ce qui se passerait sur le marché, et il avait mis en mouvement la force publique, provoquant ainsi le désordre ; 2° de faire toutes diligences nécessaires auprès du comité exécutif pour faire casser les arrêtés du département de l'Ain relatifs au marché de Meximieux. Le procureur était chargé de faire exécuter cette décision. (*Arch. Mex.*)

La Convention devait trancher toutes difficultés par son décret du 15 août de cette même année. La nouvelle loi permettait aux communes de créer tels marchés et foires qu'elles jugeraient à propos. Cette loi connue, le Conseil municipal se réunit une dernière fois pour délibérer : il fut décidé que le marché se tiendrait chaque samedi sur la place Vaugelas ; que des inscriptions en indiqueraient les limites ; qu'il serait défendu de vendre et d'acheter en dehors desdites limites ; qu'on établirait un *carcabeaux* ou registre d'amendes tenu par le peseur. La cause était définitivement gagnée contre Pérouges.

Malgré l'arrêté du conseil municipal, le marché au beurre et autres fruits du bétail se tint pendant quelque temps au carrefour du ban Thévenin, vers la tour carrée du séminaire, en souvenir de l'ancien marché qui avait là son centre de transactions.

Quand le marché de Pérouges ne fut plus fréquenté, celui de Meximieux se tint le mercredi, comme au XVIe siècle.

Les difficultés dont nous venons de parler ne furent pas étrangères aux rivalités qui existaient naguère entre les jeunes gens de Pérouges et de Meximieux.

Les tâches étaient des terres possédées par les seigneurs et qui n'avaient pas été mises en culture. Pour favoriser les habitants, les propriétaires de ces terres les laissaient cultiver sous la condition d'une faible redevance. Chacun choisissait la portion qui lui convenait le mieux ; mais après la récolte il était obligé de tracer un sillon autour de son champ s'il voulait conserver le droit de le cultiver encore l'année suivante ; faute de ce faire un autre pouvait se mettre en son lieu et place. Dans certains pays ces sortes de terrains étaient connus sous le nom de *brosses* ou *bruyères*. Cet usage remontait à des temps très anciens.

Les tâches de Meximieux se trouvaient situées dans la partie sud-est de son territoire, dans la plaine de la Valbonne. M. Tocquet de Montgeffond levait sur ces terrains une redevance assez minime puisque le souvenir s'en est transmis par l'expression quelque peu méprisante de terres à *deux liards la frandolée*, c'est-à-dire que pour une somme insignifiante on pouvait cultiver un terrain de l'étendue d'un jet de pierres en tous sens. C'est ce territoire dont on demandait le partage en 1791.

Déjà au mois de mai 1790 on avait posé devant le Conseil municipal cette question : « Si dans deux « domaines on avait le droit de tenir tel nombre de « moutons — (nombre non spécifié) — et d'occuper « tant de terrain avec des parcs ? » — Or ces deux domaines dépendaient du château, et les parcs à moutons étaient établis sur des terres tâchables. C'était du socialisme. Cependant les droits de l'homme venaient de proclamer (art. 11e) que la propriété est un droit naturel imprescriptible. Mais foin des principes quand l'intérêt est en jeu !

La question du partage fut posée devant le conseil municipal dans la séance du 20 février 1791. Dans le procès-verbal, après avoir affirmé que les dites terres tâchables appartiennent à la commune, on décida que le sieur Tocquet, ci-devant marquis de Meximieux, serait interpellé sur son droit prétendu à ces tâches ; que faute par lui de répondre dans la quinzaine, la commune prendrait telle décision qu'elle jugerait convenable. C'était aller un peu vite en affaires.

La réponse de M. de Montgeffond arriva le 13 mars par l'intermédiaire du notaire Vezu, son fondé de pouvoirs. Le maire et les conseillers jugèrent insuffisantes les revendications de M. de Meximieux, mais ils se trouvèrent en désaccord sur le parti à prendre. Le maire voulait en déférer au comité féodal, séant à Paris, chargé d'élucider ces sortes de questions ; les municipaux opinaient pour le partage immédiat. On se sépara sans rien conclure.

Le dimanche suivant eut lieu une réunion de tous les citoyens actifs (20 mars) . on nomma des délégués qui iraient à Bourg demander à l'administration départementale l'autorisation de procéder au partage. Ces délégués furent : Claude-Joseph Juénet, Jean Rivolet, J.-B^te^ Masson et Pierre Millet. Ils devaient emporter toutes les pièces établissant les droits et les revendications de la commune. Le maire et le procureur, qui avaient été opposants, donnerent leur démission ; mais ils furent réélus le 10 avril et reprirent leurs fonctions.

Le 30 mars le directoire du département conseilla à la municipalité d'entrer en conciliation avec M. Tocquet de Montgeffond ; conseil qui fut suivi. Mais le tribunal de conciliation de Montluel ne put accorder les parties, et l'affaire fut portée en première instance devant le tribunal du district (1er mai). Par suite, le sieur Chenevier, avoué de la commune, fit mettre sous séquestre les récoltes pendantes sur le territoire en litige et nommer un gardiateur pour les conserver jusqu'à la vente qui en serait faite. La municipalité approuva cette mesure conservatrice.

Cependant l'affaire n'était pas poussée activement : et le 13 mai 1792 la commune demande encore au département l'autorisation de procéder à un partage provisoire, vu que le sieur Tocquet y consentait tout en réservant ses droits. On ne voit pas que le département ait fait de réponse.

Le 18 décembre 1792 la presque totalité des citoyens de Meximieux se présenta devant la municipalité, portant une pétition signée de 104 noms, et demandant le partage des tâches. Les municipaux voulaient peut-être se faire forcer la main. D'abord ils se retranchèrent derrière une décision de la Convention, en date du 9 décembre, ordonnant que les communaux continueraient à être cultivés comme par le passé jusqu'à ce que le mode de partage fût fixé. Mais on ne voulut rien entendre. On criait tout haut «*que c'était là des raisons inventées pour amuser le peuple !* » — Il fallut nommer trois commissaires chargés de préparer un partage provisoire. Ce furent : Claude Ray, chanoine, Beaublez et Christin Blanchon fils. — *(Arch. Mex.)*

Charles Bernard et Carrier, dont les conseils n'avaient pas été écoutés, donnèrent leur démission d'officiers municipaux.

Le 6 janvier 1793 on revint encore sur la question : il fut décidé qu'on ferait un arpentage des tâches pour parvenir à connaître la contenance des portions, et qu'une somme de 30 sols par feu serait versée pour pourvoir aux frais du partage. Quant au droits du marquis de Meximieux il n'en était plus question, un décret du 25 août 1792 ayant supprimé définitivement et sans rachat tous les droits féodaux quels qu'ils fussent. L'instance de la commune contre M. de Montgeffond n'avait plus sa raison d'être ; aussi le sieur Chenevier rendit les pièces du procès et réclama ses honoraires.

Le travail d'arpentage et de parcellement dura toute l'année 1793. On lit dans un procès-verbal du 29 janvier que le chanoine Ray donnait sa démission de commissaire. C'est là un euphémisme outrageant; la vérité est que cet ecclésiastique avait été dénoncé avec d'autres prêtres de Meximieux et qu'il avait dû se mettre en sûreté par la fuite. C'était la récompense de son concours dans le partage en question. Il fut remplacé par Didier, notaire.

Enfin le 5 ventôse an II (23 février 1794), Christin Blanchon put annoncer que le lotissement de tout le terrain des tâches était achevé et qu'il serait possible de procéder au tirage au sort des lots. Immédiatement on se mit à dresser la liste de ceux qui auraient droit au partage. D'après les lois du 14 août 1791 et du 10 juin 1792, il devait se faire par tête d'habitants domiciliés, et pour acquérir domicile il fallait avoir séjourné dans la commune un an complet avant la loi du 14 août. Ceux donc qui n'avaient pas séjourné dans Meximieux au moins 29 mois avant ce jour du 5 ventôse an II, se trouvaient exclus. C'est ainsi que 114 personnes furent désignées comme n'ayant pas droit à un lot. Il resta définitivement 1458 copartageants.

Le tirage des lots avait été fixé au 5 germinal an II, (25 mars 1794). Mais cette journée fut occupée par l'installation de la municipalité d'Albitte, en sorte que l'opération ne put avoir lieu que le lendemain ; et, dit le procès-verbal, « c'est comme de « vrais frères et amis que les citoyens ont été satis- « faits de leur part. » — Une note du 10 floréal dit que le partage est devenu définitif.

L'ancien maire Rudigoz avait entre mains la somme de 1038 liv. montant des souscriptions versées pour pourvoir aux frais du partage. Il avait payé 519 liv. comme honoraires dûs aux commissaires, Didier et Blanchon ; le reliquat fut versé dans la caisse communale (19 avril 1794). — (*Arch. Mex.*)

Le territoire ainsi partagé comprenait environ 210 hectares. Chaque part est d'une contenance de dix ares et demi à douze ares, suivant la qualité du terrain. Le public ne les désigne que sous le nom de *portions de tâches.*

Lors de la restauration de l'église St Apollinaire, (vers 1850), M. de Blonay, héritier de M. de Montgeffond, fit savoir aux habitants de Meximieux qu'il abandonnait tous les droits qu'il aurait pu prétendre sur le territoire partagé (1), à condition qu'une somme de *neuf* francs par portion serait versée en faveur de l'œuvre de reconstruction de leur église. Bon nombre de personnes versèrent ladite somme

Voici ce qu'on lit dans des écritures, ou mémoire de procès, du 31 août 1783.

(1) En effet la question de droit n'avait pas été tranchée par les tribunaux.

« Les terrains du Bois-Simon, d'une contenance d'environ 60 arpents, ont été donnés à la communauté de Meximieux par Jeanne de Gorrevod, dame de la Cueille et de Meximieux, veuve de Philippe de La Chambre, seigneur du dit lieu, sous la redevance d'une poule pour chaque feu. C'est un sol sec et aride ne produisant que bruyères et broussailles. Le communal est traversé par un chemin royal ouvert depuis la concession (1). La communauté demanda cette concession dans le dessein d'en faire un pâturage commun. Il sert encore à cet usage et plus de trois cents bêtes à cornes y trouvent nourriture : il est donc nécessaire. »

Ce qui motiva la production de ces écritures fut une ordonnance du maître des eaux et forêts voulant que ce terrain fût converti en un taillis aménagé en vingt coupes. La communauté ne fit rien pour exécuter cette ordonnance de 1772 ; aussi fût-elle condamnée à une amende de 500 liv. D'où le mémoire de 1783 par lequel le syndic fait appel de la première sentence et demande que le Bois-Simon soit conservé en pâturage. C'est en 1787 seulement que le syndic Mazoyer put annoncer que Meximieux avait gain de cause sur tous les points. Ce résultat fut obtenu grâce au témoignage des principaux habitants des paroisses voisines, qui attestèrent que le

(1) Le 23 juillet 1763 une grêle terrible s'abattit sur Meximieux, enleva les récoltes qui n'étaient pas encore recueillies et abîma les vignes pour trois ans. La communauté demande des secours et l'exemption des impôts ainsi que des journées de corvée à faire sur la route de Bourg, au lieu dit Bois Simon. Cette requête adressée à l'intendant de Bourgogne fixe l'époque où fut construite ladite route.

terrain en question avait la destination de pâturage même avant l'échange de la Bresse contre le marquisat de Saluces (1601) (1). On n'avait pu trouver le titre original de la donation ni à Chambéry, ni à la cour des comptes de Dijon (*Arch. Mex.*).

C'est ce territoire dont les habitants de Meximieux, mis en goût par le partage précédent, demandaient la prise de possession. Une première assemblée de citoyens, tenue le 4 frimaire an II (24 nov. 1793), décida que le partage se ferait ; des experts et des arpenteurs furent nommés pour y procéder. Mais les travaux préliminaires firent découvrir des difficultés qu'on n'avait pas su prévoir. Le rapport des deux experts : Cl. Bévy, de Chalamont, et Alexis Levrat, de Rignieu-le-Franc, démontre péremptoirement l'impossibilité de ce partage. En effet, d'après la liste dressée par la municipalité il devait y avoir 1460 parts. L'arpentage fit reconnaître 319 bicherées dans le terrain en question : en défalquant 20 bicherées pour les chemins de desserte il restait 299 bicherées partageables. D'où il résultait que chaque part ne pouvait dépasser la valeur d'un sixième de bicherée — (moins de deux ares). — Même dans certains endroits plus fertiles la part aurait été réduite à un neuvième de bicherée (2).

(1) Jeanne de Gorrevod est décédée à Lyon le 13 Octob. 1595. Elle fut enterrée dans l'Eglise St Apollinaire devant le grand-autel à main gauche. — Ce fait vérifie le témoignage des habitants circonvoisins relatif au Bois-Simon. — Jeanne de Gorrevod laissa par testament une somme assez importante destinée à la création d'un hôpital à Meximieux : on ne voit pas que le vœu de la testatrice ait été mis à exécution.

(2) Arch. de Mex — Rapport des citoyens Bévy et Levrat, en date du 24 Messidor, an II.

C'était la condamnation du projet. Tout le monde comprit que le plus avantageux était de laisser le Bois-Simon en pâturage. Ainsi fut-il fait jusqu'en 1868. Vers cette époque des amodiateurs mirent en culture ces pâturages qui pendant près de trois siècles avaient été le champ du pauvre.

De nos jours tout le territoire du Bois-Simon est loué aux enchères par la commune qui en tire un certain revenu. Le sol, sans être fertile, est d'une richesse moyenne.

La municipalité fit aussi une tentative pour entrer en possession d'une partie des brotteaux de Giron, proche la rivière d'Ain. En effet, à Meximieux, on avait gardé le souvenir qu'autrefois les religieux de St-Sulpice en Bugey concédèrent au pays une partie de ces brotteaux et marais ; mais on ne possédait aucun titre de cette concession. C'est pourquoi le conseil de la commune délégua (31 août 1790) le maire Mazoyer et le chanoine Ray pour aller à Saint-Sulpice rechercher le titre en question. Il n'y a pas apparence que cette mission ait été couronnée de succès, car Meximieux n'a rien possédé dans ces brotteaux pendant le XIXe siècle.

CHAPITRE IVe

Population de Meximieux ; — Vente des biens des églises et chapelles ; — Confrérie des pénitents, vente de ses biens ; — Fin de l'église de St Jean.

Au mois d'août 1790, les officiers municipaux firent le recensement de la population de Meximieux. La ville comptait alors 1445 habitants et 348 feux. Quarante-un individus seulement ne payaient pas d'impôts. Le revenu des pauvres se montait à 165 liv., au capital de 3.300 livres. — (*Arch. Mex.*)

Au mois de février 1787, M. Pivet, curé-doyen, avait fait de sa paroisse un recensement plus complet. La population s'élevait alors à 1410 âmes et se répartissait ainsi : Au bourg de Meximieux, 671 communiants et 315 non communiants, — à la Côte, 127 communiants et 77 enfants ; — à Chavagneux, 69 communiants et 34 enfants ; — enfin 70 communiants et 47 enfants, tant au Favier qu'au Sève, aux domaines de la Citadelle et de Crevel, aux Granges et au moulin de l'Estra (1).

(1) Des titres du 13e siècle nous apprennent que les moulins situés sur le Longevent portaient alors les noms de : l'Estra Novet, Chateauneuf, Renteyères et Chatelvira. Il y a aujourd'hui le même nombre de moulins, ils doivent être les mêmes que ceux du 13e siècle, mais ils portent d'autres noms.

Le bourg de Meximieux comptait 236 feux; la Côte 48; Chavagneux 26; Le Favier, le Sève et autres 19; au total 329 feux. — (*Reg. paroissiaux, 1787*).

C'est à peu de chose près la population indiquée par le partage des tâches.

Nous avons dit au chap. Ier que la loi du 2 novembre 1789, dite loi des Morts, avait décrété que « *les biens du clergé étaient mis à la disposition* « *de la nation* », à la charge par elle de pourvoir d'une manière convenable aux frais du culte, à l'entretien des ministres de la religion, et au soulagement des pauvres. On avait ajouté qu'il ne pourrait être affecté à la dotation des curés une somme inférieure à 1200 liv. non compris l'habitation et le jardin en dépendant.

C'était une confiscation injuste, et c'était de plus une faute politique. Les députés du clergé, pas plus que les laïcs, n'avaient mandat pour disposer des biens de fondations anciennes et pour faire passer entre les mains de l'Etat ce qui avait été donné pour des œuvres pies. Encore moins avaient-ils le droit de détruire ce qu'on appelait la constitution de l'Eglise de France et de réduire le clergé à une situation tout à fait précaire. Les légistes de l'Assemblée nationale ne virent dans cette loi qu'une occasion de dépouiller le clergé, et ils ne s'aperçurent pas qu'ils ébranlaient les principes intangibles de la propriété ; qu'en jetant sur le marché une grande quantité de biens, ils dépréciaient la propriété foncière ; que la ruine du clergé serait opérée sans aucun profit pour l'Etat. C'est en effet ce qui arriva.

Les politiciens de l'époque seuls arrondirent leur fortune en acquérant à vil prix les biens nationaux; c'est la remarque qui a été faite dans beaucoup de pays.

La loi du 2 novembre fut complétée par un décret du 14 mai 1790, ordonnant la vente de tous les biens ecclésiastiques sans exception. En conséquence les biens du chapitre et des chapelles de l'église St Apollinaire furent mis sous séquestre et inventoriés (1).

Les biens dudit chapitre consistaient alors en :

1° — Une maison avec jardin sise au quartier St Apollinaire.

2° — Trois vignes à St Jean, l'une de sept ouvrées et quart, les deux autres de douze ouvrées chacune.

3° — Vigne au Fouilloux, de neuf ouvrées.

4° — Vigne au Quart, de douze ouvrées (2).

5° — Deux vignes à la Côte, l'une de trois ouvrées, l'autre de deux ouvrées et demie.

6° — Vigne à Vignoland.

7° — Chenevier à Pivarel, d'une bicherée (10 ares 55).

8° — Un jardin à Pivarel.

9° — Terre en la Jacquière, d'une bicherée.

10° — Terre au Prénel, de trois bicherées.

11° — Terre en Pissevieille, de trois quarts de bicherée.

12° — Pré du Fouilloux, de quatre bicherées et demie.

(1) Séance municipale du 2 janvier 1791 · — l'inventaire dura plusieurs jours

(2) La maison Rascol serait bâtie sur ce fonds.

13° — Pré à Pivarel, d'une seytive.

14° — Pré de la Billonette, d'une seytive.

15° — Pré en l'Aubépin, de quatre bicherées.

16° — Pré à la Prairie, d'une seytive et demie.

17° — Pré en la Cula, d'une bicherée.

18° — Pré Prieur, de six bicherées.

19° — Pré de la Rouge, de huit seytives.

20° — Pré Penet, de cinq bicherées, sur Rignieu-le-Franc.

Toutes ces parcelles, sauf le pré Penet, font partie des meilleurs fonds de Meximieux.

Les dotations des diverses chapelles de l'église St Apollinaire consistaient aussi en bien fonds. En voici une courte énumération.

1° — Chapelle du Rosaire : — Sept bicherées de terre au Prénel ; — douze ouvrées de vigne aux Murgères ; — pré dit Entre Cula ; — une maison avec jardin près St Apollinaire.

2° — Chapelle de St Sébastien : — Un chenevier de trois bicherées à Surin ; — une vigne de huit ouvrées aux Murgères.

3° — Chapelle de St Claude : — Trois bicherées de terre aux Verchères ; — Deux seytives de pré à la Prairie ; — Douze ouvrées de vignes au Quart ; et aussi douze ouvrées situées au Plantier.

4° — Chapelle de St Christophe : — Vingt bicherées de terre au mont Champigneux ; — Dix bicherées de terre et une vigne situées en Carlet ; — Sept ouvrées de vigne aux Pies ; et quatre ouvrées, en Combières.

5° — Chapelle de Ste Barbe : — Dans le répertoire de la vente des biens nationaux aucun fonds dépendant de cette chapelle n'est mentionné. Cependant la vente en fut faite à Montluel le 16 février 1791.

L'antique église de St Jean avait aussi ses dotations qui consistaient en : 1° Une terre de huit bicherées située à Résilieux ; — 2° le pré de la Messe, de quatre seytives et demie : — Une vigne de cinq fosserées aux Berchances ; avec un pré et une terre en friche de cinq bicherées. — (*Arch. de l'Ain*).

Tous ces biens furent vendus au district de Montluel en quatorze vacations qui eurent lieu du 16 février 1791 au 15 mars 1792. A chacune d'elles assistaient deux officiers municipaux délégués par la municipalité de Meximieux. Elles produisirent une somme totale d'environ 58.000 francs.

Voici les noms des principaux acquéreurs : Passerat de la Chapelle, Claude Ray, ancien chanoine, Benoit et Michel George, Michel Mollion, Claude Saffange, Baret, Honoré Mézellier, J.-B[te] Lacua, Cl. Fr. Mazoyer, Aimé Léon, J.-Cl. Didier, Joseph Venard, Philibert Rodet, Antoine Martin.

Nous sommes persuadés que la moitié au moins des acquéreurs avaient l'intention de reconstituer les dotations de l'église de Meximieux si les circonstances le permettaient.

Le tour d'être spoliée vint un peu plus tard pour la confrérie des pénitents. C'est un décret du 18 août 1792 qui prescrivit la suppression de toutes les congrégations et associations religieuses. Ordre fut donné aux Pénitents blancs de Meximieux d'avoir à se séparer — (17 octobre 1792). — Cet ordre disait que la dissolution devait être précédée d'un inventaire des objets appartenant à la confrérie. Les officiers municipaux accompagnés de quelques notables dressèrent eux-mêmes cet inventaire. Le recteur Claude-Joseph Jacquemet, et le trésorier André Léon, y assistaient et rêprésentaient la confrérie. Toutefois la vente du mobilier n'eut lieu qu'en septembre 1794 quand il fallut vider l'église de Saint Jean pour en faire un magasin à grains. Les bois et les stalles furent alors adjugés pour la somme de 150 liv. à Joseph George, bourrelier.

Le trésorier de la Confrérie dut rendre compte de sa gestion par devant la municipalité le 12 février 1793. Comme il se trouvait reliquataire d'une somme de 182 liv. 8 sols, il la versa à la caisse de la commune. Les municipaux à leur tour s'en déchargèrent en la remettant entre les mains des administrateurs du district. La confrérie des Pénitents avait vécu (1). — (*Arch. Mex.*).

(1) La confrérie des Pénitents blancs de Meximieux datait de 1720. Elle devait sa fondation aux générosités de Humbert Dufour, notaire royal et curial de Meximieux Une ordonnance de Mgr Paul-François de Neuville-Villeroi, archevêque de Lyon, l'avait érigée canoniquement dans l'église paroissiale. Elle était composée d'hommes du monde désireux de réaliser l'idéal d'une vie vraiment chrétienne Pour cela ils faisaient appel à la prière dite en commun, chaque dimanche ils chantaient l'office ; dans les processions ils marchaient en corps revêtus de leur cagoule ou robe blanche ; leur exemple était un beau sujet d'édification

Au sortir de la Révolution la confrérie fut réorganisée par la réunion des anciens membres auxquels vinrent s'adjoindre plusieurs chefs de famille influents Cette réorganisation, œu-

L'inventaire de l'argenterie, meubles, ornements, titres, de l'église paroissiale eut lieu plus tard, 27 décembre 1793, après le décret de la Convention qui abolissait tout culte. L'actif des fabriques fut alors déclaré propriété nationale.

Terminons ce chapitre en disant quel fut le sort de l'ancienne église paroissiale de Saint Jean. Cette église était propriété communale ; aussi fut-elle d'abord laissée intacte. Nous avons vu qu'elle servait parfois à tenir les assemblées électorales. Dépouillée par deux différentes fois, en février et septembre 1794, de ses ornements et de son mobilier, elle fut transformée pendant six mois, du 22 septembre 1794 au 20 mars 1795, en un magasin à grains destiné à approvisionner l'armée des Alpes. Le garde-magasin paya même un loyer à la commune ; ce qui démontre bien qu'elle n'était pas propriété de l'Etat.

A l'époque où l'on pouvait déjà pratiquer ouvertement le culte catholique, les habitants espérèrent pouvoir conserver cet antique témoin de la foi de leurs pères. Vain espoir ! L'église St Jean fut confisquée au profit de l'Etat; le Directoire consommait l'œuvre impie commencée par l'Assemblée Consti-

ıre de M. Ruivet, trouva de généreux bienfaiteurs en MM. Vallat et Favier. C'est alors que fut construite la chapelle dite des Pénitents, aujourd'hui disparue. Son remarquable portail provenait de l'abbaye de Chassagne, c'était la porte romane de l'église abbatiale.

Les pénitents assistèrent en corps aux processions pour la dernière fois en 1857. — Le dernier recteur a été Antoine Chabert.

tuante. Le 26 fructidor an IV (12 septembre 1798), elle fut mise en vente au district de Montluel et adjugée à Jean-Fortuné Rodet pour la somme de 400 liv. (*Arch. de l'Ain*).

Le nouveau propriétaire ne pouvait espérer tirer parti de son acquisition. L'église en effet était située sur un mamelon d'accès difficile, et l'emplacement faisait défaut à l'entour. Aussi résolut-il de la démolir et d'en vendre les matériaux. Les derniers vestiges disparurent vers 1830. Ainsi le marteau du démolisseur fait disparaître les monuments les plus vénérables.

Monsieur Ruivet, curé de Meximieux et vicaire général, fit élever un calvaire sur le molard St Jean, à peu près sur l'emplacement de l'église disparue. C'était comme un monument expiatoire des fautes commises pendant les troubles révolutionnaires. Le soir du Jeudi-Saint les pénitents s'y rendaient processionnellement pieds nus et portant la croix. Mais déjà ce sont là de vieux souvenirs. Les pénitents et leur chapelle n'existent plus, les croix du calvaire sont tombées; rares sont les habitants qui visitent encore le molard St Jean. Et pourtant que d'utiles méditations il y aurait à faire là sur le passé de notre pays; que de sages enseignements il y aurait à recueillir sur la foi et la piété de nos pères! Quoi qu'on veuille dire, nous ne datons pas d'hier : l'histoire du passé reste la leçon de l'avenir.

CHAPITRE V^e^

Elections partielles de 1790. — Constitution civile du clergé. — Suppression du chapitre St Apollinaire. — La municipalité régente les affaires de l'église. — Serment à la constitution civile du clergé.

A la fin de l'année 1790, une moitié de la municipalité devait être renouvelée. Le 14 novembre, dimanche après la St Martin, les citoyens actifs se réunirent dans l'église St Jean pour procéder aux élections partielles. Dès l'ouverture de la première séance, M. Carrier annonça que vu sa profession de médecin il ne pouvait continuer à remplir les fonctions de procureur et il donna sa démission.

Pour désigner les membres sortants, on écrivit autant de billets qu'il y avait de municipaux : sur une moitié de ces billets était inscrit le mot *sort ;* sur l'autre moitié, le mot *reste*. Le procédé était primitif, mais sage et bon. Puis tous les billets étant mis dans un chapeau furent tirés par les intéressés.

Le sort désigna Honoré Favier et Claude-Joseph Jacquemet comme officiers municipaux sortants ; ils furent remplacés par J.-B^te^ Lacua et Joseph Venard ; comme notables sortants il y eut : Aimé Léon, J.-B^te^ Lacua, J.-Joseph Falconnet, J.-M. Jacquemet, Michel Soffray et Benoît George, qui eurent pour successeurs : J.-M. Carrier, Aimé Léon, Jean Rivolet, Louis Vezu, Charles Bernard et Cl.-Joseph Jacquemet.

Le procureur de la commune élu fut Jean-Marie Jacquemet, drapier.

Les deux dernières élections ne se firent que le lundi 15 novembre, le temps ayant fait défaut la veille.

Nous avons relaté au long ces opérations électorales pour bien montrer quelle gravité nos pères mettaient dans toutes leurs actions.

Quinze jours après, il y avait dissentiment dans le conseil, et le maire Mazoyer donnait sa démission. Le procès-verbal de la séance du 5 décembre nous apprend que le maire ayant voulu faire classer le chemin de la Lèpe, comme voie de communication avec Charnoz, Charles Bernard avait été opposant, demandant qu'on classât le chemin de la Billonette. Tous les électeurs, réunis le 19 décembre, furent appelés à trancher le différend. Mazoyer fut acclamé et prié de reprendre ses fonctions de maire, à quoi il consentit. Puis on décida que pour le moment aucun des deux chemins ne serait classé. — (*Arch. Mex.*).

L'opportunisme ne date pas de nos jours.

Toutefois, quelquetemps après, Mazoyer ayant été élu juge de paix optait pour cette fonction ; il était remplacé à la mairie par Carrier qui fut installé le 30 janvier 1791. Nous allons voir quelle attitude prit la municipalité dans la question de la Constitution civile du clergé.

La Constitution civile du clergé est l'acte le plus important de la campagne de désorganisation menée contre l'Eglise : elle allait amener la persécution religieuse violente. La discussion commença le 29 mai et se termina par le vote du 12 juillet, avant-veille de la Fédération. Le but visé par la Constituante était de pénétrer dans l'organisation intérieure de l'Eglise, de constituer une église nationale en faisant du clergé un rouage gouvernemental, afin de créer un schisme avec le centre de la catholicité. L'ensemble de la loi peut se ramener aux points suivants :

1° Les diocèses devront cadrer avec les départements — (on supprimait ainsi 46 évêchés et on n'en avait aucun droit).

2° Un décret fixera le traitement en argent des ministres du culte.

3° Les évêques seront nommés par les mêmes électeurs que les députés et les administrateurs des départements ; et les curés, par les électeurs qui nomment les conseillers de district. — (Et l'on ne faisait pas attention que dans le clergé le pouvoir de juridiction ne peut venir du peuple).

4° L'investiture serait donnée aux évêques par le métropolitain sans recourir à Rome. — (C'était le schisme public, l'Eglise de France ne restant plus unie à Rome, centre de la catholicité).

5° Un serment serait imposé aux titulaires des cures et à tous fonctionnaires ecclésiastiques.

On aurait pu s'accorder avec Rome sur les deux premiers points ; mais sur les autres toute entente était impossible.

Le roi donna sa sanction, mais avec répugnance et sous la pression de l'émeute.

Un décret du 29 novembre 1790 imposa à tous les prêtres le serment suivant : — « Je jure de mainte-« nir de tout mon pouvoir la Constitution française « et notamment les décrets relatifs à la Constitution « civile du clergé. » — C'était le complément de la loi, et le commencement de la persécution. Il y eut dès lors des prêtres *intrus* ou *jureurs* et des prêtres *réfractaires* ou *insermentés*. Le pays fut profondément troublé par cette politique maladroite et tracassière.

Voyons les conséquences de l'application de cette loi à Meximieux.

L'article XXI du titre Ier disait : « Sont abolis et « supprimés les chapitres, les abbayes, les prieu-« rés... etc. ». Le chapitre de Saint Apollinaire avait donc vécu. Il se composait alors de six membres : MM. Joseph Pivet, doyen et curé de Meximieux ; André Jacquet, procureur du chapitre et vicaire de la paroisse ; Jean-Claude Dufour, Claude Ray, Prost et Simonet, chanoines. Toutefois ils ne se séparèrent pas immédiatement ; pendant six mois encore ils continuèrent à célébrer leurs offices comme par le passé. C'est le 31 décembre 1790 seulement qu'ils cessèrent leurs fonctions. Faut-il croire qu'à la municipalité on s'en montra surpris ? Dans tous les cas elle fit demander au procureur du chapitre le motif de cette cessation.

C'est bien comme cela que les choses se passent : la foule ne s'aperçoit de l'odieux de certains décrets, que lorsque ces lois la gênent en la touchant de près· autrement elle les approuve ou ne s'en soucie pas. C'est l'histoire de l'égoïsme ; cela se passait ainsi en 1790 ; depuis le monde n'a guère changé.

La réponse du procureur ne se fit pas attendre · « Les chanoines en se séparant, dit-il, se confor« maient aux décrets de l'Assemblée nationale ; ils « avaient voulu éviter toute sommation. » *(Arch. Mex. — Séance du 2 janvier 1791).*

Sans témérité on peut dire que la municipalité n'attendait que cette réponse, car dans la même séance, le conseil délibérant arrête : « Que les stalles du chœur de l'église Saint Apollinaire seraient enlevées pour démasquer les chapelles latérales : six stalles seulement resteraient en place à l'usage des prêtres de la paroisse ; — qu'on vendrait les stalles enlevées et que les fabriciens en verseraient le prix à la luminaire ; — que le reste du mobilier, argenterie, ornements, papiers, titres de propriété, seraient inventoriés par les officiers du bureau accompagnés de deux notables ; — en outre serait effacée la *litre* ou ceinture funèbre peinte à l'intérieur de l'église, cette marque de féodalité ne pouvant être conservée dans une société devenue libre. » — *(Arch. Mex, 2 janvier 1791).*

La désinvolture avec laquelle le conseil municipal traitait les affaires d'église provoqua des représentations de la part du curé et des luminiers ; elles restèrent sans réponse. Par ordre du procureur de la commune l'église fut vidée de ses bancs, on blanchit les murs à la chaux, et les papiers des archives furent transportés à la mairie pour y être inventoriés en temps voulu (1).

Même les municipaux s'arrogèrent le droit de faire rendre, par-devant eux, les comptes de la fabrique pour les dix dernières années. Les deux luminiers outrés de l'humiliation qu'on leur faisait subir, et voyant leur impuissance donnèrent leur démission. Le bureau municipal les remplaça de suite par Claude Cuzin et André Léon. — *(Arch. Mex.— 12 janvier 1791).*

Le dernier délai accordé pour la prestation du serment exigé par le décret du 29 novembre expirait le quatre janvier. A cette date aucun ecclésiastique de Meximieux ne l'avait prêté; la municipalité ne manqua pas de le demander.

Il y avait alors dans la paroisse trois religieux venus pour prêcher une mission qui se donnait tous les cinq ans. La municipalité voulut mettre comme condition à l'exercice de leur ministère, la prestation du serment. Le supérieur refusa énergiquement et répondit aux instances du maire : « Si le fait de « prêcher une mission nous fait considérer, moi et « mes confrères, comme fonctionnaires publics, « nous trancherons toute difficulté en cessant de « l'être. » — Signé : Terrier.

A son tour, la municipalité répond que les missionnaires peuvent prêcher jusqu'à ce qu'on ait

(1) Cet inventaire de 1791 est à Bourg. Un autre fut fait le 27 décembre 1793 : mais il s'agissait alors de l'actif des fabriques constitutionnelles déclaré propriété nationale après la suppression de tout culte.

l'avis du district. (*Arch. Mex. 23 janvier 1791*).

L'attitude de M. Pivet et de son vicaire ne fut pas aussi énergique. Dès le 27 janvier ils faisaient savoir au conseil municipal qu'ils prêteraient le *serment civique* le dimanche 30 courant, à l'issue de la messe paroissiale. Ce qui eut lieu en effet.

Ce jour-là une foule considérable remplissait l'église St Apollinaire; les municipaux ceints de leurs écharpes entouraient l'autel; tous voulaient être témoins de la foi jurée de leurs pasteurs. Curé et vicaire jurèrent fidélité à la nation, à la loi et au roi, promettant de maintenir selon leur pouvoir la constitution acceptée par le roi ; mais on constata qu'ils ne parlèrent pas de la constitution civile du clergé. Chacun avait tenu à expliquer son serment par un discours (1). Ils entendaient ne s'engager en rien pour le spirituel, puisque l'Assemblée nationale avait déclaré ne vouloir pas y toucher. M. Pivet crut devoir célébrer les bienfaits à venir de la Révolution; son vicaire fut beaucoup plus sobre sur ce sujet. Somme toute ils avaient dit vrai dans leur lettre du 27 janvier, c'était le serment civique qu'ils venaient de renouveler. D'ailleurs M. Jacquet le déclare en propres termes dans son allocution : « Il « est bien doux pour moi, dit-il, de renouveler de- « vant mes concitoyens le *serment civique* que j'ai « déjà prononcé à la face de l'autel de la Liberté, au « milieu des gardes nationales auxquelles j'étais uni

(1) Voir, pièces justif. n° 3 et n° 4, les discours de MM. Pivet et Jacquet.

« par un titre qui m'est encore si cher et si hono-
« rable » (1).

Enfin M. Jacquet exprimait la pensée de son doyen, aussi bien que la sienne propre, lorsqu'à la suite de son discours il écrivait sur le cahier de la municipalité : « Le soussigné n'a prononcé le serment « mentionné dans le procès-verbal que conformé« ment à son discours et dans le sens de son dis« cours. » Signé : Jacquet. (*Arch. Mex.*, *30 janvier 1791*).

Il n'est donc guère permis de considérer ces deux ecclésiastiques comme des prêtres assermentés, partisans du schisme constitutionnel. Ce qui le prouverait c'est que la formule de leur serment parut inacceptable aux administrateurs du district de Montluel. On leur demanda des explications : l'abbé Jacquet eut le courage de répondre : « Que le ser« ment inscrit sur le registre de la municipalité de« vait s'expliquer par le discours qu'il avait pro« noncé avant ledit serment ; qu'en conséquence il « n'en admettait pas d'autre. Les sentiments de « l'exposant n'avaient jamais varié à cet égard ; et « en rendant à Dieu ce qui est à Dieu il se fera « aussi un devoir de rendre à César ce qui est à « César. » — (*Déclaration signifiée aux municipaux de Meximieux par le ministère de l'huissier Blanchon*, 16 avril 1791).

(1) L'orateur semble indiquer qu'il faisait partie de la garde nationale et même qu'il avait été délégué aux fêtes de la Fédération. Le fait n'aurait pas été unique. Il me souvient en effet avoir vu une gravure que l'on fit circuler en 1789 et qui représentait un curé montant la garde tout en disant son bréviaire : c'était l'abbé patriote armé du fusil et du livre de prière.

Dix-huit mois plus tard ce courageux prêtre expiait par la persécution et l'exil son attachement à la cause catholique. La suite du récit montrera que M. Pivet ne fut pas non plus à l'abri des tracasseries administratives.

Qu'on était déjà loin de l'union qui régnait à l'origine de la Révolution entre le pouvoir civil et l'autorité religieuse!

Voici, d'après M. l'abbé Cattin, dans quelles proportions le clergé de notre pays prêta serment à la constitution civile du clergé. — « Dans la partie du diocèse de Belley dépendant autrefois de Lyon, c'est-à-dire la Bresse, la Dombes et une partie du Bugey, il y eut autant de prêtres fonctionnaires insermentés que de prêtres jureurs, mais un cinquième de ceux-ci se rétractèrent. Dans la partie réunie du diocèse d'Annecy, deux tiers furent fidèles ; — dans celle du diocèse de St-Claude, la moitié à peu près persévéra ; — enfin dans la partie du diocèse ancien de Belley, un tiers resta fidèle. » (1).

N'y aurait-il pas une défalcation à faire dans cette nomenclature? Comme à Meximieux bon nombre de prêtres prêtèrent un serment évasif ne les rendant pas schismatiques. Beaucoup se rétractèrent, M. Ruivet à lui seul reçut plus de cent cinquante rétractations dont il conserva les preuves écrites.

---

(1) Abbé Cattin · Mémoire p. 284.

CHAPITRE VIe

Les sections du territoire de Meximieux ; — Elections de 1791. — Passage à Meximieux de l'évêque de l'Ain. — Destitution de M. Pivet comme curé de Meximieux. — Société populaire. — Curé intrus. — Arrêtés de la commune relatifs au culte constitutionnel. — Serment de liberté-égalité. — Rôle de la municipalité.

En dehors des affaires religieuses, dont nous avons parlé, l'année 1791 n'offre que quelques actes d'administration : le plus important est l'établissement des sections du territoire de Meximieux.

Le conseil général de la commune se réunit à cet effet le 13 mars. Cette opération commandée par la loi du 20-23 novembre 1790, avait pour but de faciliter l'assiette du nouvel impôt foncier. Les sections furent fixées comme il suit :

1° Section A : — dite du Mont Champigneux : — limitée au midi par la dîmerie de Charnoz ; à l'est par celle de Villieu ; au nord par le chemin de Saint-Jullien à La Croze ; à l'ouest par le chemin de la Lèpe.

2° Section B : — dite de la prairie Rossane : — limitée à l'est par le chemin de la Lèpe ; au midi et à l'ouest par les dîmeries de Charnoz et de Pérouges ; au nord par la Grand'Rue de Meximieux et la route de Lyon à Genève.

3° Section C : — ou du Mont Plévieux : — limitée au midi par la route de Lyon à Genève ; à l'ouest et au nord par les dîmeries de Pérouges et de Saint-Eloi ; à l'est par la route de Meximieux à Bourg.

4° Section E : — ou de la Côte — limitée à l'ouest par la route de Meximieux à Bourg ; au nord et à l'est par les dîmeries de Rignieu-le-Franc et de Villieu ; au midi par le chemin de la Croix de la Croze à St-Jullien.

Ces sections ont été la base de celles du cadastre actuel. Dans la même séance furent nommés des commissaires pris à la fois dans le Conseil et parmi les principaux propriétaires ; ils étaient six par section. Leur rôle consistait à estimer les terrains, afin qu'on pût répartir l'impôt foncier d'après cette estimation.

La loi sur les patentes fut aussi appliquée vers la même époque. Elle datait du 17 mars 1791, et sa promulgation à Meximieux avait eu lieu le 22 mai suivant. Cette loi visait tout citoyen faisant négoce, ou exerçant art et métier. La cote du patentable devait être proportionnelle à la valeur locative de l'habitation, boutique, magasin, atelier. Les notes contenues dans les registres municipaux montrent que cette loi ne fut pas facilement acceptée.

Meximieux se trouvant à une journée de marche de la frontière avait demandé plusieurs fois des armes pour la garde nationale. On finit par envoyer de Bourg cinquante fusils (25 mai), juste de quoi armer le cinquième des gardes nationaux. Ces armes furent distribuées aux plus jeunes auxquels défense fut faite de s'en servir en dehors du service commandé.

La fuite du roi était connue à Meximieux dès le 24 juin : le district de Montluel, en l'annonçant à notre municipalité, lui envoyait les décrets de l'Assemblée nationale portant : — qu'elle gouvernait sans la sanction royale ; — que Louis XVI devait être ramené à Paris. — Le maire fit publier immédiatement ces deux décrets ; de plus un arrêté de la commune enjoignit à tous les citoyens et gardes nationaux « *de se mettre en activité* » pour procurer leur exécution. *(Arch. Mex. — 24 juin 1791).*

On sait que le roi se dirigea vers le nord et qu'on le ramena de Varennes à Paris : notre pays ne fut en rien mêlé à cette arrestation.

A ce propos on peut remarquer que les communications se faisaient alors très rapidement, puisque les décrets de l'Assemblée nationale arrivèrent à Montluel en deux jours.

La seconde fédération ne se célébra pas avec autant de pompe que celle de 1790. La garde nationale se rendit à l'église où : « après avoir assisté au saint « sacrifice de la messe, les citoyens actifs de cette « garde ont renouvelé le serment civique, et ont « juré de maintenir la Constitution votée par l'As« semblée, de respecter les propriétés et de mourir « plutôt que de souffrir aucune invasion du terri« toire français par quelque puissance étrangère. » (*Arch. Mex.*)

Il n'y a pas autre chose dans le procès-verbal de

la fête. Point d'enthousiasme, on dirait plutôt que le découragement s'empare des citoyens.

Une délibération du 4 septembre peut intéresser en ce qu'elle fixe le prix des comestibles. On y lit. « La viande de grosse boucherie, sçavoir : bœuf, « mouton et veau, sera vendue cinq sols la livre ; « celle de vache sera vendue trois sols. » De plus les bestiaux destinés à être abattus devaient rester exposés une heure durant sur la place du corps de garde afin que le public pût juger de leur bonne qualité : sous ce rapport nos municipaux faisaient bien les choses. — Le prix du pain était fixé comme il suit : pain blanc, trois sols et trois deniers ; — pain bis, deux sols et trois deniers. — Pour cette taxe on suivait les prix de Montluel. — D'après ces données, le prix du pain n'aurait presque pas varié, tandis que le prix de la viande aurait à peu près triplé.

Les conseillers municipaux qui n'avaient pas été déclaré sortants en 1790, devaient être remplacés en 1791 : A cet effet, il y eut réunion des électeurs. Le maire élu fut M. Colliard-Thévenin qui signait habituellement : Thévenin ; — le procureur, Christin Rivolet, bourrelier ; — les officiers municipaux, François Derrias et Hugot ; — les notables, J.-B[te] Masson, Jean Moiffon, Humbert Rudigoz, Gérôme George, Philibert Rodet et J.-Cl. Soffray. — Le maire Carrier installa son successeur et la nouvelle municipalité put fonctionner.

Ces élections ne se firent pas sans tirage. Pour les compléter il fallut se réunir les trois dimanches qui suivirent la St-Martin. Les citoyens ne montraient pas beaucoup d'ardeur à se rendre aux assemblées : le nombre des votants descendit à trente, et les derniers notables ne furent élus que par neuf voix. — C'était dans la nature des choses : le peuple veut bien croire à sa souveraineté, mais il n'aime pas qu'on le dérange trop souvent pour l'exercer.

Nous avons dit qu'aux termes de la constitution civile du clergé, les citoyens étaient appelés à élire les évêques et les curés tout comme les magistrats. Mgr Cortois de Quincey étant décédé le 14 janvier 1791, le procureur-syndic de Bourg, sur l'ordre du procureur-général-syndic Riboud, convoqua, dès le 18 du même mois, les électeurs des divers districts pour élire un évêque constitutionnel. L'élection se fit à Notre-Dame de Bourg, le 6 février. Tous les électeurs étaient tenus d'assister d'abord à la messe (1), après quoi, ils devaient procéder à l'élection. Le choix des électeurs se porta sur M. Royer, curé de Chavannes-sur-Suran et député du clergé franc-comtois. L'autre candidat était le P. Pacifique Rousselet, ancien prieur de Brou. Cette élection anticanonique inaugurait le schisme officiel dans le diocèse de Belley.

Le nouvel évêque de l'Ain, fit connaître aux curés de son pseudo diocèse sa prise de possession par une lettre datée de Paris le 7 avril 1791. Cette lettre pastorale écrite sur un ton quelque peu acerbe, ne fut pas très bien accueillie. M. Ségaud, procureur-

(1) (Art. VI du tit. 2 de la Constitution civile)

syndic ne le cache pas dans son rapport lu à l'ouverture de la session du directoire de Montluel. « La « lettre pastorale de M. Royer, dit-il, a eu peu de « partisans ; elle en aurait eu davantage s'il ne se « fût pas écarté de cet esprit de charité qui doit « animer sans cesse les successeurs médiats de St « Pierre. »

Lalande qui n'était pas tenu aux euphémismes du langage administratif, écrit en goguenardant dans son journal : « Notre nouvel évêque publie une let- « tre pastorale où il dit des injures aux réfractaires. » Cette boutade est l'expression de la vérité. On y trouve en effet les appellations d'*hypocrites, sépulcres blanchis, race de vipères*.. à l'adresse des prêtres non-jureurs.

Il faut qu'à Meximieux le curé et son vicaire aient manifesté peu de sympathies pour le nouvel évêque et pour sa lettre pastorale, puisque le 16 avril ils recevaient de la municipalité la susdite lettre épiscopale avec ordre de la publier au prône le lendemain. Cette ordre provenait du district de Montluel. Les offices du dimanche se firent comme à l'ordinaire. Mais après la messe M. Pivet fut mandé à la maison de ville. Là, mis en demeure de déclarer s'il consentait ou non à publier le mandement Royer, il répondit que : « sa conscience ne le lui « permettait pas ». Invité à signer le procès-verbal il déclara que la chose ne lui paraissait pas nécessaire.

La conduite de M. Pivet en cette circonstance montre bien qu'il n'avait pas voulu prêter le serment constitutionnel tel que l'entendaient le gouvernement et les prêtres intrus ; d'autre part, on ne voit pas que dans l'espace d'un mois et demi il se soit rétracté. Malgré son refus le curé de Meximieux ne fut pas d'abord inquiété.

Au printemps de 1791, M. Royer avait quitté Paris pour faire une visite de son diocèse. La visite toutefois dut être de courte durée, car le 22 août on retrouve l'évêque intrus dans la capitale assistant à une séance du Club des Jacobins où il prenait la parole (1).

Nouvelle visite du diocèse en 1792 ; M. Royer fait annoncer d'Ambérieu par son vicaire cathédral, le sieur Savarin, qu'il sera à Meximieux le 17 avril. Sa lettre était adressée à la municipalité, laquelle se chargea d'avertir par écrit le curé de la paroisse et les deux chefs de la garde nationale, Vezu et Portallier. Quant à la population, elle fut informée par voie d'affiche ; M. Pivet avait répondu à l'avis de la municipalité en disant qu'il n'avertirait pas ses paroissiens de la venue de M. Royer, « un tel acte « étant contraire à son opinion religieuse. »

Le jour désigné l'évêque schismatique arriva vers dix heures ; les cloches sonnaient comme aux jours de grande fête. Il fit son entrée dans l'église escorté par la garde nationale et entouré de la municipalité. Comme il marquait son étonnement de ne pas trouver le clergé paroissial dans l'église, le maire lui fit connaître la déclaration de M. Pivet, ajoutant que l'absence du curé et de son vicaire ne pouvait être

(1) Buchez et Roux : Hist. parlementaire de la Révolution.

un empêchement à la visite. Malgré sa déconvenue, l'intrus monta en chaire, célébra la messe, donna la bénédiction du St-Sacrement ; la cérémonie se termina par le chant du *Te Deum* (1).

Par le procès-verbal on peut constater que M. Royer voulut faire sa visite d'après les règles canoniques. Il se proclame évêque en communion avec le Saint-Siège, ce qui était faux ; il aurait dû se dire évêque de par la volonté du peuple. Il visite tout, mais il ne donne aucune appréciation sur la tenue de l'église, sur le ministère rempli par les pasteurs de la paroisse. La seule chose, qui attire son attention, est la mention de dispenses de mariage qu'il n'a pas fait expédier. L'abstention du clergé paroissial, la procession laïque qui l'entourait, auraient dû faire réfléchir cet homme, si déjà il n'avait été un instrument entre les mains des Jacobins. L'habitude de flatter lui fait appeler « messieurs » tous ceux qui occupent une place ou sont revêtus d'une dignité ; les autres ne sont que des citoyens ; c'est là un langage symptomatique de politicien.

La municipalité envoya au district copie du procès-verbal de visite de l'évêque Royer ; on joignit à cet envoi un compte rendu des incidents de la journée. Par son arrêté du 28 avril, signifié le 21 mai seulement à M. Pivet, le district de Montluel sommait le curé-doyen d'avoir à s'expliquer sur la rébellion aux lois qui lui était reprochée ; surtout on exigeait qu'il eût à reconnaître M. Royer pour son

(1) Voir, pièce justificative, n° 3, le procès-verbal du passage de M. Royer à Meximieux.

évêque. Passé trois jours son silence devait être considéré comme un refus, et dans ce cas il serait susceptible de révocation.

Quelques jours auparavant (17 mai) une pétition demandant le renvoi de M. Pivet et de son vicaire avait été présentée à la municipalité. On ne pardonnait pas au premier son attitude lors du passage de l'évêque constitutionnel ; au second, l'explication de son serment signifiée par voie d'huissier. Parmi les ardents pétitionnaires se trouvait Pijolet cadet, président de la Société Populaire. Cette société avait à peine un mois d'existence et déjà elle faisait parler d'elle. La municipalité avait communiqué la pétition au district qui avait répondu par la sommation du 21 mai.

M. Pivet donna sa réponse le 26 du même mois, au secrétariat de la mairie. « Lorsqu'il est question, « dit-il, d'enlever à un citoyen son état, on ne peut « agir qu'en vertu d'une loi promulguée, et il n'appartient qu'à ceux-là seuls d'agir qui en ont reçu « le pouvoir par la Constitution. Or en matière « d'administration générale, les administrateurs des « districts doivent savoir qu'ils ne peuvent prendre « aucun arrêté, mais seulement donner leur avis, et « que c'est aux administrateurs du département à « statuer et à arrêter. Les administrateurs du district de Montluel, et encore deux membres seulement, n'ont pas le droit d'inquisiter un citoyen « sans avoir préalablement fait juger par l'administration supérieure s'il y a lieu ou non à exiger des explications qu'elle jugera peut-être inu-

« tiles. Il déclare donc qu'il se refuse à toute expli-
« cation jusqu'à ce qu'elle soit demandée légalement.
« Et a signé : Pivet. » (*Arch. Mex.*)

Le district de Montluel avait outrepassé ses pouvoirs, on le lui faisait savoir d'une façon très nette. La municipalité embarrassée dans son rôle d'intermédiaire prit le parti de renvoyer au district toutes les pièces avec la réponse précédente (28 mai).

Mais déjà le directoire de l'Ain avait statué sur le cas du curé de Meximieux. En marge de l'arrêté du district on lit en effet cette phrase : « Le directoire « est d'avis qu'il y a lieu de pourvoir au remplace- « ment du sieur Pivet. » — Cette décision fut notifiée à l'intéressé le 1er juin. M. Pivet fit la réponse suivante :

« Le soussigné fait réponse à la notification qui
« lui a été faite le jour d'hier par la municipalité de
« Meximieux :

« — 1° Que parfaitement soumis à l'autorité civile
« en tout ce qui regarde le temporel, il ne reconnait
« que la puissance ecclésiastique pour ce qui regarde
« le spirituel ; — qu'il est disposé à reconnaître
« M. Royer pour son évêque diocésain dès que le
« Pape qui, aux termes de la Constitution même, est
« le chef visible de l'Eglise, aura reconnu sa légiti-
« mité.

« — 2° Que par l'art. 7 du titre II de la Constitu-
« tion (Charte constitutionnelle), le mariage ayant été
« déclaré un contrat purement civil, il n'y avait au-
« cune obligation de recourir à l'évêque pour obtenir
« des dispenses.

« — 3° Qu'au reste la paix, la tranquillité, a cons« tamment régné dans la paroisse, et qu'il a toujours « prêché la soumission aux lois. Signé : Pivet. » *(Arch.Mex.)*

Copie de cette réponse fut envoyée au directoire de l'Ain par les soins de la municipalité.

Le curé-doyen de Meximieux ne pouvait se faire aucune illusion ; son remplacement était chose résolue. En effet, le 29 juillet, un curé intrus était nommé à sa place par M. Royer, c'était François Papillon, originaire du Forez et précédemment vicaire à Saint-Jean-le-Vieux. Quant à M. Pivet il fut sommé d'avoir à quitter le presbytère. Dernier doyen de St Apollinaire, il remplissait ses fonctions depuis 1782.

M. Pivet quitta le presbytère, mais il resta d'abord dans sa paroisse ainsi que M. Jacquet. Le 9 septembre, le procureur de la commune leur signifia le décret du 26 août 1792 par lequel il était enjoint aux prêtres non-jureurs d'avoir à quitter le territoire français dans les quinze jours (1). M. Jacquet émigra en Suisse. Nous trouvons en effet deux passages des registres municipaux où il est dit que : « s'étant « déporté il avait obéi à la loi. » Rentré en France en 1795, et placé comme missionnaire à Neuville-les-Dames, il desservait les paroisses de Châtillon,

(1) Pour comprendre tout l'odieux de cette loi, il faut se rappeler que les prêtres qui ne s'exilèrent pas volontairement furent saisis et déportés à la Guyane , — ceux qui obéirent au décret furent portés sur la liste des émigrés, en conséquence leurs biens étaient soumis à la confiscation, et eux-mêmes ne pouvaient rentrer dans leur patrie sans s'exposer à la peine de mort.

Sulignat et autres des environs. Il se réfugiait à l'hôpital de Châtillon. Après le rétablissement du culte il fut nommé curé de Chalamont où il est mort.

La paralysie vint frapper M. Pivet juste à cette époque . il fit connaître son état à la municipalité, le 16 septembre, ajoutant qu'il lui était impossible de se conformer aux prescriptions de la loi du 26 août. Son dire ayant été vérifié par l'officier de santé Monestier, il fut laissé libre. Vers la fin du mois d'octobre il offrit de prêter le serment de liberté-égalité, mais on lui répondit qu'étant inscrit sur la liste des réfractaires il n'y serait pas admis (4 nov.). Lui et son vicaire furent en conséquence rayés de la liste des impositions : cette radiation avait pour effet d'enlever les droits de citoyen. — *(Arch. Mex.)*.

Réfugié à Courmangoux, son pays natal, il n'était pas perdu de vue par le Directoire ; aussi sa santé s'étant améliorée, fut-il incarcéré (14 oct. 1793) d'abord aux Cordeliers, puis à Brou. Enfin élargi par ordre du représentant Boisset (20 août 1794) il vécut dans sa famille, et dut finir sa vie au milieu des siens.

Nous avons déjà fait mention de la Société populaire et de son Président. Elle fut fondée par Pierre Pijolet et Pierre Masse. Comme règlement on accepta celui des Amis de la Constitution de Lyon. Ce règlement fut déposé (9 mars), sur le bureau de la municipalité, par les membres fondateurs, qui demandaient d'établir à Meximieux une société semblable à celle de Lyon ; son but serait de veiller au maintien de la Constitution et à la bonne exécution des lois. Il était dit de plus que la société agirait sous la surveillance de la municipalité.

La délibération des municipaux dénote une certaine inquiétude : peut-être comprenaient-ils qu'ils allaient se donner des maîtres. Ils accordent l'autorisation puisque la loi du 6 oct^{re} 1791 règlemente ces sortes de sociétés ; mais ils ajoutent : « que les offi-« ciers municipaux sont bien persuadés que les « membres de la société future sont trop attachés « aux intérêts de la patrie, qu'ils connaissent trop « bien leur intérêt particulier, qui dépend essentiel-« lement de la paix et du bon ordre, pour s'écarter « en rien du règlement susdit, soit des lois cy-des-« sus mentionnées. Ils arrêtent néanmoins que dans « le cas d'inobservation de ces sages règlements, « l'autorisation cy-dessus accordée demeurera nulle « et sans effet. » — *(Arch. Mex. – 9 mars 1792).*

On ne peut exprimer plus clairement ses craintes pour l'avenir. C'était alors la mode en France de fonder des sociétés populaires. Si les membres des municipalités avaient réfléchi, ils se seraient souvenus que le maintien de la Constitution et l'exécution des lois étaient leur principal devoir ; que partant ils n'avaient nul besoin de ces sociétés de surveillance. De fait elles ne servirent qu'à entraver et à contrecarrer les administrations. Mais à cette époque, comme de nos jours, on avait déjà le respect de l'électeur remuant et hardi ; malgré leurs appréhensions les municipalités n'osaient repousser les demandes de fondation de clubs : par là elles procuraient un refuge et donnaient de la force aux intrigants. Le procès-verbal de la fondation de celui de Meximieux est signé par le maire et le procureur, ainsi que par les membres fondateurs : Pijolet, Masse, Moine dit Germain, Linage, et Touchet.

Le 15 avril la société naissante avait trouvé un local : le maire et deux municipaux l'y installaient ; enfin le président Pijolet prêtait le serment civique répété par tous les membres. Nous avons déjà vu qu'un mois après sa fondation elle attirait sur elle l'attention publique ; bientôt elle dominera la municipalité et s'emparera de l'église St Apollinaire.

Le différend qui s'était élevé entre le curé de Meximieux et la municipalité avait profondément divisé le pays. La cause du mal, on l'a vu, était l'obligation de prêter serment à la Constitution civile du clergé et la reconnaissance imposée de l'évêque intrus. A en juger seulement par les documents officiels, la majorité de la population restait avec les prêtres fidèles. Ainsi la municipalité décide le 8 juillet qu'elle ne se rendra pas à l'église pour la fête de la fédération et qu'elle recevra au corps de garde la prestation du serment civique. Mais sous la pression de la population, municipalité et garde nationale durent ce jour-là monter à St Apollinaire où le serment civique fut prêté à l'issue de la messe. Toutefois dans le procès-verbal de la fête, très court d'ailleurs on lit ces paroles qui semblent l'expression de la vengeance : « Il a été ajouté qu'au moment où le ser-

« ment civique a été renouvelé, aucun ecclésiastique « ayant assisté à la grand'messe n'a paru à l'assem- « blée, chacun d'eux étant resté à la sacristie, la « porte fermée ». (*Arch.Mex.*)

Les municipaux déversaient leur bile sur les ecclésiastiques. Et cependant ceux-ci n'avaient-ils pas raison ? Quand on prête un serment c'est pour l'observer. Cette rénovation perpétuelle du serment civique donnait à penser que les grands ancêtres de 1792 étaient incapables de garder la foi jurée. Les événements des années suivantes allaient mettre cette vérité en évidence.

Le maire Thévenin fatigué de ces luttes donna sa démission. Il se dit malade ; mais il avait compté sans la jeune société populaire. Le président vient remontrer au magistrat démissionnaire que ce n'est pas agir patriotiquement que de donner sa démission à la suite de quelques difficultés. De son côté le conseil avertit son chef qu'avant de se retirer il devait verser dans la caisse municipale le sixième du montant de la contribution foncière et mobilière ; que c'était la caution exigée par l'article II du décret du 14 mars présente année. Il fallut en passer par là. La démission du maire est acceptée le 20 juillet ; Charles Bernard le remplace. Christin Rivolet ayant aussi démissionné, le sieur Valliat devient procureur (29 juillet).

Une fois lancée dans une voie tracassière la municipalité dépasse les exigences de la loi. Elle fait comparaître devant elle le sieur Pierre Brison, clerc minoré, qui dirigeait l'école, et lui demande s'il adhère ou non à la Constitution du royaume (22 juillet).— Il répond : « qu'il n'a jamais enseigné aux enfants « rien de contraire à cette constitution; — quant à « lui il adhère à ladite Constitution pour tout ce qui « concerne les affaires temporelles et civiles, mais « non pour ce qui regarde le spirituel ».

Cette réponse était conforme aux déclarations faites par l'Assemblée constituante, et cependant il fut arrêté que le sieur Brison était destitué de ses fonctions d'instituteur. On chargea les conseillers Venard et Rudigoz de réclamer la clef de l'école.

Au mois d'octobre impossible d'ouvrir les classes; on n'avait pas trouvé d'instituteur. Le conseil osa prier l'abbé Brison de reprendre ses fonctions (28 octobre). Celui-ci méprisa cette offre intéressée. On trouve à la date du 2 novembre cette phrase énigmatique sous laquelle le conseil cache sa déconvenue. « Sur le rapport du citoyen Venard il a été ar- « rêté que le citoyen Brison ne pouvait être admis « aux fonctions de maître d'école (1). » Vers la fin de l'année, Claude Vivier fut pourvu de cet emploi. — (*Arch. Mex.*)

La cause vraie de toutes les divisions était la question religieuse ; l'arrivée du curé constitutionnel ne changea rien à la situation.

Dès le 5 août, le curé intrus nommé par M. Royer avait fait savoir à la municipalité qu'il serait à Meximieux le 11 du même mois et qu'il prendrait pos-

(1) M. Brisson a été curé de Loyes apres la Révolution, du 26 mai 1819 au 20 mars 1826. Il est décédé dans cette paroisse à l'âge de 59 ans, son acte de sépulture est rédigé par M. Ruivet

session de la cure le lendemain. Sous cette même date du 5 août on trouve une sorte de proclamation adressée aux habitants ; la voici textuellement :

« Personne ne doit se mêler de la conscience « d'autrui.

« Les officiers municipaux et notables de Meximieux, convaincus de cette précieuse vérité, exhortent leurs concitoyens à ne pas se critiquer les « uns les autres par rapport aux opinions religieuses, « de manière qu'à cet égard chacun demeure libre « de penser et d'agir comme bon lui semblera.

« Ils les exhortent encore à montrer leur patriotisme et leur amour pour la paix en dénonçant à « la municipalité les propos et les actions qui tendraient à porter le trouble dans les consciences et « à mettre la discorde parmi les citoyens.

« De l'observation de ces deux articles dépend « l'union désirable dans tous les temps, absolument « nécessaire dans les circonstances présentes. »

Suivent quinze signatures... (*Arch. Mex.*)

Voilà un document officiel constatant la désunion dont nous avons parlé.

En lisant cette adresse on se demande si c'est là un modèle d'ironie ou d'ineptie. On chasse le clergé de la paroisse et le maître d'école parce que sur la constitution civile ils ne pensent pas comme la municipalité, et l'on proclame que « nul ne doit se mêler de la conscience d'autrui. » — On dit hautement qu'on veut la paix, et l'on recommande la dénonciation qui est le vrai moyen de semer la division et la haine parmi les citoyens. On aurait voulu se moquer du public qu'on n'aurait pas parlé autrement.

Cependant nous croyons que la municipalité voulait simplement ménager une bonne réception au curé constitutionnel et prévenir toute manifestation hostile. Elle n'y voyait pas plus loin.

Au jour convenu le curé Papillon se trouvait à six heures du soir à l'entrée de la ville. Deux officiers municipaux lui faisaient réception et un détachement de la garde nationale rendait les honneurs. Introduit à la maison de ville, il déposa sur le bureau de la municipalité ses lettres de nomination. Le lendemain dimanche eut lieu la cérémonie de l'installation légale ; en voici le procès-verbal :

« Le dimanche 12 août 1792, dans l'église de St Apollinaire de Meximieux, à 7 heures du matin, en présence des officiers municipaux et des notables dudit Meximieux soussignés, le sieur François Papillon, nommé et canoniquement (?) institué curé dudit Meximieux, selon les titres qu'il a présentés hier et dont mention est faite dans le registre, est venu au maître-autel de ladite église pour y célébrer la messe paroissiale. Avant de la commencer, il s'est tourné du côté du peuple et a prononcé le serment par lequel il a promis de maintenir de tout son pouvoir la Constitution décrétée aux années 1789-90 et 91, acceptée par le roi, et de remplir ses fonctions avec zèle et exactitude. De quoi procès-verbal a été dressé et signé tant par le sieur Papillon que par les officiers municipaux et notables, et autres citoyens qui ont voulu signer ; de tout quoi il lui a été octroyé acte sur les registres de M. le procureur de la commune. » — *(Arch. Mex.)*.

Dans ce procès-verbal d'installation, il n'est guère question de l'administration fabricienne ; les luminiers ne comptaient plus.

La commune avait installé le curé intrus ; huit jours après elle lui faisait sentir son autorité en l'avertissant « qu'il eût à prendre ses mesures pour que « l'église pût être libre le dimanche suivant à huit « heures du matin ». Il s'agissait d'y tenir l'assemblée primaire : on nommait les membres de la Convention. Pauvre curé constitutionnel ! Il fallait qu'il eût bâclé les offices paroissiaux de grand matin ; son ministère ne pesait pas lourd quand il était mis en balance avec l agitation électorale.

Dans les commencements du schisme les prêtres fidèles continuaient à dire la messe dans les églises occupées par les curés constitutionnels, mais à des heures différentes. Pour cela on se basait sur une décision donnée par Mgr de La Luzerne, évêque de Langres. Mais on ne fut pas longtemps à s'apercevoir que cette manière de faire jetait le trouble dans les consciences et n'était bonne qu'à créer des difficultés. Aussi les administrateurs du diocèse de Lyon ne tardèrent pas à interdire cette confusion du culte catholique et du culte constitutionnel.

A Meximieux les prêtres non-jureurs ne cessèrent pas d'officier à Saint Apollinaire. La population se rendait de préférence à leurs messes qui se disaient de grand matin. Malgré son titre et malgré l'appui de la municipalité, le curé Papillon se voyait tenu dans l'isolement ; ses offices étaient peu suivis. Un mois après son arrivée à Meximieux, ses amis étaient réduits à faire appel à la chanson pour lui procurer des adhérents. C'est ce que nous apprend l'affaire Beaublez, où l'on voit un greffier de la justice de paix se vanter d'avoir parcouru les rues en chantant et se consoler d'une poursuite pour tapage nocturne en pensant « à la satisfaction qu'il a éprouvée en voyant « à la messe de son curé des personnes qu'il n'y « avait pas encore vues ; ce qui était sans doute l'effet « de la chanson (1) ». (*Arch. Mex.*).

L'auteur du tapage nocturne reçut un blâme ; ce fut toute sa punition.

En présence de cet état des choses, la municipalité prit le parti de faire signifier le décret du 26 août à tous les prêtres insermentés habitant Meximieux et d'envoyer leurs noms au district de Montluel dans les trois jours (9 sept[re]). Ces prêtres étaient, outre M. Pivet et son vicaire, Jean-Claude Dufour et Claude Ray, chanoines ; Jean-Claude Jacquemet, natif de Meximieux et chanoine de N. D. des Marais à Montluel ; Dominique Tuber, prêtre, religieux de la Trappe de Sept-Fonds ; Christin Emoz, sous-diacre, aussi religieux de Sept-Fonds ; Claude-Joseph Bernardin, natif de Verjon, ancien curé de Condat, mais retiré du ministère depuis huit ans : il habitait avec son neveu le chanoine Ray. La signification faite par la municipalité était pour tous ces prêtres un ordre d'exil : on voulait faire place au curé constitutionnel.

(1) Voir pièce justificative n° 6.

Malgré cette mesure, ou peut-être à cause d'elle, l'agitation causée par la question religieuse était loin de se calmer. La municipalité fut obligée de prendre une nouvelle décision, qui est un modèle de confiance en ses propres lumières, et d'usurpation de pouvoirs. Lisons plutôt :

« Pour calmer les esprits relativement aux prêtres insermentés résidant à Meximieux..., il a été arrêté :

« 1° Que le sieur Papillon, curé, sera aujourd'hui prié de se procurer au plus tôt un vicaire, et en attendant d'obtenir la permission de biscanter (biner) les dimanches et les fêtes.

« 2° Considérant que plusieurs citoyens affectent d'assister à la messe des prêtres insermentés résidant dans Meximieux, ce qui entretient la division, le Conseil arrête en outre que le sieur Papillon, curé, est prié de garder chez lui la grosse clef de la sacristie et de n'accorder la permission de dire la messe dans l'église Saint Apollinaire qu'aux prêtres sermentés, c'est-à-dire aux fonctionnaires publics et à ceux qui lui *présenteront un certificat de la municipalité* comme quoi ils ont prêté le serment civique. » — *(Arch. Mex. 19 oct^re^).*

Ainsi voilà une municipalité qui s'arroge un des principaux droits de l'épiscopat : le droit de donner un *celebret*. Il est vrai qu'il s'agit d'un celebret laïque, mais on ne doute de rien quand on veut imposer sa volonté à l'Eglise.

Cet arrêté de la municipalité était à peine connu que le chanoine Ray, vint protester contre l'inscription de son nom sur la liste des prêtres non sermentés disant qu'étant curé de Chavannes-sur-Reyssouze il avait prêté serment et qu'il était prêt à le renouveler ; ce qu'il fit en effet. Acte lui fut donné de sa protestation et de son serment.

On faisait trop d'honneur à ce chanoine en le comptant au nombre des prêtres fidèles, ou bien il joua sur l'expression de « serment civique ». C'est ce que parurent comprendre les conseillers puisque deux jours après leur première décision ils en prenaient une nouvelle où il était spécifié que « lesdits officiers municipaux ont jugé conve-« nable de faire une addition à leur délibération « du 19 octobre courant. qui consiste à' ajouter « après ces mots *serment civique* les suivants : « Et ont déclaré qu'ils reconnaissent le sieur Royer « pour évêque du département de l'Ain, et le « sieur Papillon comme curé de Meximieux. »

Ces municipaux s'étaient enfin aperçus qu'ils confondaient le serment civique avec le serment à la constitution civile du clergé, et ils avaient la naïveté de le faire savoir dans leur registre public. Ce fait montre clairement qu'on commet de lourdes bévues lorsqu'on prétend régler des questions pour lesquelles on est incompétent.

On peut aussi se demander sur quoi ils se fondaient pour imposer deux exigences nouvelles : reconnaissance de M. Royer comme évêque de l'Ain et du sieur Papillon comme curé de Meximieux. Cette double prétention était parfaitement illégale.

Le nouveau serment, qu'on demandait alors, était

prescrit par la loi du 14 août 1792 : il est connu sous le nom de Liberté-Egalité. Pris dans son sens littéral et dans sa plus large acception il n'impliquait pas nécessairement la reconnaissance du schisme constitutionnel ; encore moins renfermait-il l'exigence tracassière que la municipalité de Meximieux prétendait y ajouter. Aussi fut-il considéré comme licite par bon nombre d'hommes sérieux (1). D'après les procès-verbaux on voit que tous les fonctionnaires promettaient « *d'être fidèles à la* « *nation, de maintenir la liberté et l'égalité, ou de* « *mourir en la défendant.* » Et ils n'ajoutaient rien autre.

C'est ainsi que jurèrent Mazoyer, juge de paix, Beaublez, son greffier, Claude Vivier, nouveau maître d'école, et aussi le chanoine Ray dont nous avons parlé. Le curé Papillon s'empressa de les imiter (1er nov.). Le 4 novembre, les prêtres et les religieux résidant dans la ville s'offrirent aussi de prêter le même serment. La municipalité, voyant son succès, l'imposa même à une pauvre fille, Antoinette Moine, ancienne religieuse bernardine du couvent de Seyssel. Enfin se présenta en dernier lieu pour remplir la même formalité Claude-Benoît Jacquemet, curé de Samans.

A partir de 1792 les ecclésiastiques ne portaient plus la soutane. Le port de tout costume religieux

(1) Le principal argument invoqué par ceux qui regardaient ce serment comme illicite consistait à dire que le gouvernement le considérait comme l'équivalent du serment constitutionnel. Rome ne se prononça pas· aucunes censures ne frappèrent les ecclésiastiques qui l'avaient prêté: cependant on les avertit d'avoir à mettre ordre à leur conscience parce qu'ils avaient juré dans le doute, ce qui n'est jamais permis.

avait été prohibé par un décret de l'Assemblée législative en date du 6 avril 1792. Ce décret avait été rendu sur la motion du sieur Tornié, évêque du Cher et député. Ce malheureux ne tarda pas à apostasier.

Lors du schisme constitutionnel il se passa un phénomène singulier digne d'être noté. Dans la plupart des pays se trouvaient des bourgeois demi-savants, imbus de philosophisme, vrais docteurs de village; ces personnages n'avaient pas une mince idée de leur valeur. Sousle régime de la royauté, pratiquer sa religion, faire ses Pâques, ne pouvaient être pour eux que la marque d'une grande ignorance ou le fruit du fanatisme. Mais une fois votée la Constitution civile du clergé, une fois établi le culte légal, voilà qu'une métamorphose subite transforme tous ces esprits forts et les anime d'un zèle autrement ardent que celui qu'ils avaient reproché tant de fois aux prêtres de l'ancien régime. Les voilà transformés en prédicants acharnés à faire assister aux offices des prêtres intrus ceux que leur conscience en éloignait.

Meximieux n'échappa pas à cette impulsion. Dès 1790 la municipalité se montre envahissante; tout ce qui concerne le culte passe sous sa direction. Elle aménage l'église comme elle l'entend, dirige les cérémonies du culte, recommande au marguillier Chari de se comporter avec décence dans l'exercice de ses fonctions, défend les attroupements sur le cimetière pendant les offices, punit d'une amende de trois livres les inconvenances qui y seraient commises, ordonne aux propriétaires d'orner leurs maisons pour la Fête-Dieu et d'enlever tout ce qui pourrait choquer la bienséance, enfin elle installe le curé constitutionnel et donne même le pouvoir de dire la messe. Mais qu'on ne se permette pas de penser autrement qu'elle, sinon l'on est vite dénoncé et l'on ne tarde pas à se trouver sur le chemin de l'exil ou de la prison ; les ecclésiastiques du pays en firent l'expérience.

Peut-être ces municipaux n'étaient-ils pas des hommes foncièrement mauvais : ils voulaient seulement faire exécuter des lois et des arrêtés sans avoir à les apprécier. Ils posaient en principe que toute autorité vient du peuple et réside dans ses représentants ; cette doctrine devait les conduire logiquement à la persécution violente. C'est ce qui eut lieu. A partir de 1792, l'ère de la modération est définitivement fermée. Les municipalités, qui vont suivre, se laisseront aller à toutes les violences de cette triste époque. Elles ne pourront plus trouver d'excuse, car le but poursuivi par la révolution, c'est-à-dire la ruine du catholicisme, est désormais visible. Il est vrai que quelques hommes bien intentionnés (nous pourrions en nommer) acceptèrent encore les fonctions municipales dans le seul but d'empêcher un plus grand mal; mais ils étaient le petit nombre et le mal ne put même être amoindri.

De nos jours ne voyons-nous pas se produire une série d'événements semblables à ceux de la première Révolution? Plaise à Dieu que les conséquences n'en soient pas aussi funestes !

CHAPITRE VIIe

La Convention. — Croix d'argent envoyée à Montluel. — Elections municipales de nov. 1792. — Certificats de civisme. — Arrestations de prêtres. — Mort de Louis XVI — Réunion de Samans à Meximieux. — Levée de 300.000 hommes. — Les assignats.

La Convention fut la troisième assemblée délibérante de la Révolution ; elle avait succédé à l'Assemblée législative le 21 sept. 1792. Les députés de l'Ain étaient Deydier de Pont-de-Vaux ; Gauthier des Orcières, de Bourg ; Jagot, juge de paix de Nantua ; Mollet, de Belley, remplacé par Ferrand ; Merlino, de Trévoux ; et Royer, évêque de l'Ain.

Elue au moment des massacres de septembre, cette assemblée se réunissait sous de tristes présages qui ne furent que trop réalisés. Son premier acte fut d'abolir la royauté et de proclamer la république. La charte constitutionnelle qu'on avait mis plus de deux ans à fabriquer, dont on avait fait jurer si souvent le maintien, n'avait pu durer qu'un an : c'était déja un vieil oripeau dont on se débarrassait. La journée du 10 août avait emporté la royauté et Louis XVI attendait, prisonnier dans la tour du Temple, le moment où il plairait à ses ennemis de l'envoyer à la mort. La France était alors dans une situation profondément troublée ; le désordre était dans la rue, mais il existait aussi dans les idées. Rien d'étonnant que se soit ouverte presque de suite cette ère de violences, d'actes arbitraires, de délations et de crimes, qu'on a appelée la Terreur.

Meximieux éprouva sa part des troubles qui agitèrent la France pendant cette malheureuse époque.

Le 13 novembre, la municipalité ordonnait une seconde spoliation de l'église Saint Apollinaire. Les sieurs Humbert Rudigoz et Hugot étaient chargés d'inventorier les objets d'or et d'argent qu'ils y trouveraient. Dans leur rapport ces commissaires déclarent qu'en dehors des vases sacrés nécessaires au culte, ils n'ont trouvé dans l'église paroissiale qu'une croix processionnelle « pesant en argent cinq « livres trois quarts, poids du marc. » Cette croix fut envoyée à Montluel. La municipalité avait agi en vertu d'un décret de 10 sept. ; c'était le cadeau de départ que l'assemblée législative avait fait aux églises.

Dès le 2 nov. 1792, on s'occupa de renouveler la municipalité ; mais on s'aperçut alors du trouble qui existait dans le pays, Aucune élection ne put être faite vu le petit nombre des électeurs qui se présentèrent au scrutin. D'ailleurs ceux qui semblaient désignés pour occuper les fonctions municipales refusaient absolument tout mandat. La réunion du 9 nov. ne donna pas davantage de résultat. A partir du mois de janvier seulement les procès-verbaux de délibération nous apprennent que la mairie était occupée par Humbert Joseph Rudigoz ; que Pierre

Pijolet faisait fonction de procureur ; — Carrier, Ch. Bernard, Aimé Léon, J.-Cl. Soffray et Jean-François Rivolet, étaient officiers municipaux ; — enfin Michel Mollion, Jean Moiffon, Jean Jacquemet, Etienne Guichardet, Antoine Derrias, François Derrias, Jean et André Léon, Bonnardel, Pition et Papillon, curé. étaient les notables.

C'est à la même époque que nous voyons apparaître les certificats de civisme. Ils avaient été rendus obligatoires par une loi du 1er nov. ; on ne pouvait guère voyager en dehors de sa commune sans en être muni, autrement on s'exposait à être arrêté. C'était un des bienfaits du nouveau régime de liberté, en attendant la loi des suspects. Jérôme Chenevier, membre du district de Montluel, Didier et Vezu. notaires, furent les premiers citoyens qui en demandèrent (déc. 1792) : ils étaient fonctionnaires et pour conserver leur charge ce certificat leur était nécessaire.

Du 17 au 24 mars 1793 la municipalité de Meximieux délivra des certificats de civisme au sieur Papillon et à cinq curés des paroisses voisines. Impossible donc de douter qu'ils fussent des curés constitutionnels. Voici leurs noms : Claude-Benoît Jacquemet, âgé de soixante-deux ans, curé de Samans depuis six ans ; — Claude-Antoine Barbier, curé de St-Eloy depuis trente-quatre ans ; — Pancrace Aymard, curé de Mollon, depuis trois mois, — Curtet, curé de Villieu-Loyes depuis un an ; — Pierre-Antoine Broyer, curé de Cordieux depuis dix ans.

Ces certificats de civisme étaient tous rédigés de la même manière. Comme exemple nous donnons celui du curé intrus de Meximieux :

« Du 24 mars an II de la République (1), nous « officiers municipaux, membres du Conseil général « de la commune de Meximieux, sur la demande « qui a été faite par le citoyen ci-après nommé, cer- « tifions sur l'attestation des citoyens : Mazoyer, « juge de paix, Beaublez, greffier du juge de paix, « Pierre Vincent, tailleur d'habits, Jean Jouteur, « Cl.-Joseph Juénet, maréchal, Joseph Léon, Jean- « Fortuné Rodet, Jean Chamonal, tous demeurant « dans le chef-lieu de canton qui est celui duquel « est la résidence du certifié qui s'appelle François « Papillon, âgé de 40 ans, curé de Meximieux, taille « de cinq pieds trois pouces, visage ovale, front « plat, sourcils et cheveux noirs, nez aquilin pointu, « bouche moyenne, menton ordinaire avec un trou « au milieu, demeurant dans ladite paroisse de Mexi- « mieux depuis environ neuf mois sans interruption; « en foi de quoi nous avons délivré le présent cer- « tificat qui a été donné en présence du certifié et « de huit citoyens certifiants ; lesquels certifiants ne « sont pas, ennotre connaissance et suivant l'attes- « tation qu'ils ont faite devant nous, parents, alliés, « fermiers, domestiques, créanciers, débiteurs ni « agents dudit certifié ; et ont lesdits certifiants signé « sur le présent registre des délibérations et actes

(1) C'était le 24 mars 1793, ou suivant le calendrier républicain, le 4 germinal an Ier de la Répub.

« de la commune de Meximieux, ainsi que sur l'ex-« trait. »

La municipalité ne fut pas aussi bienveillante à l'égard des prêtres et religieux qui habitaient la ville. Nous avons déjà dit qu'elle leur avait fait signifier le décret du 26 août 1792, et que ces ecclésiastiques, ayant prêté le serment de Liberté-Egalité, n'avaient pas été inquiétés. Cependant la municipalité les tenait en suspicion : elle n'avait pas voulu certifier leur civisme.

Sur ces entrefaites parvint au conseil de la commune une dénonciation, signée de vingt-cinq noms, dans laquelle on accusait ces prêtres d'incivisme. Le coup partait de la Société populaire. Dans leur réponse du 20 janvier, les dénoncés disaient d'une manière assez vive que rien dans leur genre de vie ne pouvait les faire accuser d'incivisme : « Quant à la « présence à l'église, ajoutaient-ils, la loi n'y as-« treint personne ; nous voulons profiter du peu de « liberté qu'elle laisse encore ». La municipalité se contenta d'envoyer au directoire copie de la dénonciation; l'affaire paraissait apaisée, sinon terminée. *(Arch. Mex.)*

Mais le 31 mars le procureur Pijolet, accompagné de deux municipaux, saisit à la poste deux lettres de M. Burjoud, curé de Mollon, émigré en Suisse (1). Une de ces lettres exposait les principes de la hiérarchie dans l'Eglise catholique, et rappe-

(1) M Burjoud rentra en France après la Terreur. Nommé curé de Montluel, lors du rétablissement du culte, il est mort dans cette paroisse. C'était le modèle des curés.

lait les peines canoniques encourues par les curés schismatiques : elle était adressée au curé constitutionnel de Mollon. L'autre lettre, adressée à des paroissiens de Mollon et de Loyes, traçait aux catholiques la ligne de conduite qu'ils devaient suivre dans les temps troublés que traversait l'Eglise de France. Cette dernière lettre mettait en cause les chanoines Dufour, Jacquemet et Ray (1), ainsi que MM. Bernardin, Emoz et Brossette, curé de Rignieu-le-Franc (2). Ils furent accusés d'avoir correspondu avec l'étranger, et le district informé ordonna leur arrestation (6 avril). (*Arch. Mex.*)

On ne voit pas que la municipalité de Meximieux se soit hâtée d'agir ; le district lui en fait de vifs reproches le 12 du même mois. Enfin le 14 avril elle se décida à faire des perquisitions ; mais alors le chanoine Ray et son oncle avaient disparu de leur domicile. On sut qu'ils n'émigrèrent pas, mais qu'ils se cachèrent d'abord à Verjon puis à Poligny (Jura). Les autres prêtres furent internés à la prison des Claristes à Bourg. Elargis dans le courant de l'été par ordre des administrateurs fédéralistes de l'Ain, ils se virent incarcérés de nouveau au mois de novembre.

(1) Le chanoine Ray avait aussi reçu une lettre de M Jacquet émigré en Suisse. C'est la seconde mention qui est faite dans les registres municipaux de l'exil forcé du vicaire de Meximieux.

(2) Sous la phraséologie ampoulée du procès-verbal de saisie de ces lettres, il n'est pas facile de saisir au juste le sens de celle de M. Burjoud concernant les chanoines de Meximieux Nous avons cru comprendre qu'il s'agissait de la conduite à tenir quand on avait prêté le serment de Liberté-Egalité.

En effet, le 7 novembre, passaient à Meximieux Baron dit Chalier et Rollet dit Marat, commissaires de sûreté générale, envoyés à Montluel pour régénérer la société populaire de cette ville. Sur les instigations des sans-culottes, ils se firent représenter les pièces d'accusation relatives aux prêtres de Meximieux ci-devant élargis, puis ils arrêtèrent que le chanoine Jacquemet et Christin Emoz seraient conduits de nouveau à la prison Ste-Claire à Bourg (1). Le 5 décembre suivant, ils furent transférés à Ambronay ; enfin lors de leur élargissement, en octobre 1794, ils se trouvaient à la prison de Montluel.

La dénonciation qui donna lieu à l'arrestation des ecclésiastiques de Meximieux se produisit à l'époque où l'infortuné Louis XVI était traduit en jugement, condamné et exécuté sur la place de la Révolution (21 janvier). Dans le cahier des délibérations de la commune on chercherait en vain une allusion à la situation générale de la France. Ainsi le 21 janvier on élit tout bonnement un secrétaire de mairie. Les municipaux d'alors étaient-ils des esprits bornés ne s'intéressant pas à la situation générale de leur patrie ? Ou bien évitaient-ils à tout prix de se compromettre ? Rien dans leurs froides rédactions de procès-verbaux ne permet de deviner leur pensée.

Le seul document, nous autorisant à croire qu'ils avaient conscience des tristes événements qui

(1) L'arrêté des commissaires est annexé au registre municipal : il est scellé d'un cachet de cire rouge portant cet exergue. Administration du département n° 21 : Liberté-Egalité. — Depuis le 25 septembre les Hébertistes avaient succédé aux fédéralistes dans l'administration du département de l'Ain.

venaient de se passer, est une affiche apposée sur les murs de la ville, On y lisait : « *qu'étant dans un* « *moment critique* la municipalité invite toute per- « sonne à s'abstenir de se déguiser pendant ces trois « jours (de carnaval). — Ceux qui seront trouvés « attroupés, déguisés, seront conduits en prison. — « Signé : Rudigoz, maire, Pijolet, procureur. » (*Arch. Mex. — 10 fév. 1793.*)

Encore le motif de cette défense n'est-il pas spécifié ; nous l'interprétons dans le sens de la mort du roi.

Malgré cette interdiction il y eut carnaval. Entr'autres personnes venant réclamer les objets confisqués aux citoyens qui s'étaient déguisés, on remarque M. Carrier qui ne voulut pas payer d'amende pour rentrer en possession d'une pelisse et d'un tapis de soie. Quand il n'était pas au pouvoir cet homme se trouvait toujours dans l'opposition.

Samans (St Mammès) était une paroisse de l'ancien diocèse de Lyon : la Révolution en avait fait une commune. Le pays était situé aux limites de la petite Dombes et de la Bresse. Sous la date du 20 janvier 1793, nous lisons dans le registre municipal qu'une pétition, signée Jacquemet, curé, écrite et envoyée au nom des municipaux illettrés de Samans, demandait la réunion de leur commune à celle de Meximieux. Le directoire de Montluel et l'administration départementale donnaient leur consentement le 26 février ; enfin la commune de Meximieux acceptait ladite réunion. De suite, en conformité de la loi du

20 septembre 1792, le sieur Jacquemet, curé, était nommé agent municipal pour tenir les registres des naissances, mariages et décès dans l'ex-commune mais toujours paroisse de Samans.

On ne voit pas tout d'abord l'utilité de cette réunion. Le pays est en effet distant de Meximieux d'environ huit kilomètres ; il en est séparé par Rignieu-le-Franc et St-Eloy. Mais si l'on observe que la liste des gardes nationaux de ce pays ne portait que quatorze noms en 1792, que tous étaient illettrés, on comprend que le principal motif de cette réunion a dû être l'impossibilité de pourvoir aux frais d'une administration communale. De fait, dix jours après la réunion, le pays de Samans demandait à Meximieux une subvention pour l'aider à réparer ses chemins.

Le curé devint notable de la municipalité pour la section de Samans ; il signait les délibérations en cette qualité.

Le pays resta uni à Meximieux jusqu'au départ de M. Jacquemet. Alors la municipalité constatant qu'il n'y restait plus aucun citoyen sachant écrire requit les administrateurs du département de réunir ledit Samans à une commune plus proche afin que les relations administratives fussent plus faciles et moins onéreuses (*Arch. Mex., 10 nivôse an II — 31 décembre 1793*).

L'emprisonnement et surtout la mort de Louis XVI avaient suscité contre la France une coalition de toute l'Europe. La guerre prenant une grande extension et nécessitant de nombreuses recrues, la Convention décréta (24 fév. 1793) une levée en masse de 300.000 hommes ; tous les citoyens de 18 à 40 ans, non mariés ou veufs sans enfants, étaient susceptibles d'être appelés sous les drapeaux. Le département de l'Ain dut fournir un contingent de 3413 soldats ; la commune de Meximieux, pour sa quote-part, fut taxée à 20 hommes.

Par son superbe relief, le « Départ », qu'admirent tous ceux qui visitent l'Arc de Triomphe de l'Etoile, le sculpteur Rude a immortalisé les enrôlements des volontaires de la première République.

Assurément l'ardeur guerrière se réveilla dans certains pays et le nombre des enrôlements dépassa parfois le nombre des appelés. Ainsi dans notre département, on cite Bohas, Priay, Simandre, Bourg, comme étant les communes où l'on fit preuve d'une grande activité patriotique. Mais n'a-t-on pas exagéré quelque peu l'enthousiasme et le nombre de ces volontaires ? Un auteur vraiment érudit, Camille Rousset, a traité la question avec une grande compétence dans son ouvrage : *Les Volontaires de 1791-1794* ; sa conclusion est à noter : « Ces sol-« dats improvisés, dit-il, ennemis de toute disci-« pline, étaient plus forts pour la maraude que pour « le combat. Si la France fut sauvée de l'invasion « étrangère, ce fut grâce à la vieille armée de la mo-« narchie, grâce aussi à l'énergie de Dumouriez. »

Cette appréciation, quelque sévère qu'elle paraisse, n'est pas démentie par les faits qui accompagnèrent la levée des volontaires dans notre pays. Un double procès-verbal nous apprend comment les choses se passèrent.

Le 14 mars 1793, le conseil de la commune se réunit sur la place Vaugelas pour procéder à la levée des vingt hommes qui devaient partir pour les frontières. Lecture étant faite du décret de la Convention, ainsi que des arrêtés du département et du district relatifs à cette conscription, on voulut procéder à l'appel nominal. Les appelés étaient au nombre de cent dix. Alors tous les intéressés, sauf quatorze seulement, déclarèrent que pas un d'entr'eux ne partirait si on ne donnait cinq cents livres à chacun des partants. On ne put s'entendre et l'assemblée se sépara à une heure de relevée.

Deux heures après, reprise de l'assemblée. De suite le procureur annonce que neuf engagés volontaires se sont déjà fait inscrire (1), qu'en conséquence il ne reste plus que onze hommes à désigner par le sort. Cette tactique était habile parce qu'elle brisait les résistances en divisant les volontés. L'effet cherché se produisit ; de suite on consentit à tirer au sort. Il restait cent un citoyens appelés : on fit cent un billets sur onze desquels on inscrivit les mots : « Vive la nation ! » et l'on convint que ces onze billets désigneraient les partants. Il n'y eut pas

(1) Celui qui est inscrit le premier en tête de la liste des volontaires, est Beaublez, l'homme à la chanson Il ne partit pas puisqu on le retrouve à la tête d'un détachement de la garde nationale dont il était officier. Cela prouve notre dire, à savoir que l'annonce d'inscriptions volontaires était une tactique de la part des municipaux

d'autres réclamations. Tel est le résumé du premier procès-verbal.

Mais le second procès-verbal, écrit à la suite du premier, qui ne parait ni moins authentique ni moins officiel, puisqu'il porte les mêmes signatures, — (sauf une, celle d'un intéressé à ne pas signer) — raconte que les faits ne se passèrent pas d'une manière aussi pacifique. Il est presque impossible d'analyser ce procès-verbal sans dénaturer les faits, donnons-le dans son entier.

« Du 14 mars 1793, l'an II de la République française, nous, officiers municipaux et procureur de la commune, savoir faisons que ledit jour étant assemblés sur la place *public*, au pied de l'Arbre de la Liberté, à l'effet de procéder à la forme de la loi, suivant le mode qui serait établi pour l'assemblée des citoyens destinés à former le recrutement demandé pour compléter l'armée. Le citoyen H. R. de Meximieux l'un d'eux, après la lecture de l'adresse aux Français, du décret de la Convention nationale, concernant le recrutement, des arrêtés des département et district à ce sujet, se serait permis de dire à haute et intelligible voix qu'il ne voulait ni tirer au sort ni au scrutin, qu'il ne voulait adopter aucun mode pour le recrutement ordonné par la loi ; qu'il s'en f... ; qu'il ne tirerait pas quand on devrait l'égorger, qu'il n'avait qu'une mort à faire ; qu'il aimait autant être anglais que français ; que personne n'était f... pour l'y obliger ; qu'il se f... de la municipalité et des commissaires.

« Que ledit H. R., ayant pris la parole et l'ayant adressée à tous les citoyens assemblés, a dit : « Camarades,il ne faut ni tirer au sort ni au scrutin; « le premier b... qui tire, il aura affaire à moi, je lui « passerais mon sabre au travers du ventre. » Qu'alors la jeunesse en criant et en *s'antant* (chantant) s'est retiré, et que la séance a été dissoute par l'insubordination et les propos de rébellion tenus par ledit R...

« Qu'environ trois ou quatre heures après, la jeunesse, ayant été raisonnée par ceux d'entre ceux qui dès le principe étaient vraiment décidés à exécuter la loi et par tous les citoyens pères de famille assemblés, s'est présentée pour exécuter à forme de la loi le recrutement ordonné. — Que le citoyen R... ne s'étant pas présenté, le citoyen Brisson, officier municipal, a tiré pour lui et attrapé le billet noir ; et à l'instant ledit R... a été proclamé soldat national.

« Après le tirage fait, ledit R... s'est porté dans les rues armé de son sabre et d'un pistolet en disant qu'il voulait brûler la cervelle aux officiers municipaux, au citoyen Mazoyer, commissaire du district pour le recrutement, et au citoyen Bernard ;— Que ledit R... s'est porté au pied de l'arbre où était le citoyen Brisson, revêtu de son écharpe, sitôt le tirage achevé, lui a donné trois coups de poing à l'estomac en lui disant : « Devant que je « parte, vous êtes là une demi-douzaine qu'il faut « que je tue auparavant ! »

« Que ledit R.., a encore parcouru les rues en

criant qu'il voulait tuer et brûler ; que crainte qu'il n'effectua les menaces qu'il faisait, nous avons ordonné à la garde de le mettre en prison pour éviter le meurtre et le carnage : — avec déclaration que nous en rendrions compte au citoyen Paget — *(Pagès)* — commissaire général, pour être statué sur-le-champ sur le sort et mesures à prendre contre ledit R... ; disons de plus que ledit R... a fait force à la garde et a blessé plusieurs citoyens. Donc et du tout nous avons dressé le présent procès-verbal. »

« A Meximieux 14 mars 1793 ». — *(Arch. Mex.)*.

Le procès-verbal parle assez par lui-même, inutile d'y ajouter aucune réflexion. Disons seulement que les recrues se mirent en marche le 9 avril ; deux officiers municipaux, Jean Moiffon et Joseph Brisson, les accompagnèrent jusqu'à Montluel. La vérité nous oblige à ajouter que, pour les engager à partir, il fallut donner à ces volontaires les uniformes de la garde nationale (1) et les équiper de linge et de souliers. De ce fait la commune dépensa une somme de 2436 liv.

(Arch. Mex. — Séance du 24 mars 1793)

Ce n'est pas là un fait isolé ; il serait facile de produire des documents prouvant que dans tels autres pays le recrutement se passa à peu près comme à Meximieux.

Le lecteur de ces procès-verbaux n'aperçoit plus la légende des célèbres volontaires que dans un loin-

(1) Les uniformes de la garde nationale furent estimés par Pierre Vincent, tailleur, le prix en fut soldé à chaque propriétaire

tain vaporeux ; c'est une légende qui s'envole. Il est obligé d'avouer que c'est dans le haut-relief de Rude que se constate l'enthousiasme du départ mieux que dans les opérations de recrutement. A quoi bon être chauvin de parti pris ?

Les assignats n'étaient pas un simple papier-monnaie, mais de véritables billets hypothécaires. Leur garantie reposait sur les biens nationaux qu'on appelait alors « la dot de la Constitution ». Les biens nationaux comprenaient les anciens domaines et forêts de la couronne, les biens du clergé mis à la disposition de la nation et les propriétés confisquées sur les émigrés. Comme la vente de tant de biens fonds ne pouvait s'effectuer rapidement, ni les achats être soldés immédiatement, comme d'autre part le gouvernement avait à combler le déficit dans les finances, et à payer la dette exigible, l'Assemblée Nationale décréta, d'après les idées de Necker et de Laborde, la création de 400 millions d'assignats (19 déc. 1789). L'Etat devait remettre ces billets de crédit à ses créanciers, sauf à les retirer plus tard de la circulation : le produit de la vente des biens nationaux devait servir à leur remboursement.

Cette opération pouvait réussir et devenir utile au gouvernement ; mais on commit trois fautes très graves qui entraînèrent la dépréciation des biens nationaux et la chute des assignats. On voulut jouir de suite ; pour cela on précipita les ventes, ce qui fit que les fonds à vendre ne purent être absorbés par l'épargne. Il fallut les donner à vil prix.

Quelques politiciens seuls arrondirent leur fortune en payant leurs achats avec des assignats déjà dépréciés. — En second lieu le gouvernement qui avait d'abord émis pour 400 millions d'assignats, tripla ce chiffre l'année suivante et finalement répandit dans le pays une quantité d'assignats bien supérieure à la valeur du gage qui était censé les garantir (1). — Enfin les besoins financiers de l'Etat se faisant plus pressants, ces assignats ne furent pas retirés de la circulation à mesure que les ventes de biens nationaux s'effectuaient en sorte qu'à la fin ils n'étaient représentés par rien ; ils étaient alors devenus un véritable papier-monnaie. Le crédit de l'Etat pouvait seul leur attribuer quelque valeur.

Quelques exemples donneront une idée de la dépréciation subie par ces billets fiduciaires. Au temps du Directoire il fallait donner plus de cinq cents livres en assignats pour payer son dîner à Paris ; l'achat d'un habit montait à la somme fantastique de plusieurs milliers de livres. A Meximieux on ne voulait plus recevoir ce papier-monnaie dès la fin de 1791. A cette époque le sieur Joseph George, boulanger, fut condamné à payer trois livres d'indemnité au sieur Pijolet, pour avoir refusé de lui livrer du pain que celui-ci voulait payer en assignats. — C'est un exemple des jugements arbitraires pro-

(1) En septembre 1792 on avait déjà fabriqué pour trois milliards d'assignats : un an après il en existait pour plus de cinq milliards. Quand en 1796 on brisa la planche des assignats, le louis de 24 liv. valait 8 000 liv. de ce papier monnaie. — Ce fut un député de l'Ain, Populus, qui surveilla l'impression des premiers assignats.

noncés par la municipalité qui n'avait pas l'air de se douter qu'il y eût un juge de paix. — Dans la vente aux enchères de la vendange du château — (tous les biens de M. de Montgeffond étaient séquestrés) — la récolte d'une ouvrée de vigne monte à une somme supérieure à trente fois sa valeur ; c'est qu'elle était payable en assignats. On pourrait multiplier les exemples. Finalement tout se perdit dans le gouffre d'une énorme banqueroute.

On avait pris les biens du clergé pour payer une dette de six cents millions ; et l'on ne paya rien. En cinq ans de révolution, on fit monter la dette nationale à plus de cinquante fois ce qu'elle était sous la monarchie. Encore une fois il faut constater que le bien mal acquis ne profite pas.

CHAPITRE VIIIe

La Terreur dans l'Ain. — Journée du 29-30 mai, soulèvement de Lyon. — Fédéralisme dans l'Ain. — Loi du maximum. — Constitution de 1793. — Le siège de Lyon. — Levée de gardes nationaux pour aider l'armée. — Réquisitions incessantes à Meximieux. — Loi des suspects. — Comité de surveillance.

Quelques lignes des mémoires de Barras paraissent caractériser parfaitement cette époque de la Révolution, qu'on a appelée la Terreur. « Au « temps des représentants du peuple, dit ce célèbre « conventionnel, tout se faisait sans aucune orga- « nisation, sans aucune attribution spéciale à aucun « pouvoir. Les comités n'étaient et ne faisaient rien « sans la Convention, où venaient s'allumer les « seules flammes qui pouvaient alors animer la « République (1) ».

De fait la France était complètement dominée par la Convention : pouvoirs législatif et judiciaire, direction des armées et de la marine, administration intérieure, police, elle absorbait tout par elle-même ou par ses comités. Les départements et les communes étaient sous la dépendance de commissaires envoyés avec des pouvoirs illimités ; ceux-là étaient les vrais

(1) Barras ; Mémoire, t. I, p. 164.

maîtres de la France. Leurs arrêtés, toujours pris au hasard des circonstances ou des passions, avaient force de loi : la peine de dix ans de fers était prononcée contre quiconque en suspendait seulement l'exécution. Toutes les mesures prises par ces proconsuls, quelque arbitraires qu'elles fussent, se trouvaient justifiées pourvu qu'on les crût inspirées par l'intérêt de la République.

On voyait aussi des directoires de département ou de district, des municipalités, des comités de surveillance, des sociétés de sans-culottes, qui tous voulaient montrer du zèle pour la chose publique. Chacun tenait à faire parade de patriotisme ; chacun forçait son voisin à monter son enthousiasme. D'où les séances quotidiennes des clubs, les enrôlements plus ou moins volontaires, les contributions patriotiques, l'impôt forcé sur les riches, la surveillance des suspects, les réquisitions de toutes sortes.... Et si quelqu'un venait à faiblir, à trouver la marche révolutionnaire un peu violente, il y allait pour lui d'une dénonciation, de la prison et bien souvent de la guillotine. La vie humaine comptait alors pour peu de chose ; il fallait dénoncer et envoyer à la mort pour ne pas être tué soi-même. On disait qu'on voulait régénérer la nation ; atroce dérision du crime qui fit tomber tant de victimes au nom de la vertu.

La France entière fut couverte de prisons et d'échafauds. Tel village qui jusqu'alors avait ignoré le nom de prison avait sa maison d'arrêt. Le chef-lieu du département n'en avait jamais eu qu'une, alors en comptait six : la Grande Prison, Bicêtre, les Cordeliers, les Claristes, Brou, et la maison La Theyssonnière.

A un moment donné, il n'y eut plus de fonctionnaires à proprement parler, mais des sans-culottes chargés de telle ou telle fonction. Ce titre à lui seul remplaçait toutes les capacités. Fouquier-Tinville ne disait-il pas durement à Lavoisier : « La République n'a pas besoin de savants ! » On le voit le cynisme se mêlait à l'horrible.

Enfin des emblèmes grotesques venaient s'adjoindre aux actes les plus graves des autorités. Le plus connu est le vulgaire bonnet de coton. Des artistes se piquant de connaissances archéologiques ont réussi à en faire un bonnet phrygien. Mais quelle idée de donner à une figure représentant la Liberté, c'est-à-dire l'énergie et l'activité, une coiffure caractéristique des mœurs efféminées, de la mollesse ; la coiffure en un mot du lâche Paris et du mol Endymion. Mais nous oublions trop que toutes les têtes n'ont pas les dimensions voulues pour coiffer le casque viril de Mars.

On fait ordinairement commencer la Terreur à la chûte des Girondins (30 mai-2 juin) ; mais dans nos pays elle se fit sentir deux mois avant cette date ; elle fut inaugurée par l'arrivée des Commissaires de la Convention, Amar et Merlino. Nommés le 9 mars, ces représentants faisaient enregistrer à la municipalité de Bourg, le 19 du même mois, le décret qui leur conférait des pouvoirs exceptionnels dans l'Ain et l'Isère. Dès le lendemain, sans perdre de temps, ils prenaient l'arrêté que voici :

« Art. 1er : Le directoire du département de l'Ain, les directoires de district et les municipalités feront mettre en état d'arrestation toutes personnes notoiment suspectes d'incivisme.

« Art. 3 : Les directoires du département, de districts, et les municipalités feront promptement désarmer les citoyens suspects d'incivisme.

« Art. 4 : Le directoire du département de l'Ain fera déporter tous les prêtres notoirement suspects d'incivisme.

« Art. 5 : Le directoire du département de l'Ain prendra au surplus les autres mesures de sûreté générale qui n'auraient pas été prévues dans le présent arrêté et que son zèle et son patriotisme lui suggèreront. »

Autant aurait valu dire : « Le directoire de l'Ain fera ce que bon lui semblera ! » On ne pousse pas plus loin le despotisme arbitraire.

Et cependant le directoire départemental renchérit encore sur l'arrêté des commissaires : — il impose aux municipalités la violation du secret des lettres ; — il défend d'avoir des correspondances avec l'extérieur sous peine d'emprisonnement ; — il ordonne l'arrestation de tout voyageur non muni d'un passe-port.

Qu'on ne dise pas que la Convention n'était pas complice de ces mesures draconiennes, qu'elle les ignorait. Elle-même les avait provoquées ; car dès le 10 mars, elle avait étendu les attributions des municipalités à la poursuite de tous les crimes et délits qui étaient de la compétence du tribunal révolutionnaire. En sorte que, de fait, il y avait dans chaque commune une sorte de tribunal révolutionnaire.

Amar et Merlino trouvaient qu'on ne dénonçait pas assez de citoyens. « Il n'y a pas de vrai patriotisme sans dénonciation ! » clamaient-il un peu partout. Le procureur Chambre, de Bourg, se permit de leur faire observer qu'on ne dénonce pas sans preuves. Leur secrétaire Leymerie fit cette réponse cynique · « Il n'y a pas besoin de preuves ; s'il en avait fallu pour condamner Louis XVI, il aurait encore la tête sur les épaules ! » (1). Cet horrible propos jeta la terreur dans les esprits et encouragea la canaille.

Aussi les prisons commencèrent-elles à se remplir d'honnêtes gens. Celles de Bourg en renfermaient environ cinq cents tant de la ville que du département. C'est à cette époque qu'eut lieu l'arrestation des prêtres de Meximieux : nous en avons déjà parlé. Châtillon-sur-Chalaronne comptait vingt-trois de ses habitants emprisonnés. A Marboz tous ceux qui ne fréquentaient pas la messe constitutionnelle étaient incarcérés. Il y eut des arrestations d'une injustice révoltante : ainsi un meunier accorde l'eau de son moulin à telle personne plutôt qu'à telle autre, il est conduit en prison ; Mad[e] de Bouvens est accusée d'avoir envoyé des fonds à son fils émigré, et elle n'avait

(1) Récit de Debost, greffier du tribunal Il avait entendu lui-même ce propos.

jamais été mère. Ces procédés iniques soulevèrent d'énergiques protestations et provoquèrent même une pétition adressée à la Convention.

Or voici ce que les deux despotes écrivaient, en réponse, au directoire de l'Ain : « Tout ce que les « détenus pour cause de suspicion peuvent dire pour « se justifier *et rien, ce doit être de même*. Dès que « l'opinion publique a prononcé sur leur compte, il « n'y a ni procès, ni formalités à observer pour les « séquestrer » (1).

C'était se jouer cyniquement de la vie de ses semblables : aussi une réaction ne devait-elle pas tarder à se produire.

Le premier mouvement de la réaction vint de Lyon. Dans cette ville le directoire du département était au pouvoir des Girondins, mais les Jacobins dominaient à la municipalité qui n'agissait que par eux. Leur chef, Chalier, présidait le district (2). Les nouveaux représentants du peuple auprès de l'armée des Alpes : Albitte, Gauthier, Nioche et Dubois-Crancé, les favorisaient. Forts de cet appui Chalier et ses amis firent prendre un arrêté (14 mai) ordonnant la levée d'une armée révolutionnaire de 6.400 hommes, un emprunt forcé sur les riches, l'expulsion des étrangers ; enfin ils demandèrent à la Convention la création d'un tribunal révolutionnaire. L'ar-

(1) Lettre datée de Lyon et transcrite sur le registre du conseil général sous la date du 27 avril 1793

(2) Chalier était piémontais, originaire de Beaulard dans la vallée de Suze au pied du mont Cenis. On a dit qu'il était prêtre, cela n'est pas exact; il avait seulement été séminariste. A Lyon il s'occupait de commerce.

rêté dont il s'agit fut signé par les représentants du peuple.

Ce premier succès inspira à Chalier un projet de *régénération de Lyon*, qui n'aurait laissé la vie qu'aux exaltés Jacobins. Il s'agissait de se rendre maître de la ville, d'installer la guillotine sur le pont Morand, d'en garnir les abords de canons, et d'y exécuter les *ennemis* du peuple — (lisez les honnêtes gens). — Le Rhône devait emporter au loin les cadavres. Le jour de l'exécution du complot fut même fixé. Mais un des conjurés, saisi d'horreur à la pensée des malheurs qui se préparaient, alla dénoncer tout le plan aux chefs des sections.

Les Lyonnais, indignés du despotisme des jacobins, se réunirent dans leurs sections et nommèrent des délégués chargés de demander aux représentants la suspension de la municipalité. Ceux-ci refusèrent constamment. C'est alors que se produisit l'insurrection du 29 mai ; les sections marchèrent sur l'Hôtel-de-Ville et furent victorieuses. Les girondins restaient maîtres de la ville de Lyon le 30 mai, et le même jour leur parti succombait à la Convention.

Dès le commencement de la journée du 29 mai, les représentants du peuple, Nioche et Gauthier, écrivirent au district de Montluel ce billet impératif où se voit toute leur inquiétude au sujet de la lutte :

« Citoyens,

« Nous vous requérons, au nom de la patrie, de « faire rendre la garde nationale de Montluel et

« toutes les forces militaires qui sont à votre réqui-
« sition, pour venir au secours de la ville de Lyon
« où la représentation nationale est insultée. La
« guerre civile est déclarée et les patriotes se bat-
« tent avec succès contre les révoltés. Hâte et dili-
« gence, ne perdez pas un instant ! — Signé :
« Gauthier. »

A son tour, le conseil du directoire de Montluel, après avoir pris connaissance de la lettre des représentants, arrête :

« Que la garde nationale de Montluel et de son
« district est requise de se rendre sur-le-champ à
« Lyon, où elle exécutera les ordres qui lui seront
« donnés par les représentants du peuple.

« Signé : Belin, Vezu, Ducré, maire. »

Cette réquisition, parvint à Meximieux le 30 mai, à deux heures du matin. De suite le maire Rudigoz fait battre le rappel, et ordre est donné « *à tous les* « *citoyens sans distinction* de partir sur-le-champ « pour Lyon, armés chacun comme il pourra, pour « s'ayder à faire respecter les représentants du peu- « ple et agir contre les rebelles. » — Comme les armes manquaient on emprunta dix fusils aux volontaires de Montbrison qui étaient de passage dans le pays. — *(Arch. Mex. — liasse n° 7).*

Cet ordre donné à la hâte, à tout hasard, dénote peu d'expérience dans l'administration des affaires. Faire partir des citoyens non armés, les lancer dans une bataille sans munitions, sans vivres, parait quelque chose d'incroyable ; mais à cette époque on avait hâte d'obéir aux terribles commissaires de la Convention. Même on faisait partir *tous les citoyens* quand la réquisition n'exigeait que le départ de la garde nationale.

Toutefois cet empressement devint inutile. Dès le 30 mai au matin, les lyonnais prenaient possession de l'Hôtel-de-Ville. Le représentant Nioche s'était tourné de leur côté. Lorsque Gauthier vit la partie perdue pour les Jacobins, il expédia au district de Montluel ce contre-ordre laconique : « La réquisi- « tion, qui vous a été faite aujourd'hui, de faire mar- « cher sur Lyon votre garde nationale, est expres- « sément révoquée ». Mais les gardes nationales étaient déjà en marche ; celles de Meximieux, Montluel, Miribel, Bourg-St-Christophe, allèrent jusqu'à Lyon ; cependant elles ne prirent aucune part à la lutte, elle se trouvait terminée.

A la même époque le Conseil général du département de l'Ain se déclarait pour le fédéralisme. Le but des fédérés était de soustraire la Convention aux menaces de l'émeute parisienne et à l'influence des clubs. Pour cela on se proposait de transférer à Bourges le siège du gouvernement et de former une nouvelle assemblée avec des députés suppléants. Suivant quelques auteurs soixante-six départements effrayés de la tyrannie jacobine avaient approuvé ce plan qui, s'il avait été mis à exécution, aurait peut-être épargné à la France bien des malheurs. Mais le projet s'évanouit avec la chute des Girondins.

Meximieux avait à sa tête une municipalité modérée. Le pays était en relations constantes d'affaires avec Lyon ; bon nombre de familles y comptaient des parents ou des amis. Prit-on parti pour la cause modérée ? On ne le voit pas d'une manière certaine. Les municipaux acceptent bien les arrêtés fédéralistes du département de l'Ain (6 et 8 juin), mais on déclare en même temps qu'on garde ces arrêtés « pour y avoir recours si le cas y échoit ». Cela ressemble beaucoup à une fin de non-recevoir.

Le 16 juin, le citoyen Chenevier délégué par le district de Montluel, vient à Meximieux ; à l'issue des vêpres il fait renouveler aux citoyens rassemblés le serment de Liberté-Egalité « *de vivre et de mourir républicain chacun à son poste.* » Ces citoyens qui sortent de vêpres sont des modérés ; Chenevier lui-même est partisan de la Fédération puisqu'en tant que délégué du district de Montluel il a signé les arrêtés du département ; et cependant, la formule du serment qu'il fait renouveler aux habitants de Meximieux indiquerait qu'il les a fait se prononcer contre Lyon et les fédéralistes.

Les administrateurs du département avaient invité les communes à élire un délégué par canton, lequel délégué devait se rendre auprès de l'administration départementale, « afin de prendre de concert avec « elle toutes mesures de salut commandées par « l'état actuel de la République. » C'était là un acte de fédéralisme. Le 29 juin, Meximieux répond à cet appel, mais son délégué est Charles Bernard qui sera quelques mois plus tard le chef de la municipalité jacobine nommée par Albitte ; il n'était donc rien moins que fédéraliste.

Somme toute on est obligé de constater que la municipalité, composée de citoyens ennemis des mesures violentes, obéissait à tout appel qui lui était fait cherchant à se maintenir neutre entre les partis extrêmes.

Le fait suivant nous confirme dans cette manière de voir, en même temps qu'il fait connaître les ambitieux de la municipalité. Le dimanche 30 juin 1793 Claude Perret et Maximin Nizeret fauchaient à la Côte le pré de la Juannaz. Dénoncés à la municipalité ils furent condamnés à dix liv. d'amende. Le soir du même jour le sieur Pijolet, procureur de la commune, et Mazoyer, juge de paix, abordèrent le maire Rudigoz sur la place Vaugelas et lui reprochèrent avec violence la susdite condamnation, disant hautement que le travail était aussi permis le dimanche que les autres jours ; — qu'ils se moquaient de ces sortes d'amendes ; — qu'ils allaient immédiatement commander du travail à leurs ouvriers. Cependant une centaine d'hommes se trouvaient présents à cette altercation ; ils soutenaient le maire et l'engageaient à ne pas fléchir. Le lendemain il y eut réunion des officiers municipaux ; dans leur délibération ils motivèrent leur conduite sur les règlements de police encore en vigueur dans la province de Bourgogne, mettant l'administration départementale dans la nécessité de les soutenir ; puis ils ajoutèrent assez fièrement que « dans le cas contraire « ils donneraient leur démission et passeraient leurs « écharpes à ceux qui désiraient s'en décorer. » *(Arch. Mex. — 12 juillet 1793).*

Les ambitieux sont nettement indiqués, ce sont ceux que l'on verra à l'œuvre dans quelques mois ; pour le moment ils dirigent la société populaire. On ne voit pas que cette affaire ait eu de suites, car municipaux et procureur gardent leurs fonctions.

Cependant le gouvernement révolutionnaire de la Convention ne satisfaisait pas le peuple. Suivant l'expression pittoresque de Beaumarchais, *le sauvageon amer de la liberté n'avait pas été greffé sur de sages lois* (1). Celle du maximum entre autres suscitait de vives plaintes. Votée par la Convention au commencement de mai 1793, elle ne fut d'abord appliquée qu'à la vente des grains ; mais au mois de septembre suivant on l'étendit à toutes les denrées de première nécessité. On sait qu'elle obligeait les marchands à s'approvisionner de grains aux marchés et à ne pas dépasser un certain prix de vente appelé *maximum*. Elle défendait encore le transport des grains d'un pays à un autre s'il n'était pas accompagné d'un acquit à caution. L'effet naturel et nécessaire du maximum devait être de ruiner les marchands et d'empêcher l'approvisionnement des marchés. Aussi le directoire de l'Ain, accablé de réclamations venant de toutes parts, prit-il un arrété portant que l'application de cette funeste loi serait suspendue jusqu'à ce que la Convention en ait ordonné autrement. (*Arrêté du 7 juillet 1793.*)

Mais on ne voit pas que cet arrêté ait été mis partout à exécution. Car dès le 13 juillet (25 messi-

(1) Requête à MM les représentants de la commune de Paris.

dor), Meximieux recevait de Montluel le tableau du maximum applicable à tout le district. De suite la municipalité invitait la société populaire à nommer huit commissaires, choisis parmi ses membres, qui seraient chargés de surveiller les marchands et les propriétaires et de dénoncer les infractions à la loi. C'était un second comité de surveillance. Mais toutes ces mesures n'étaient propres qu'à irriter davantage le peuple qui demandait du pain à grands cris (1).

Les Jacobins de la Convention imaginèrent alors de donner à la France une nouvelle constitution, dite de l'an I ou de 1793. Cette constitution établissait le règne de la multitude : législateurs, administrateurs, magistrats, devaient être élus chaque année par le peuple ; les représentants subissaient même le contrôle des assemblées primaires ; le peuple avait le droit d'accepter ou de refuser les lois ; enfin tout citoyen était électeur à vingt-un ans. Bâclée en quelques jours, elle ne fut jamais appliquée. Comme la fameuse jument de Roland, elle possédait toutes les qualités, mais elle avait un grave défaut. « Elle était morte ».

A Bourg, cette constitution fut simplement proclamée sur les places de la ville (14 juillet). A Meximieux cette proclamation prit toute l'allure d'une fête patriotique. La lecture de la loi se fit au pied de l'arbre de la liberté, les citoyens en acclamèrent les articles, puis ils firent suivre le texte de

(1) D'après un compte du sieur Morel, maître de poste, on constate que la loi du maximum fut appliquée à Meximieux jusqu'au 28 germinal an III, 27 avril 1795

leurs signatures. Elle fut encore publiée par toute la ville au son du tambour ; les cloches sonnèrent ; on alla *chanter un Te Deum* à Saint Apollinaire ; la garde nationale fit parler la poudre ; enfin, conclut le procès-verbal de la fête, « on rendit ce jour « (21 juillet), célèbre par toutes les démonstrations « de joie qu'il fut possible de manifester ». *(Arch. Mex.)*.

La municipalité poussa la flagornerie jusqu'à envoyer à la Convention une copie de son procès-verbal. Il est visible qu'elle sentait déjà planer l'orage sur Lyon et qu'elle voulait se mettre à l'abri des foudres conventionnelles en faisant preuve d'un excès de zèle. Dans tous les cas c'était faire beaucoup de bruit autour d'une constitution qui ne tenait pas debout.

La Convention fit acte d'habileté en votant au pas de course une constitution républicaine. Ce pacte social ne devait jamais être appliqué, mais il fit oublier la proscription des Girondins et rallia les départements fédéralistes ; le tour était joué. L'Ain et le Jura firent leur soumission le 25 juillet. Il faut avouer que le représentant Gauthier se servit d'un argument irrésistible pour amener cette soumission. Lui-même, dans un écrit du 4 messidor, an II, fait connaître son procédé dans les termes suivants. « Je suis forcé d'envoyer dans ma ville natale un « bataillon, que je détachai de l'armée des Alpes, « avec l'*ordre exprès de s'y conduire comme dans « une ville rebelle.* » — Doux régime ! On sait que Gauthier était de Bourg.

Après leur victoire du 29-30 mai, les Lyonnais avaient organisé une administration girondine ; par là ils se séparaient du parti jacobin dominant à la Convention. Leurs tribunaux avaient jugé le complot du Pont-Morand et Chalier expiait sur l'échafaud ses horribles projets de destruction (16 juillet). Toutefois la ville ne pouvait guère se faire illusion sur le sort qui lui était réservé : on connaissait en effet le décret de la Convention (12 juillet) portant que Lyon serait réduit par les armes. Abandonnés des départements et laissés à leurs propres forces, les Lyonnais prirent le parti de faire leur soumission. Leurs administrateurs écrivirent une rétractation qu'ils envoyèrent à Paris par l'entremise des représentants Brunet et Rouyer ; en même temps ils priaient les conventionnels de retirer les décrets les concernant (22 juillet). Une double réponse leur fut faite. A la Convention, le député Bentabole résuma l'opinion de ses collègues en ces termes méprisants : « Les Lyonnais sont malades, ils ont peur ! » D'autre part le représentant Dubois-Crancé leur fit dire dédaigneusement que les lois de la République n'étaient pas faites pour les rebelles. Ces réponses les mettaient dans la nécessité de se défendre.

Aussitôt le Comité de salut public fit commencer les préparatifs du siège ; les représentants Dubois-Crancé et Gauthier reçurent des pouvoirs illimités pour pousser les opérations avec vigueur. Immédiatement quinze bataillons et six cents chevaux (hussards de Berchigny) furent détachés de l'armée des Alpes et vinrent se concentrer à Bourg ; c'était le premier noyau de l'armée assiégeante. En même temps était lancée dans tous les départements avoisinants une proclamation qui se terminait par cet appel : « Aux armes ! citoyens, aux armes ! les lois « sont méprisées, l'humanité est violée, la liberté « est en péril ; aux armes ! Nous vous attendons « avec l'armée aux portes de Lyon ! »

Ces gasconnades, qui portaient la signature de Dubois-Crancé, rendaient toute entente impossible ; on voulait détruire la ville de Lyon (1).

Notre département se trouvait placé entre l'armée des Alpes opérant en Savoie et celle de Dubois-Crancé chargée du siège de Lyon. Aussi des réquisitions de toute nature commencèrent-elles à pleuvoir sur le pays. La première fut celle de 3.200 gardes nationaux que devait fournir le département pour renforcer l'armée du siège (27 juillet). Malgré la proclamation emphatique des représentants, cette levée d'hommes ne se fit qu'en partie et avec peine. On ne se souciait pas de participer à une guerre fratricide suscitée par une simple différence d'opinions de Girondins à Montagnards (2). — Ainsi

(1) Voir piece justificative n° 7.

(2) Sous la Restauration on a dit que le soulèvement de Lyon contre la Convention était dû à un mouvement royaliste. Les document ne justifient pas cette manière de voir. Sans doute il y eut des royalistes dans les défenseurs de Lyon ; la tyrannie de Chalier et de ses partisans avait eu pour résultat de soulever l'indignation de tous les honnêtes gens et de les réunir pour la défense commune de la liberté Mais en 1793 un complot royaliste n'avait aucune chance, non pas de réussir, mais d'être seulement formé L'opposition de Lyon prenait son point d'appui dans le fédéralisme, et si les 66 départements, qui s'étaient d'abord déclarés fédéralistes, l'avaient soutenue, jamais la Convention n'aurait eu le loisir de parler des rebelles lyonnais.

Bourg devait fournir 84 hommes pour son contingent, après trois semaines on ne put en faire partir que 41 ; plus de la moitié échappa à toutes perquisitions ; personne ne se présenta de bonne volonté.

Dès le 25 juillet, le district de Montluel demande quelles forces Meximieux peut fournir pour aider au siège de Lyon. Le lendemain le conseil assemblé répond : « que les hommes sont dispersés dans les « communes voisines pour aider aux travaux de la « moisson ; que cependant on tâchera de les classer « et que l'état en sera envoyé au district ; — Que la « commune s'est dépouillée (*sic*) de ses armes pour « les donner aux volontaires ; qu'il ne reste que « des fusils de chasse; qu'on n'a jamais eu de muni- « tions : — Que la commune peut à peine se suffire « en blé, impossible d'en fournir : — Qu'il n'y a pas « de gens suspects dans le pays ; on veillera à la « sûreté publique. »

(Reg. municip. — 26 juillet 1793).

C'était une fin de non-recevoir sur tous les points. On ne voulait ni guerroyer contre Lyon, ni recevoir des troupes, puisqu'on se chargeait du maintien de l'ordre public.

Néanmoins le district taxa la garde nationale de Meximieux à fournir un contingent de huit hommes. Le 31 juillet la commune réitère sa première réponse et ajoute : « que le mode de recrutement « n'est pas indiqué ; que de plus, les municipaux « étant sans autorité, le district nomme un commis- « saire pour faire la levée, s'il le juge à propos. »

(Reg. munic.)

Les 1er et 2 août il y eut convocation des garçons et veufs sans enfants, mais personne ne se présenta pour prendre les armes. Il fallait que la situation fût très tendue puisque le 3 août on dut tenir à Meximieux une assemblée extraordinaire à laquelle furent présents les maires et officiers municipaux de Loyes, de Pérouges, du Bourg-St-Christophe et de Mollon. Dans une adresse vivement motivée ces magistrats exposent aux administrateurs du directoire : « que l'arrêté du district est impossible à exé-« cuter, vu le tort qu'il cause à l'agriculture et à « chaque paysan en particulier ; que cette réquisi-« tion est injuste puisqu'on requiert les uns plutôt « que les autres ; que les populations sont irritées et « que des troubles sont à craindre ; que si le district « persiste à maintenir son arrêté, il le fasse exécuter « par un commissaire, les municipalités n'en étant « pas chargées. »

Et tous ont signé ladite protestation.

(*Reg. Mun. — 3 août 1793*).

Il fallait être doué d'une fermeté et d'un courage peu ordinaires, pour parler ainsi dans les circonstances où l'on se trouvait.

Cependant à la suite de cette protestation, on voulut faire preuve de bonne volonté. Le lendemain vingt-huit gardes nationaux non mariés se réunirent au corps de garde et convinrent entr'eux de tirer au sort pour déterminer les huit partants. Le sort désigna : J.-M. David, Joseph Drillon, Simon Masson. J.-B. Favier, Claude Martin, Jacques Nizeret, J. Brisson et Jean Déchamps. — (*Reg. municip. Mex.*)

Les sentiments du pays étaient connus, le district n'envoya pas au siège de Lyon ces soldats improvisés, mais dans les garnisons de Mont-Dauphin, Gap et Sisteron. (1).

Deux jours après la protestation des municipalités, le district prenait sa revanche en faisant réquisitionner par le commis principal des subsistances vingt-cinq voitures pour le transport des vivres de l'armée. Ces voitures réunies sur la place Vaugelas reçurent l'ordre d'aller à Lagnieu opérer leur chargement. Le 15 août, pareille réquisition pour voiturer des provisions jusqu'à la Pape.

Les opérations du siège commencèrent le 8 août. Dubois-Crancé et Kellerman établirent leur quartier général au château de la Pape ; leur armée attaquait Lyon par le plateau de Caluire et de la Croix-Rousse. Les troupes de premier investissement comprenaient environ 35.000 hommes ; mais vers la fin du siège, lorsque Couthon eut amené ses recrues d'Auvergne, plus de 60.000 soldats cernaient la ville. Les défenseurs lyonnais, sous les ordres du général de Précy, ne furent jamais plus de sept mille ; ils suppléaient à leur infériorité numérique par un dévouement et une bonne humeur inaltérables.

Il y eut d'abord quelques combats d'avant-garde,

(1) Simon Masson fit écrire de Gap plusieurs lettres dans lesquelles il priait la municipalité de faire cueillir sa récolte, de battre son blé.

avec des alternatives de succès et de revers pour les deux partis. Puis vint le bombardement (22 août) ; celui de la nuit du 24-25 août fut vraiment effrayant et causa d'énormes dégâts dans la ville (1). Mais rien ne put abattre le courage des lyonnais ; que de beaux faits d'armes il y aurait à raconter.

Dubois-Crancé et Gauthier désespérant de vaincre les assiégés par les armes résolurent de les prendre par la famine. C'est ce qu'ils écrivirent à leurs collègues Maignet et Chateauneuf-Randon (17 septembre) : « Ce ne sera ni le canon ni les bombes « qui réduiront Lyon, mais un blocus bien gardé... « La ville n'a pas pour huit jours de vivres. » Le lendemain le blocus était complet.

Cependant l'armée de la Convention, grâce à la supériorité du nombre, avançait peu à peu et emportait quelques postes isolés. En outre les lyonnais avaient à se défendre contre les jacobins restés dans la ville ; leur arsenal fut incendié et sauta par le fait de la trahison d'une femme. Enfin ne pouvant compter sur aucun secours extérieur, étant à bout de ressources, Lyon ouvrit ses portes aux conventionnels.

C'était le 9 octobre ; le siège avait duré soixante-deux jours. Dubois-Crancé et Gauthier, suspectés de trahison pour n'avoir pas su vaincre vite, venaient d'être relevés de leur mission de représentants.

(1) Les vieillards du pays racontaient, il y a quelque vingt ans, que les habitants de Meximieux allaient contempler des hauteurs des Murgères et de la Grand'Borne le terrible spectacle du bombardement de Lyon. La vue des trajectoires lumineuses, décrites dans la nuit sombre par les bombes et les boulets rouges, les frappaient d'étonnement et remplissaient leurs âmes de commisération pour les malheureux assiégés.

Ce furent Couthon et Chateauneuf-Randon, avec le général Doppet, qui entrèrent en vainqueurs dans Lyon.

Sachant que la mort sur l'échafaud attendait certainement les défenseurs de la ville, le général de Précy et 700 de ses compagnons d'armes tentèrent une sortie du côté de Serin et de Neuville. Quelques-uns seulement parvinrent à passer en Suisse ; la plupart furent massacrés par les assiégeants et par les paysans des montagnes du Lyonnais.

Le 10 octobre, à la séance du conseil municipal de Meximieux, lecture est faite d'un arrêté du directoire de l'Ain ordonnant aux citoyens de toutes les communes « de s'armer et de se porter en masse sur » les brigands lyonnais, s'ils faisaient une sortie ; de « poursuivre tous les étrangers et gens suspects. » Le conseil nomme le citoyen Carrier commissaire et le charge de procurer l'exécution dudit arrêté dans les pays environnants. On vient de voir que les fugitifs ne passèrent pas de nos côtés, mais qu'ils firent leur sortie par la vallée de la Saône.

Qu'on ne s'étonne pas de cet arrêté départemental, les administrateurs modérés de l'Ain avaient été remplacés, le 25 septembre, par les Hébertistes bressans qui bientôt allaient jouer de la terreur à Bourg et dans tout le département.

Nul n'ignore que la Convention se montra impitoyable envers Lyon. Elle décréta que la ville serait démolie ; que les débris restants seraient appelés : Commune Affranchie ; qu'une colonne serait élevée sur ses ruines avec cette inscription : « Lyon fit

« la guerre à la Liberté ; Lyon n'est plus ! » Son décret ne fut que trop bien exécuté ; maisons et citoyens supportèrent les fureurs des jacobins triomphants (1).

Mais revenons à la situation dans laquelle se trouvait la petite ville de Meximieux pendant ce siège mémorable.

Meximieux se trouve situé à la jonction de trois grandes routes très fréquentées. En 1793, ces routes faisaient communiquer le pays d'une part avec Lyon et l'armée assiégeante, d'autre part, avec la Savoie et l'armée des Alpes. De plus c'était un lieu d'étape où séjournaient toutes les troupes quelle que fut leur direction. Aussi c'est peut-être la ville du département de l'Ain qui fut la plus malmenée par suite des réquisitions ordonnées pendant le siège de Lyon.

Nous avons déjà dit qu'elle dût fournir huit hommes destinés à l'armée des Alpes. Le 22 août, un nouvel arrêté du département mettait en réquisition tous les fusils de chasse et autres ; tous les plombs afin d'en couler des balles ; enfin tous les citoyens capables de marcher à l'ennemi. C'était une sorte de levée en masse qu'une loi seule pouvait légitimer.

Même avant le siège, dès le 3 juin (14 prairial), il y avait réquisition de grains en faveur des boulangers chargés de fournir du pain à la troupe ; visite

(1) Prudhomme dans son ouvrage intitulé : Crimes commis à Lyon sous les proconsuls conventionnels, estime à 40.000 le nombre des démolisseurs des deux sexes qui travaillerent plus de six mois. Ces renversements stupides coûtèrent à la république cinquante millions L'Hôtel des Invalides avait moins coûté à Louis XIV.

chez les meuniers soupçonnés de faire le commerce des blés. Les moulins devaient moudre avant tout le grain pour la troupe et celui des sans-culottes. A Bourg on ordonna même d'enlever les *Barteaux fins* (blutoirs) (30 octobre) ; tout le monde devait manger farine et son. Dans les siècles de l'obscure féodalité on ne faisait pas pis.

Réquisition maintes fois renouvelée de voitures et de chevaux pour transporter les vivres, fourrages, armes... ; de huit chevaux avec leurs harnais pour le service de l'artillerie (10 floréal an II) ; de charretiers pour conduire les chevaux ; de bois à fournir aux salpêtriers installés au corps de garde. (Jean Gordias qui n'a pas fait marcher sa voiture, en étant requis, est mis à la prison de Meximieux).

Réquisition des eaux de lessive et des marcs de raisins pour aider à la fabrication du salpêtre (on devait brûler les marcs et en livrer la cendre aux salpêtriers).

Ordre réitéré aux chapeliers et aux cordonniers de travailler pour les armées de la République. Les cordonniers furent même taxés à fournir une paire de souliers par semaine ; à chaque visite leur réponse était invariable : « Nous n'avons pas de cuir fort ! »

Le 4 messidor, an II (23 juin), ordre est donné à tous les hommes disponibles de se transporter dans les communes voisines pour aider à la moisson, sous peine pour les délinquants d'être traités et jugés comme suspects ; — même réquisition pour le battage des grains. — La moindre peine était celle de la prison.

Le 24 août, Meximieux dut fournir cent paires de draps, vingt-cinq paillasses, de la toile, des chemises, du linge pour le pansement des blessés... Le tout devait être déclaré et livré dans les vingt-quatre heures.

Dans le mois de septembre, le directoire fit inventorier tout ce qui, je crois, restait à Meximieux : armes, fers, cuirs, peaux, drap, toile, souliers, chanvre pour la marine, chiffons pour le papier — (chaque enfant au-dessous de quatorze ans devait fournir une livre de chiffons) ; — rien ne fut omis.

Ces ordres de réquisitions sont tous mentionnés dans les cahiers de délibérations de la municipalité. Venant de partout, des représentants du peuple comme des directoires et des communes, ils causaient une grande agitation dans le pays. On vivait dans une alarme continuelle. La municipalité elle-même se déclara incapable de suffire à tant de besogne ; aussi nomma-t-elle un commissaire aux réquisitions et séquestre des biens des lyonnais ; ce commissaire fut Claude-Marie Beaublez. Le citoyen Villemagne fut aussi nommé gardiateur des biens séquestrés.

Au milieu de toute cette agitation, quelle vie durent mener nos pères pendant le siège de Lyon, on se le figure aisément. Et on les traitait en citoyens libres!

De toutes les mesures révolutionnaires la *réquisition* est celle dont on fit le plus mauvais usage. Les abus devinrent si visibles, si criants, que le Comité de Salut public arrêta (4 floréal an III) que toute réquisition qui ne viendrait pas du Comité même, ou des commissions exécutives nommées par lui, devait être considérée comme nulle et non avenue.

Le tableau des tribulations éprouvées par le pays sera à peu près complet quand on aura dit que le 3 septembre de cette année fut annoncé un emprunt forcé d'un milliard sur les riches. C'était en réalité le vol organisé puisque le capital emprunté ne devait jamais être remboursé et que la moitié seulement produisait intérêt. A Meximieux les citoyens désignés comme soumis à cet *impôt* furent : M. de Montgeffond, Charles Baret, Cl.-Fr. Mazoyer, Etienne Morelon et Jean Didier, notaire. Mais leurs noms furent ensuite rayés du registre municipal ; et rien n'indique le motif de cette rature.

C'est pendant le siège de Lyon que fut votée (17 septembre) la terrible loi des suspects, appelée la *Charte de la Terreur*. Immédiatement après la publication de cette loi, tous les gens réputés suspects devaient être incarcérés. Elle instituait bien *six catégories* de personnes suspectes, mais il n'était pas nécessaire, pour y être compris, d'avoir tenté quelque chose contre le régime que l'on subissait, il suffisait qu'une municipalité rancunière refusât un certificat de civisme ; de suite on pouvait dire adieu à la liberté.

On a vu que des arrestations de citoyens suspects d'incivisme avaient déjà été opérées dans notre département par suite des arrêtés d'Amar et Merlino, la loi des suspects étendit le procédé à tout le territoire français. C'est à partir de ce moment que les prisons devinrent insuffisantes.

Comme complément de cette loi vint l'ordre de réorganiser les Comités de surveillance. Ces comités avaient été institués par la loi du 21 mars 1793; mais on ne voit pas que jusqu'à l'arrêté du directoire de l'Ain (28 septembre 1793), ils aient été établis d'une manière générale dans notre pays. A Meximieux, le 20 brumaire (10 novembre), une réunion fut tenue à cet effet. Les membres nommés furent : J.-M. Carrier, Claude Portallier, Joseph Bonnardel, François Derrias, Christin Blanchon, J.-B[te] Valliat, Michel Mollion, Jean-Joseph Jacquemet, Gaspard Soffray, Michel George, Pierre Pijolet aîné, et J.-B[te] Lacua. Ce comité devait correspondre avec la municipalité et l'informer de ce qui se passait de louable ou de repréhensible dans le pays. C'était une seconde municipalité, créée à côté de la première afin de la faire marcher; la chose paraissait toute naturelle après la publication de la loi des suspects.

CHAPITRE IXe

Descente des cloches. — La cloche de Cormoz. — Vol de vases sacrés à St Apollinaire. — Second passage de Rollet et Baron à Meximieux. — Enlèvement des croix. — Passage à Meximieux de l'armée révolutionnaire. — Ant. Page et les Sans-Culottes. — Arrestation du curé constitutionnel et du maire Rudigoz. — Banquet civique.

Sur nos frontières, les armées françaises combattaient sans cesse pour défendre l'intégrité du territoire national contre la coalition européenne. L'invasion étrangère était l'œuvre de la Convention qui cependant n'avait pas su fournir des armes à nos soldats. Pour remédier à ce défaut d'armement, il fut décrété (23 juillet 1793) que le bronze des cloches serait fondu pour être converti en canons et que les métaux existants dans les bâtiments dits nationaux seraient employés à fabriquer des fusils ou à fondre des balles. Le Comité de Salut Public se chargea de l'exécution de ce décret et de suite il envoya des commissaires dans les départements. Les commissaires envoyés dans l'Ain se nommaient J.-Bte Pasquint (ou Paquin) et Bulay. Ils se partagèrent la besogne et parcoururent chacun une partie du département. Pasquint rendit compte de ses opérations au directoire de l'Ain ; son rapport, en date du 2 frimaire (22 novembre), énumère les communes que « le citoyen Pasquint a visitées patrio« tiquement et dont il a délivré les oreilles (*sic*) d'un « son qui n'a d'agrément et de vertu que pour les « sots. »

C'est à peu près le langage que ces révolutionnaires savaient tenir : injurier ceux qu'ils avaient dépouillés. Encore que ne le faisaient-ils en français correct.

Ce Pasquint passa à Meximieux le 9 brumaire an II (30 octobre 1793). Il somma pour ainsi dire la municipalité d'avoir à lui déclarer quel nombre de cloches renfermaient les bâtiments nationaux. Le conseil déclara que la paroisse possédait quatre cloches : trois à St Apollinaire et une à St Jean. En suite de cette déclaration le commissaire décida que la plus grosse cloche serait seule conservée, que les trois autres seraient transportées au district « pour « être pesées à la diligence du procureur et leur « livraison être constatée par un procès-verbal dont « copie serait remise au commissaire. »

On ne perdit pas de temps. L'adjudication pour la descente des cloches eut lieu quatre jours après (3 novembre) et fut consentie au prix et somme de 250 livres, au profit de Pierre Rivolet, serrurier, et de Jean-Pierre Pijolet cadet. Ils répondaient pour un an des dégradations que l'opération pouvait entraîner. Les adjudicataires agirent rapidement, car le 15 novembre, douze jours seulement après la mise aux enchères, Pijolet offrait de transporter lesdites cloches à Montluel moyennant cinq sols par quintal et par lieue de poste ; ce qui lui fut accordé. (*Arch. Mex.*)

L'historiette que voici nous fera voir quel soin on mettait à la réception des cloches, en même temps qu'elle nous fera pour ainsi dire saisir sur le vif quel gaspillage régnait alors du haut en bas de l'échelle sociale.

Comme toutes les autres paroisses, celle de Cormoz, canton de St-Trivier-en-Bresse, fut mise en demeure de livrer sa plus belle cloche à Pont-de-Vaux, chef-lieu du district. Les voituriers chargés du transport se mirent en mesure d'en faire la livraison; elle devait avoir lieu dans un pré attenant à la ville. Arrivés sur les lieux ces braves gens ne trouvèrent personne ayant mission de recevoir leur cloche et de donner récépissé. Cependant ils opérèrent leur déchargement, et toujours ils ne voyaient venir aucun commissaire. Avant de s'en retourner, ils eurent la curiosité d'examiner les cloches déjà livrées et en remarquèrent une très belle. C'étaient des bressans avisés ; aussi se dirent-ils que cette cloche pourrait très bien faire leur affaire. Aussitôt dit, aussitôt fait ; la cloche fut chargée et l'on reprit le chemin de Cormoz. Personne ne leur fit la moindre observation ni pendant le chargement, ni pendant le retour. Et la belle cloche est encore au clocher de Cormoz.

Après cette lecture on ne peut pas s'étonner que les deux commissaires du Comité de Salut public aient disparu un beau jour sans avertir personne.

Voici en effet ce qu'écrivait à ce sujet l'agent national du district de Bourg au président du département (16 pluviôse) :

« Je t'observe que les commissaires, nommés « Paquin et Bulay, ont séjourné dans le chef-lieu de « ce district pendant plus de trois mois ; qu'ils ont « parcouru une très petite partie du district ; qu'il « s'en faut de beaucoup qu'ils se soient acquittés de « leur commission ; en un mot qu'ils ont dépensé et « au-delà de la valeur des cloches qu'ils ont fait « conduire à Bourg et que l'on ne sait pas ce qu'ils « sont devenus » (1).

Après cela on peut se demander en quoi la France profita de la descente des cloches.

Au commencement de la Révolution, le clocher de St Apollinaire renfermait quatre cloches ; une d'elles avait déjà été vendue le 30 avril 1793 ; voici à quelle occasion. Les vases sacrés, laissés à l'église après l'inventaire du 13 novembre 1892, furent volés dans la nuit du 15 au 16 février 1793. A l'aide d'un soc de charrue retrouvé sur le cimetière, d'audacieux malfaiteurs avaient percé le mur du côté sud et pénétré à l'intérieur de l'église. Une fenêtre de l'abside et celle de la sacristie furent aussi trouvées brisées. A noter que les armoires de la sacristie ne portaient aucune trace de fracture, quoique ouvertes. On s'était emparé de quatre calices, d'un ciboire, d'une pixide et d'une aube en laine fine. Les brigades de gendarmerie, mises en mouvement aus-

(1) Registre des correspondances du district de Bourg, 16 pluviose, an II.

sitôt le vol connu, ne purent rien découvrir. Alors le conseil municipal se mit en devoir de remplacer les objets volés. Une cloche venait d'être mise hors d'usage par suite d'une fêlure. Se basant sur un décret du 22 avril 1792 permettant aux communes de réduire le nombre des cloches, on décida que la cloche endommagée serait vendue, et qu'avec le prix de vente on achèterait un soleil ou ostensoir et un petit ciboire ou *pique-cède (sic)* (pixide) ; les caisses de la fabrique et de la confrérie du St Sacrement devaient fournir le surplus s'il en était besoin. *(Arch. Mex., 30 avril 1793).*

Pendant le siège de Lyon, la municipalité avait suivi le mouvement et s'était déclarée pour les terroristes ; dernièrement elle avait fait conduire une seconde fois en prison deux prêtres inoffensifs : Jean-Claude Jacquemet et Christin Emoz. — (Voir au chap. VII, premier passage de Rollet et Baron à Meximieux, 7 nov. 1793). — Si par là elle crut faire oublier son adhésion au fédéralisme, elle dut se trouver cruellement détrompée par le fait suivant.

Le 19 novembre, on vit réapparaître dans le pays Rollet dit Marat et Baron dit Chalier. Envoyés par Javogues, ils se disaient commissaires chargés de prendre toutes mesures révolutionnaires, surtout d'arrêter les suspects et de séquestrer leurs biens. N'ayant pas trouvé la municipalité en permanence, ils menacèrent de la déclarer suspecte et susceptible d'être incarcérée. Puis ils firent convoquer le conseil par l'entremise du maire ; deux membres seulement répondirent à cet appel. Nouvelle algarade des citoyens commissaires qui traitèrent les absents d'*insouciants*, d'*ineptes*, de *suspects*, ajoutant que leur démission, s'ils la donnaient, ne les empêcherait pas d'être incarcérés. Enfin ils voulurent que cette municipalité, incomplètement représentée, (quelques conseillers étaient survenus dans l'intervalle) délibérât devant eux. Le procès-verbal de la séance, dicté assurément par les commissaires, est rédigé d'une manière tellement obscure, qu'il est impossible de comprendre quel fut le sujet de la délibération. On constate seulement que les citoyens commissaires étaient fâchés ; et c'est tout. — Vraiment on gouvernait les citoyens à la turque ; il n'y manquait que le bâton.

Le lendemain les deux commissaires se trouvaient à Montluel, rehaussant de leur présence une fête en l'honneur de Chalier ; c'était l'apothéose du maratiste lyonnais.

Cependant le gouvernement de la République s'abandonnait sans réserve aux passions antireligieuses. Le 18 septembre 1793, il supprime le traitement de tout ministre du culte (évidemmen il s'agit du culte constitutionnel) ; le 5 octobre, il met en usage le calendrier républicain ; il décrète encore que sur la porte de chaque cimetière seront gravés ces mots : « La mort est un sommeil éternel ! » Enfin le 20 brumaire (10 novembre), le culte catholique est déclaré aboli et remplacé par le culte de la Raison. A la suite de ces décrets on se mit à faire disparaître partout les emblèmes du christianisme. La croix, signe de notre rédemption, espoir de notre future résurrection, fut proscrite ; on dut la faire disparaître.

La municipalité de Meximieux venait d'être tancée, elle se hâta d'obéir. D'ailleurs elle avait à ses trousses quelques énergumènes de la société des sans-culottes qui se payaient le malin plaisir de la faire marcher. De magnifiques croix couronnaient les clochers de St Jean et de St Apollinaire, d'autres s'élevaient aux carrefours de la ville et des hameaux ; le conseil enjoignit au charpentier Gaubin de les faire disparaître dans toute l'étendue de la paroisse (1). La besogne fut promptement exécutée et le démolisseur reçut vingt-huit livres pour prix de son acte de vandalisme.

Nous avons la satisfaction de penser que des personnes pieuses mirent de côté les pièces intactes de la vieille et vénérable croix Estion. Elle fut restaurée du temps de M. Ruivet ; actuellement elle se trouve en place sur son ancien piédestal un peu agrandi.

Des noms de lieux dits indiquent encore aujourd'hui les emplacements d'anciennes croix qui n'ont pas été relevées. C'est ainsi qu'on dit la Croix-du-Vivier, la Croix-Besson, sur le territoire de la Côte; la Croix-de-Champollon, la Croix-du-Mortarey, sur le territoire de Chavagneux.

On se trompe quand on croit détruire l'idée religieuse dans les âmes en faisant disparaître la croix du sol français.

Après la loi des Suspects, la Convention avait

(1) Arch. Mex. Séance du 11 décembre 1793.

voté la création d'une armée révolutionnaire composée de six mille fantassins et de douze cents canonniers. Ces soldats patriotes devaient se porter partout où leur présence serait jugée nécessaire. C'était un blanc-seing permettant à ces singuliers soldats de se transporter n'importe où et de faire ce que bon leur semblerait. Barrère qui avait fait rendre le décret avoue dans ses mémoires que cette armée était « *une institution à la Robert, chef de brigands.* »

Un détachement de quatre cents hommes de cette armée révolutionnaire suivait le représentant Javogues, envoyé en mission dans les départements de l'Ain et de Rhône-et-Loire. Ils firent leur entrée à Bourg le 19 frimaire an II (9 décembre 1793). Les deux jours suivants ils mirent la ville au pillage, pendant que leur chef Javogues prononçait à la Société des sans-culottes un discours où il annonçait que « l'édifice de la prospérité publique ne serait « consolidé que sur la destruction et le cadavre du « dernier des honnêtes gens. » Les Burgiens furent tellement irrités de leurs déprédations que, d'accord avec les hussards de la garnison, ils résolurent de massacrer ces *mandrins* à leur départ. L'effusion du sang fut évitée grâce aux mesures prises par Gouly, le nouveau représentant, qui fit consigner les troupes dans leurs quartiers.

Un détachement de ces soldats de Javogues passa par Meximieux et n'oublia pas de saccager l'église. L'officier qui commandait l'avant-garde s'appropria l'ostensoir nouvellement acheté, puis en guise de paiement il mit dans la caisse municipale le bon billet que voici : « Nous, commandant de l'avant-garde « de l'armée révolutionnaire partie de Bourg le 22 « frimaire, avons trouvé à Meximieux un soleil en « argent, que nous nous en sommes emparé, aux « termes de la loi. — Signé : Barbante, comman- « dant. »

Le conseil municipal accepta le reçu du citoyen Barbante et l'adjoignit à ses registres pour lui servir de pièce justificative si jamais il en avait besoin. Le lendemain 23 frimaire, les municipaux ceints de leurs écharpes se rendirent gravement à St Apollinaire pour constater les dégâts. Les objets mobiliers qu'avait épargnés la fureur des soldats révolutionnaires furent tous déposés à la sacristie ; ce qui prouve qu'il n'en restait guère. Le procureur Pijolet en prit la clef, se constituant ainsi le gardien de ces meubles en attendant que le district ou le département fixât leur destination.

C'est à faire rêver ! Que dire du billet de cet honnête commandant qui vole aux termes de la loi ? On vole aux termes de la loi ; on persécute, incarcère, guillotine, toujours aux termes de la loi ; cette expression emphatique fait trembler tout le monde. Et ce grave conseil municipal, qui accepte naïvement le certificat du vol sans mot dire ; qui s'en va vérifier les dégâts, recueillir les objets échappés au pillage, et ne sait que demander au district ou au département ce qu'il faut en faire ! ! Cependant il y avait une garde nationale qui savait brûler de la poudre aux jours de fête. N'aurait-elle pas pu protéger le pays contre quelques bandits ? Est-ce que par hasard, comme à Bourg, les pillards auraient été guidés par de trop zélés sans-culottes ? Nous aimons à croire le contraire.

C'est au passage de l'armée révolutionnaire que doit se rapporter un épisode dans lequel le grand-père maternel de notre mère faillit perdre la vie. Il se nommait Antoine Page. Ayant appris qu'une de ses sœurs, mariée au brigadier de gendarmerie à Chalamont, se trouvait gravement malade, il se mit en route pour lui rendre visite. Parti de la Côte, il était arrivé au Pilon, sur la limite des territoires de Meximieux et de Rignieux-le-Franc. A cet endroit la route forme comme une espèce de dos-d'âne ; au plus haut point il se vit tout à coup en présence d'une troupe de sans-culottes. La tradition conservée dans la famille et que j'ai entendu narrer bien souvent, rapporte que ces fameux soldats de la Révolution étaient armés de piques et de grands sabres, coiffés de l'inévitable bonnet phrygien et chaussés de magnifiques bottes. A cette vue Antoine Page se sentit mal à l'aise et ne put s'empêcher de dire en lui-même : « Voilà encore cette v...... ! pourvu qu'il « ne m'arrive pas malheur ! » Ces paroles pleines d'inquiétude montrent qu'à Meximieux on avait déjà aperçu les soldats révolutionnaires et qu'on redoutait leurs méfaits.

A peine avait-il fait cette réflexion qu'il fut arrêté et qu'un des soldats lui dit brutalement : « Citoyen,

« ta cocarde ? » De fait, la cocarde tricolore manquait à son chapeau ; il l'avait oubliée. On ne lui laissa pas le temps de revenir de son trouble ni de répondre, car un autre sans-culotte disait déjà tout haut : « Tu ne vois donc pas que c'est un calotin ; « il faut qu'il éternue dans le panier ! » Ces paroles équivalaient à un arrêt de mort.

Mais Antoine Page était un homme vif ; il ne se sentait pas non plus d'humeur à se laisser arrêter. Sans se donner le temps de réfléchir et sans penser qu'une simple explication l'aurait peut-être tiré de ce mauvais pas, il partit comme un trait, enfila le chemin de Loyes et se dirigea vers les bois de Résilieux. Ce fut alors une véritable chasse à l'homme. Près des broussailles voisines de l'étang de la Pye, il allait être atteint ; déjà il entendait ses persécuteurs lui crier : « Attends, calotin, nous allons te « faire cracher rouge ! » Mais embarrassés par leurs piques et leurs grands sabres, les sans-culottes perdirent du terrain. C'est alors qu'ayant pris de l'avance et sachant que ses bourreaux ne portaient pas d'armes à feu, notre bisaïeul eut l'heureuse idée de traverser ostensiblement une grande terre, labourée en billons, dépendant du domaine du Pain-Bénit. Il y mit toutes ses forces, franchissant à chaque enjambée trois et même quatre sillons et se dirigeant en droite ligne vers le chemin creux de Montoz. Arrivés sur la lisière du bois, ses ennemis poussèrent des cris de colère et se remirent à sa poursuite ; mais dans ce sol mouvant, où ils n'avaient pas l'habitude de marcher, ils perdirent encore du terrain.

A l'entrée du chemin creux, Antoine Page put pousser un soupir de soulagement ; il venait d'apercevoir, en se retournant, ses persécuteurs trébuchant au milieu des sillons et les entendait sacrant à qui mieux mieux. Maintenant il pouvait se croire sauvé.

Vers la rivière de Toison, il tourna sur la droite et suivit pendant quelque temps la berge ; puis il tourna encore une fois à angle droit pour revenir vers Résilieux en se dissimulant derrière les haies des prés du Mouton. C'est alors qu'il entendit les appels de ses poursuivants ; ils étaient sur l'autre versant de la vallée de Toison, du côté de Montoz. leurs cris faisaient assez comprendre qu'ils avaient perdu la piste. Désormais il pouvait regagner son domicile à une allure plus modérée ; c'est ce qu'il fit en suivant le chemin des Blanches, le sentier des vignes de Beauregard et du Palais et enfin le chemin creux de Rigolet. Il avait fourni une course d'environ huit kilomètres. Aussi ne faut-il pas s'étonner qu'un si grand effort ait causé des battements de cœur désordonnés chez cet homme âgé de près de cinquante ans. Il dut s'aliter pendant quelque temps et ne recouvra jamais la santé ; il mourut d'une maladie de cœur.

Triste temps que celui où l'on courait risque de la vie parce qu'on avait oublié sa cocarde, ou bien parce qu'il plaisait à un méchant sans-culotte de vous prendre pour un calotin déguisé !

Quelque temps après sa rencontre avec les sans-culottes, Antoine Page, étant au club, eut une aventure qui faillit lui être fatale. Il ne se montrait guère aux réunions publiques et évitait de paraître à la Société populaire. Un jour un de ses amis vint l'avertir qu'il allait être déclaré suspect et mis en arrestation parce que, disait-on, il semblait mépriser les braves sans-culottes. Cet ami lui conseilla de se montrer de temps en temps au club afin qu'on pût certifier son patriotisme. Il crut devoir se rendre à ses raisons et alla au club.

La réunion avait lieu à St Apollinaire. Ce jour-là un individu, que la tradition conservée dans la famille ne nomme pas, était monté dans la chaire et se proposait de haranguer l'assemblée. Mais auparavant il voulut faire parade d'impiété et fit le signe de la croix en disant : « De la tête aux pieds et au « ... le chemin n'est pas loin ». Notre bisaïeul n'était pas accoutumé à ces blasphèmes, et dans son indignation, ne pouvant protester hautement, car c'était inutile et dangereux, il prit le parti de se retirer. Mais à la sortie le gardien du club voulut le retenir. Sans doute il y eut altercation ; toujours est-il que e gardien reçut une maîtresse paire de gifles. Nous avons fait comprendre qu'Antoine Page n'était pas un homme endurant.

D'où plainte du gardien au président du club. Le lendemain notre bisaïeul était amené à la prison de ville de Meximieux pour ensuite être joint aux prisonniers qu'on conduisait de la prison d'Ambronay à Lyon. Il y allait pour lui d'un jugement par devant e tribunal révolutionnaire ; il est fort probable que es juges n'auraient pas remis en liberté un propriétaire qui ne montrait pas des sentiments très passionnés pour la Révolution. Dans cette circonstance périlleuse ses amis ne l'abandonnèrent pas. Un nommé Pierre Moine et plusieurs honnêtes citoyens affirmèrent devant les autorités municipales qu'Antoine Page avait été dans la nécessité de sortir du club ; que le gardien s'était attiré une correction pour l'avoir malhonnêtement interpellé. Cette explication prévalut. De son côté le gardien retira sa plainte ; il y a lieu de croire que le marteau d'or de Philippe manifesta une fois de plus sa puissance Enfin le prisonnier fut rendu à la liberté, mais il l'avait échappée belle.

On a pu remarquer que les sans-culottes parlaient sans cesse de liberté : ils ne pouvaient prononcer le moindre discours sans faire intervenir les grands mots de « sauver la liberté, sauver le peuple ». Mais si on ne pensait pas comme eux, si on n'assistait pas à leurs séances, on faisait vite connaissance avec la prison. Rien ne fait mieux comprendre quelle est la tyrannie de la foule ! Mais de grâce, quand on agit ainsi, qu'on ne parle plus de liberté !

La série des mesures antireligieuses prises par la Convention fut complétée par le décret du 20 brumaire ; dès lors il ne devait plus y avoir aucun culte public. Le curé Papillon, pour se mettre en règle avec la loi, cessa toutes fonctions religieuses. Le lendemain du pillage de son église (13 décembre), il donna sa démission d'officier public et rendit à la municipalité les registres des actes de naissances, mariages et décès. On comprend à quelles pensées obéissait alors le curé intrus. Cependant il allait bientôt être incarcéré tout comme les prêtres fidèles,

En effet dans le procès-verbal de la séance municipale du 5 nivôse (jour de Noël 1793), nous lisons qu'une municipalité provisoire venait d'être nommée par les administrateurs du district de Montluel. Elle se composait de : Charles Bernard, maire ; Jean-François Rivolet, Antoine Martin, Jean-Marie Carrier, Pierre Vincent (1) et Philibert Rodet, officiers municipaux ; et Pijolet, cadet, agent national. Le comité de surveillance, se disant investi de pouvoirs spéciaux par les commissaires chargés de prendre les mesures révolutionnaires dans le district de Montluel, installa les nouveaux municipaux et dressa procès-verbal. Dans la même séance, le juge de paix, Mazoyer, fut requis d'avoir à retirer des papiers du maire destitué, Rudigoz, le registre municipal qui avait été mis sous scellés. (*Arch. Mex.*)

Que s'était-il donc passé ? Le récit de M. Ruivet va nous l'apprendre.

« La veille de Noël 1793, dit-il, j'étais secrètement « occupé, dans la ville de Montluel, à confesser « quelques catholiques fervents qui désiraient s'ap- « procher de la sainte table, lorsque tout à coup on « vint me prévenir en grande hâte qu'il se prépa- « rait dans la ville quelque expédition sinistre ; « que la garde nationale était sous les armes et un « canon sur son affût prêt à partir. Je renvoie aux « enquêtes et cependant je prends mes précautions.

(1) La famille Vincent, dont quelques membres habitent Meximieux, n'a rien de commun avec les Vincent dont il est ici parlé.

« L'exprès ne tarda pas à revenir et m'annonça que « la garde nationale était partie avec son comman- « dant et le canon en tête, se dirigeant du côté de « Meximieux. Je célébrai donc en paix la messe de « minuit.

« Le lendemain matin, on me rapporte que la force « armée de Montluel est allée surprendre à Mexi- « mieux, par l'avis donné au district, le prêtre cons- « titutionnel qui devait célébrer l'office de minuit « avec l'assentiment de l'autorité locale ; qu'en effet « elle avait amené en prison le curé constitutionnel, « M. Papillon, et plusieurs membres de la munici- « palité qui avaient assisté à la messe. Meximieux « réclama les membres de la municipalité et M. Pa- « pillon. Le district relâcha les premiers et non le « dernier » (1).

Ainsi le fait gravement répréhensible qui avait mis sur pied la force armée de Montluel, provoqué la destitution d'une municipalité, amené l'emprisonnement de citoyens inoffensifs, c'est l'assistance à une messe de minuit !

La dénonciation était partie de la société des sans-culottes et du comité de surveillance. La nouvelle municipalité ne laissa pas languir les choses. Le curé constitutionnel avait été arrêté à deux heures du matin et emmené à Montluel dans la matinée ; à quatre heures du soir, le juge de paix, assisté du conseiller Martin et de Michel Mollion, membre du

(1) Notes manuscrites de M. Ruivet, publiées par M Cattin p. 389.

comité de surveillance, faisait une perquisition à la cure et emportait à la maison commune tous les documents qui concernaient la municipalité.

La fin du récit de M. Ruivet contient une légère inexactitude. Tous les prisonniers arrêtés à Meximieux dans la nuit de Noël, le curé compris, furent relâchés par ordre du représentant Gouly après vingt jours de captivité, mais à condition qu'ils resteraient sous la surveillance de la société des sans-culottes de leur commune (1). Fort de cet arrêté, l'ex-maire Rudigoz se présenta le lendemain devant la municipalité et demanda la levée des scellés apposés sur les papiers de tous les détenus. Le conseil n'avait qu'à s'exécuter ; ordre fut donné au juge de paix d'enlever les scellés apposés aux domiciles de : Humbert Rudigoz, Jean Moiffon, Joseph Brisson, Antoine Derrias, Jean Gallian, Joseph Moine dit Germain, Joseph Venard et François Papillon. *(Arch. Mex.)*

Le procès-verbal de cette levée de scellés n'existe pas dans le registre municipal. Si elle eut lieu, ce ne fut pas pour longtemps. Car deux semaines plus tard venait un ordre du district prescrivant à la municipalité de Meximieux de faire réintégrer la prison de Montluel à tous ceux qui avaient été élargis par ordre de Gouly et nommément aux détenus du 5 nivôse (2). Et la municipalité s'exécutait ; elle faisait même réapposer les scellés sur les meubles du cha-

(1) Arrêté du 25 nivôse, an II.

(2) Voir pièce justificative, n° 8.

noine Jacquemet, et il n'y avait que sept jours qu'on les avait levés.

Cette affaire d'arrestation nous fait bien comprendre l'état d'apeurement et de versatilité dans lequel le régime de la Terreur avait jeté les municipalités. Dans l'espace de huit jours, celle de Meximieux fait lever et réapposer les scellés sur les mêmes meubles ; rend des biens libres et les faits séquestrer à nouveau ; reçoit des compatriotes mis en liberté et les fait reconduire en prison. C'est qu'à un représentant du peuple modéré avait succédé le despote Albitte ; ce changement avait suffi pour retourner les idées des municipaux. On avait peur !

La société des sans-culottes triomphait ; la consternation des familles, les larmes des détenus, les mettaient peu en peine. Autant pour fêter leur propre triomphe que pour célébrer la reprise de Toulon sur les Anglais, ils poussent la municipalité à décider qu'un banquet civique aurait lieu sur la place de la Liberté (Vaugelas) : à ce banquet devaient assister tous les citoyens. Le programme disait : « qu'on « manifesterait sa joie par des chansons patrioti- « ques ; — que les maisons seraient illuminées pen- « dant deux heures; — que les sans-culottes régle- « raient la *marche* de la fête ; — que ceux qui ne se « conformeraient pas au présent arrêté seraient « regardés comme suspects et *ennemis du bonheur* « *public.* » *(Arch. Mex.)*

Obliger tous les citoyens à dîner en pleine place publique, au mois de janvier, cela paraît déjà exorbitant ; mais dire qu'on traitera les absents d'ennemis du bonheur public, cela ne se comprend plus. Quelle ingéniosité on dépensait pour trouver des ennemis à la nation ! Et cela passait ! Décidément il n'y a rien de tel que les grands mots pour faire marcher les foules !

CHAPITRE Xᵉ

Saint Apollinaire devient temple de la Raison. — Inventaire des meubles et titres de la fabrique. — Les clochers démolis. — Démolitions au château. — Municipalité d'Albitte. — Michel Mollion, juge de paix. — Dons patriotiques. — Marque de bestiaux.

Après le décret de la Convention prononçant l'abolition en France du culte catholique et son remplacement par le culte de la Raison, les églises étaient restées vides. L'arrêté du représentant Javogues (15 frimaire an II — 5 déc. 1793) leur fixa une nouvelle destination. L'art. 1ᵉʳ de cet arrêté disait en effet: « Tous les édifices existants dans les « départements de Saône-et-Loire et de l'Ain con- « nus sous le nom d'églises, seront provisoirement « convertis en sociétés populaires et en temples de « la Raison, où les républicains pourront s'assem- « bler.... » (1).

Pour se conformer à cet arrêté, la municipalité de Meximieux décida, dans sa délibération du 7 nivôse (27 décembre 1793), que son temple serait l'ex-église St Apollinaire ; on s'y rassemblerait chaque décadi;

(1) Le même jour où cet arrêté était rendu, on fusillait dans la plaine des Brotteaux deux cent dix-huit citoyens lyonnais coupables de n'avoir pas consenti à devenir les victimes de la tyrannie de Chalier.

là se ferait la publication des lois ; la lecture en serait confiée à un conseiller municipal assisté de lecteurs choisis par la société des sans-culottes ; les réunions se tiendraient à deux heures de l'après-midi et seraient annoncées par le son de la cloche (1). Puis le procès-verbal ajoute : « Comme le « temple de la Raison ne doit servir que pour y « prêcher la morale, l'amour de la patrie, les prin- « cipes de liberté et d'égalité, tous les objets mon- « trant un culte dominant, doivent en être extraits, « arrêtons : que le Christ suspendu audit temple et « autres objets semblables seront extraits ; des ou- « vriers seront requis à ce, moyennant salaire ».

« Signé . Ch. Bernard, maire ; J.-M. Car- « rier, Pierre Vincent, et Pierre Pijolet, officiers « municipaux ». *(Arch. Mex.)*

La municipalité provisoire n'avait que deux jours d'existence ; elle inaugurait bien son administration. Cependant il faut constater que quatre de ses membres seulement portent devant l'histoire la responsabilité de la profanation de l'église paroissiale.

Le même jour le maire Bernard, Vincent et Carrier, officiers municipaux, auxquels avait dû s'adjoindre François Rivolet, trésorier de la confrérie du St-Sacrement, procédèrent à l'inventaire du mobilier et des titres de la fabrique. Un décret du 13 brumaire an II (3 nov. 1793) avait déclaré propriété nationale tout l'actif des fabriques, quelle qu'en fût la nature. Aussi nous voyons que c'est la

(1) La dernière cloche de St Apollinaire ne fut descendue qu'un mois et demi plus tard le 13 février 1794.

municipalité qui en dresse l'inventaire ; elle ne fait paraître devant elle les courriers, ou trésoriers, des confréries que pour leur faire rendre compte de leur gestion. Les luminiers André Léon et Jean Jouteur, les courriers de la confrérie du St Sacrement Jean-Marie Jacquemet et Jean-François Rivolet, présentèrent leurs comptes le 20 nivôse (9 janvier 1794). Ceux de la fabrique se soldaient par un reliquat de 84 liv. et 12 sols ; ceux de la confrérie donnaient un excédent de 259 liv. et 13 sols. Sur ces sommes, 314 liv. étaient dues à un M. Albert, marbrier à Lyon pour solde d'une plus forte somme de 710 liv., à laquelle se montait l'achat d'un autel qui avait été posé au commencement de l'année. La commune donna quittance du tout. *(Arch. Mex.)*.

Nous donnons aux pièces justificatives une partie de cet inventaire ; par là on pourra connaître à quelque chose près quelle était la composition du mobilier servant au culte de l'église St Apollinaire (1).

Le représentant Javogues avait donné une nouvelle destination aux églises. Albitte, un de ses successeurs, eut une autre idée : il trouva que les édifices religieux par leur élévation blessaient l'égalité républicaine. Cette trouvaille provenait sans doute du culte de la Raison pure que professait le proconsul. En outre il affirmait sans sourciller que tous ces édifices, étant propriétés de la nation, il était juste que le peuple rentrât dans la jouissance de ces biens trop longtemps usurpés... Et la conclusion se trou-

(1) Voir pièces justificatives n° 9.

vait être qu'il fallait démolir les clochers jusqu'au niveau des églises ! C'est en effet ce qu'ordonnait son arrêté du 7 pluviôse an II (26 janvier 1794). Les métaux provenant des démolitions devaient être mis à la disposition des administrateurs de districts ; les bois ou autres matériaux, vendus « au « profit des citoyens les plus pauvres de la com- « mune ».

Dès que cet arrêté fut connu à Meximieux, les municipaux se mirent en mesure de le faire exécuter, dans leur séance du 24 pluviôse (12 février), ils votèrent la démolition des deux clochers de St Jean et de St Apollinaire. Le lendemain, à neuf heures du matin, s'ouvraient les enchères pour l'adjudication au rabais des travaux à exécuter. — On ne perdait pas de temps à Meximieux ! — L'adjudication fut tranchée en faveur de Philibert Dégabriel de Rignieu-le-Franc, qui fournit pour caution Jacques Baugiron, dit Bougeraut, du Bourg-Saint-Christophe et Claude Narjon de Meximieux. Le travail devait être payé 1200 liv.; la durée de la démolition ne devait pas excéder deux mois, à peine de la retenue d'un sixième du prix convenu.

Les travaux s'exécutèrent rapidement. Les clochers furent rasés jusqu'au niveau des églises et recouverts comme elles d'un toit à deux pans ; les bois des toitures et des beffrois, entassés dans chaque église ; la cloche et ses cordes ainsi que l'horloge publique, fermées dans la sacristie. Quant au grand Christ, avec son support en fer et autres pièces de métal, on les transporta à la mairie en attendant leur destination que fixerait le district. *(Arch. Mex.)*

Deux mois après, 25 germinal an II (14 avril 1794). on pouvait faire la vente des matériaux provenant des démolitions. Les enchères produisirent une somme de 485 liv., pour ce qui provenait de l'église St Jean, et de 943 liv., pour les matériaux de Saint Apollinaire ; en tout 1428 livres.

Les acquéreurs furent : Jean-B[te] Lacua, Antoine Martin, Pierre Pijolet cadet, Pierre Bougeraut, Jean Gordias et le citoyen Arlès. *(Arch. Mex.)*

Il y en eut qui demandèrent à acquérir ces matériaux avant l'adjudication : quel était leur but ?

Si du produit de la vente on défalque la somme payée à l'adjudicataire, il reste deux cent vingt-huit livres. Encore n'est-ce pas le produit net de cet acte de vandalisme ; car il y eut de nombreuses dégradations accidentelles sans compter la destruction de l'horloge publique. Et c'est pour ce maigre résultat qu'on se payait la perte de deux édifices ! Et dire qu'il ne se trouvait personne pour protester contre ces démolitions insensées, qu'on se hâtait de les faire exécuter ! — C'est à n'y pas croire.

D'après M. de La Teyssonnière, l'Ain est le seul département de France où il se soit exercé tant de destructions. Sur 600 clochers qui pouvaient exister sur la surface de ce département il n'en resta qu'un ou deux. On cite celui de Pouilleux, commune de Reyrieux, comme ayant été préservé grâce à l'énergie d'un fermier qui déclara bien haut qu'il tirerait avec son fusil sur le premier individu qui monterait au clocher pour le démolir. Personne n'osa s'exposer au coup de fusil du terrible fermier.

Si dans chaque pays quelques hommes avaient montré la même intrépidité, la France n'aurait pas connu le régime de la Terreur.

Après les clochers vint le tour du château. En conformité de l'arrêté d'Albitte (8 pluviôse — 27 janvier 1794), le conseil municipal avait décidé que le château de Meximieux n'étant pas un château fort serait conservé. « Cependant, ajoutait-on, il existe une tour très forte et indépendante du château qui mérite d'être abattue, ainsi qu'une petite tour servant de pigeonnier ; qu'il est aussi nécessaire de faire disparaître deux pavillons qui sont au nord dudit château, lesquels doivent être rasés au niveau des toits ; Arrête (le conseil) : que copie du présent sera envoyé au directoire pour qu'il ait à faire donner l'adjudication desdites démolitions aux frais de la nation. »

Ces conseillers étaient des gens habiles. Ils veulent conserver et démolir ; le pigeonnier les gênait, ils ne manquent pas d'en demander la démolition ; enfin si leur acte de vandalisme exigeait une dépense, ils veulent que la nation, et non la commune, en supporte le poids. Peut-être était-ce une manière ironique de se venger de la tyrannie que faisait peser sur eux le représentant de la Convention.

L'adjudication fut donnée à Montluel le 2 avril, et consentie en faveur des citoyens Arfouilloux et Dégabriel, maçons. Les travaux commencés de suite furent poussés avec activité. C'est ce que nous apprend le procès-verbal de la séance municipale du 1er juin, où lecture fut faite du rapport de Mazoyer et Gaubin. Ce rapport disait « que la tour du cy-devant château avait été bien démolie, que cependant par sa chute elle avait occasionné l'écroulement d'une autre petite tour à l'angle, du côté du soir, de l'écurie des vaches, dont une partie s'est effondrée aussi; mais l'écroulement de la petite tour en a évité la démolition, y étant sujette à cause de de ses créneaux ; de même ont brisé une petite farinière en chêne placée sur le plancher, au-dessus du four ; mais ces articles ne doivent pas être mis à leur charge, sinon la petite porte qui communique à l'escalier tendant du four à la chambre au-dessus, qui est déplacée, et une lézarde dans le mur du four qu'ils ont faite.

« Le conseil délibérant arrête, d'après le rapport Mazoyer-Gaubin, que la porte au bas du four rétablie, ainsi que la lézarde, mentionnée dans le rapport, bouchée, il y a lieu à ce que lesdits Dégabriel et Arfouilloux soient soldés du montant de leur adjudication. »

(*Arch. Meximieux*, délib. du 13 prairial, 1er juin 1794).

En lisant ces lignes on est frappé de l'inconscience de ces municipaux qui parlent d'un acte de vandalisme, d'une destruction insensée, comme d'un fait tout naturel. Ils auraient délibéré sur le labour d'un champ, sur la moisson d'une récolte, qu'ils ne se seraient pas exprimés d'une autre manière. Ils ne voient qu'une petite porte à remettre en place, une lézarde à boucher, et, cela fait, tout est bien ; le district n'a plus qu'à payer. Tant il est vrai que les passions politiques ont pour effet ordinaire d'oblitérer l'intelligence et le jugement (1).

La municipalité provisoire du 5 nivôse se vit confirmée dans ses fonctions par Albitte. L'arrêté est daté de Chambéry, 17 mars 1794 ; donnons-le dans son entier.

« Au nom du peuple français ;

« Albitte, représentant du peuple, envoyé pour l'exécution des mesures de salut public et l'établissement du gouvernement révolutionnaire dans les départements de l'Ain et du Mont-Blanc,

« Considérant que le premier devoir, qui lui est imposé par sa mission, est de procéder à la réorganisation et épuration des autorités constituées des départements dans lesquels il est envoyé ;

« Après avoir pris les renseignements les plus scrupuleux et les plus précis, et consulté l'opinion de la société populaire, des nouveaux administrateurs et des commissaires ad hoc ;

« En vertu des pouvoirs dont il est revêtu ;

« Arrête ce qui suit :

« Art. Ier. — La municipalité de Meximieux sera définitivement composée ainsi qu'il suit :

(1) Ce qui rend les municipaux de Meximieux inexcusables c'est qu'ils faisaient opérer ces démolitions quand Albitte n'était plus dans le département : il était parti le 2 mai précédent.

« Maire : Charles Bernard, propriétaire, actif et intelligent ;

« Agent national : Pierre Pijolet cadet, aubergiste, très vif et intelligent ;

« Officiers municipaux : Jean-François Rivolet, bourrelier, actif et intelligent ; Jean-Marie Carrier, médecin, réfléchi ; Pierre Vincent, tailleur d'habits, intelligent ; Antoine Martin, aubergiste, actif ; Claude-François Mazoyer, juge de paix, intelligent ;

« Notables : André Léon, épicier, réfléchi ; Jérome George, peigneur de chanvre, réfléchi ; Etienne Guichardet, vigneron, timide ; Joseph Bonnardel, officier de santé, vif ; Jean-Marie Jacquemet, laboureur ; François Gaubin, charpentier, intelligent ; Jean-Fortuné Rodet, aubergiste-étapier, réfléchi ; Claude Portallier, propriétaire-cultivateur, vif ; François Pittion, vigneron, froid ; Michel Soffray, cultivateur-propriétaire, caractère bressan ; Claude Gallard, vigneron, intelligent ;

« Secrétaire de la municipalité : citoyen B. George, agriculteur, timide et exact.

« Art. II. — Les citoyens ci-dessus désignés sont investis dès ce moment, au nom de la loi, des pouvoirs attachés à leurs fonctions, comptables envers la patrie de leurs talents et de leurs vertus, et sous la responsabilité terrible imposée par les lois aux fonctionnaires publics (1).

(1) Il est fait allusion ici au décret du 16-23 Août 1793 qui prononce la peine de dix ans de fers contre les administrateurs qui suspendraient l'exécution des arrêtés des représentants du peuple. Avec ces décrets, on faisait agir les municipalités au doigt et à l'œil.

« Art. III. — L'application des lois révolutionnaires et des mesures de sûreté générale et de salut public est confiée aux municipalités et aux comités de surveillance. Les membres composant la municipalité de Meximieux sont chargés de cet honorable emploi ; ils doivent s'occuper sans relâche du bonheur de la commune, du maintien de la Liberté, de l'Egalité et des lois dont l'exécution leur est confiée sous la plus sévère garantie.

« Art. IV. — Copie du présent arrêté sera insérée au registre du conseil de la commune, imprimée, publiée et affichée dans l'étendue de son arrondissement. Copie certifiée en sera envoyée à la Convention nationale, au Comité de Salut public, et aux administrateurs du département de l'Ain et du district de Montluel, à la diligence de l'agent national près la commune.

« Vive la République.

ALBITTE

« Fait à Chambéry, le 27 nivôse an II de la République française une, indivisible et démocratique. » (*Arch. Mex.*)

Ceux qui de nos jours croient avoir trouvé la fiche indicatrice et dénonciatrice des fonctionnaires de la troisième république sont dans l'erreur; ils ne sont que les plagiaires d'Albitte. L'arrêté ci-dessus reproduit le montre clairement.

Cette municipalité fut installée huit jours plus tard, le 5 germinal (25 mars 1794), par les citoyens Grand et Chenevier, l'un agent national et l'autre président du district de Montluel. L'installation eut lieu pendant une séance de la société des sans-culottes, car au temps d'Albitte ils commandaient en maîtres. Sur réquisition de l'agent national du district, le citoyen Chenevier prononça à haute voix le serment républicain en ces termes : « Je jure de « maintenir la liberté, l'égalité, l'unité et l'indivisi« bilité de la République ; de remplir avec zèle et « exactitude les fonctions publiques qui me sont « confiées, de vivre et de mourir républicain et à « mon poste ; je jure d'exterminer les *tirans* et « tous les conspirateurs».

Tous les fonctionnaires prononcèrent individuellement le même serment en disant : « Je le jure ! » Après quoi les élus, non du peuple, mais d'Albitte ou des sans-culottes, purent entrer en fonctions.

Nous ne pouvons nous empêcher de sourire quand nous songeons que la plupart de ces prêteurs de serment, y compris Chenevier, furent bien aises de mourir royalistes, sous le règne de ces tyrans qu'ils n'avaient plus envie d'exterminer.

Ces prestations de serment, où l'on voyait inévitablement figurer les *tyrans* et les *conspirateurs*, devaient paraître grandioses, mais sinistres aussi, à ceux qui en étaient témoins. Les circonstances difficiles au milieu desquelles on vivait, la tyrannie de quelques meneurs, la défiance dont on était obligé de s'armer pour n'être pas surpris, tout, jusqu'au costume bizarre porté par les citoyens à cette époque, se trouvait combiné pour faire impression sur les foules. Ce n'était plus le temps des gaîtés populaires!

Mais ce qui parait le plus étrange dans cette séance, c'est l'installation de Michel Mollion comme juge de paix. Mazoyer dut être fier d'avoir un tel successeur.

Michel Mollion, père, était vigneron. Savait-il manier la pioche? Nous nous plaisons à le croire. En outre de cela, les anciens disaient qu'il parlait beaucoup et criait fort : c'était tout son mérite. Ardent sans-culotte, déjà parvenu à la présidence de la société populaire, il allait encore guider ses concitoyens dans les voies de la justice. Quelques hommes réfléchis se permirent de penser que cette cette nomination était un défi porté au bon sens public; on ne les écouta guère. Cependant la seule vue de la signature que le nouveau magistrat apposa au bas du procès-verbal de son installation prouverait qu'ils n'avaient pas tort. La voici :

mollion
juje d pais.

Si cette signature était décalquée sur l'original, au lieu d'être simplement reproduite, elle serait bien plus suggestive.

A propos de la nomination de cette municipalité d'Albitte, nous devons faire remarquer que l'idée des élections avait disparu. Au commencement de la révolution on voulait tout élire : députés, juges, administrateurs, évêques, curés, tout devait sortir du bulletin de vote. C'était l'aurore aux doigts de rose de la liberté. La constitution de 1793 donnait même au peuple le droit d'approuver ou de rejeter les lois. Et voilà que trois mois plus tard, il y a changement complet: Le gouvernement est déclaré révolutionnaire jusqu'à la paix; le peuple n'est bon qu'à obéir aux arrêtés des proconsuls et aux injonctions des sans-culottes, mais qu'on ne parle pas de voter. Lors de la nomination de la municipalité de l'an III (2 pluviôse — 21 janvier 1795), on trouve même dans les registres de la commune, cette phrase qui est à retenir: « Après son installation, le conseil continuant la séance décide que l'arrêté des représentants Teiller et Richaud sera publié dans toute l'étendue de la commune afin de faire connaître au peuple quels sont ses magistrats. »

Et jamais on n'avait tant parlé de liberté; on prodiguait le mot, mais on confisquait la chose. C'était aussi le moment que la Convention avait choisi pour ordonner la plantation d'un second arbre de la Liberté (3 ventôse an II. — 21 février 1794). Il y a des coïncidences qui renferment en elles-mêmes d'amères ironies.

Quelques jours avant l'installation définitive de la nouvelle municipalité, le citoyen Beaublez, commissaire nommé pour recueillir les dons patriotiques en faveur de l'armée, vint rendre compte de sa mission (23 ventôse). Il annonça que Meximieux et son canton avaient fourni 442 chemises et 4121 liv. 12 sols en assignats et en espèces monnayées. Ce riche don devait être envoyé au district, à l'exception de 2.980 liv. 17 sols « que les citoyens de Meximieux ont destinées pour faire des cavaliers jacobins, les monter et les équiper. » (*Arch. Mex.*)

Ainsi les sans-culottes avaient dirigé la souscription ils en gardaient une bonne partie car ils voulaient posséder leur petite armée révolutionnaire.

Dans la séance du même jour on décida que par la voiture du citoyen Antoine Martin serait conduit à Montluel « tout ce qui s'était trouvé à l'église St Apollinaire : ornements, chasubles, et *toutes ustensiles* servant au culte, les fers, les cordages... » Le voiturier devait rapporter un reçu (1). (*Arch. Mex.*)

A la date du 17 floréal, nous trouvons un arrêté, peut-être le plus bizarre parmi ceux qui ont été pris à cette époque. L'article Ier disait : « Un recensement sera fait de tous les chevaux, juments, poulains, mulets, bœufs, vaches, veaux, génisses, moutons, brebis, béliers, chèvres, chevreaux et porcs, et ils seront marqués sur la cuisse droite par les lettres R. D. (*République démocratique.*) »

Il est bien permis de penser qu'un tel arrêté marquait le régime de la démence !

Dans sa séance du 21 prairial la municipalité de Meximieux nomma gravement deux commissaires : Joseph Jacquemet et le fils Villemagne, à qui elle commanda de faire exécuter le dispositif dudit arrêté et cela à leurs risques et périls. (*Arch. Mex.*)

Franchement on dirait que ces municipaux sont de vrais pince-sans-rire quand ils avertissent leurs

(1) Le voiturier d'Antoine Martin était à cette époque Jean Lœillet, de la Côte, homme renommé par sa force extraordinaire et par sa taille remarquable : chacun dans le pays sait que de son pouce il couvrait un écu de six livres, et de son petit doigt, un louis de vingt-quatre livres. Est-ce lui qui voitura à Montluel les objets enlevés à l'église?

collègues qu'ils auront à recevoir, à leurs risques et périls, quelques coups de pied de cheval ou de corne de bœuf, à entendre bêler les chèvres et les moutons, dans le seul but d'exécuter un ridicule arrêté (1).

Cela nous remet en mémoire un arrêté non moins bizarre pris par le district de Commune Affranchie (Lyon). Cet arrêté prescrivait : de ne laisser aucune terre inculte et de défricher « ces champs que les « riches avaient consacrés à leurs plaisirs privant le « pauvre des ressources qu'aurait fournies leur fer- « tilité ! » Les paysans mirent tant de zèle à appliquer ces maximes dans les propriétés placées sous séquestre qu'en peu de temps il n'y aurait eu ni parcs, ni allées, ni arbres, ni verdure. Il fallut se hâter de rapporter le merveilleux arrêté. Exemple frappant du danger qu'il y a d'adresser au peuple des phrases à grand fracas, mais à double effet.

(1) La marque en fer fut faite par Rivolet, serrurier, le prix en est porté sur le compte de dépenses de la commune.

CHAPITRE XIe

Persécution religieuse. — Calendrier républicain. — Obligation d'observer le décadi. — La fête de Marat et la procession de l'âne. — Le curé de Samans. — Rétractation de M. Papillon dans la prison de Montluel. — Fête de l'Etre-Suprême. — La fête de St Jean en 1794.

Il est hors de doute que le but de la Révolution était de détruire la religion catholique en France. Cette déchristianisation avait été préparée de longue main au moyen d'une habile campagne menée par les Encyclopédistes et les Voltariens. Que d'écrits irréligieux furent répandus dans la société française pendant plus d'un demi-siècle ! Toutes ces publications convergeaient vers un même point : battre en brèche la religion et préparer les esprits à un nouvel ordre de choses. La franc-maçonnerie se chargeait d'exécuter le programme des gens de lettres.

Nous avons vu l'Assemblée constituante entreprenant résolument cette œuvre de déchristianisation. Sous prétexte de payer la dette de l'Etat, elle déclara biens nationaux toutes les propriétés des églises et du clergé. Puis le gouvernement étend son décret à la confiscation des meubles, des ornements, des titres de rente ; enfin il s'empare des métaux utilisables qu'il trouve dans les édifices religieux. On dirait que rien ne peut satisfaire son avidité.

L'Eglise de France ainsi dépouillée se voit encore séparée du centre de la catholicité par la Constitution civile du clergé. Les prêtres sont mis dans l'alternative, ou d'être infidèles à leurs premiers serments en faisant profession de schisme, ou bien de partir pour l'exil. Ceux qui n'ont pas prêté le serment schismatique, ceux que leur zèle pour la religion a fait rester en France, sont sans cesse menacés de la prison et même de la mort.

C'est dans ces circonstances que la Convention, poursuivant l'œuvre antireligieuse, essaya de remplacer le calendrier religieux par un calendrier dit républicain : elle prétendit par là détrôner Dieu et ses saints, mettant à leur place la Raison. Et la raison humaine ne s'aperçut pas qu'elle ne savait que se fâcher contre ceux qui ne pensaient pas comme elle, et envoyer à l'échafaud ceux qu'elle aurait dû s'efforcer de protéger.

Le Calendrier républicain fut l'œuvre de Fabre d'Eglantine. Il se composait de douze mois : vendémiaire, brumaire et frimaire ; nivôse, pluviôse et ventôse ; germinal, floréal, prairial; messidor, thermidor et fructidor. Chaque mois renfermait trente jours ; il se divisait en trois décades de dix jours ; le dixième jour portait le nom de décadi. En plus de ces douze mois l'année comprenait encore cinq jours consacrés aux fêtes *sans-culottides*, enfin l'année bissextile comptait un sixième jour sans-culottide dédié à la fête de la Révolution. Après la chute de Robespierre les jours sans-culottides furent appelés *complémentaires.*

Ce calendrier, adopté par la Convention le 5 octobre, fut en usage depuis la fin de 1793 jusqu'en janvier 1806, c'est-à-dire pendant douze ans et deux mois. Mais comme on faisait remonter l'ère républicaine au 22 septembre 1792, il s'en suit que le cycle républicain compta en réalité quatorze années.

Comme on voulait établir le culte de la Raison pure, on essaya de faire oublier les fêtes de l'Eglise en supprimant les noms de saints. Ainsi on ne devait plus chanter de joyeux Noël, le 25 décembre était consacré au *chien* ;— on ne parlera plus des rois mages adorateurs de l'Enfant Jésus, le jour de l'Epiphanie est devenu le jour de la *Pierre à chaux ;* la Toussaint est remplacée par le *salsifi ;* à la fête de la Nativité de la Vierge, la République substitue la fête de la *noisette ;* — à l'Annonciation celle de la *poule ;* — à l'Assomption, celle du *lupin ;* — au lieu des Saints Innocents, on célèbre la fête du fumier ; au lieu des Saints Anges Gardiens, on a le jour de la *pomme de terre ;* — Ste Geneviève, la douce patronne de Paris, céde la place à la mâche ; — le roi saint Louis est détrôné par l'*apocyn ;* — saint Martin est remplacé par la bacchante; — le patron du Poitou, saint Hilaire, devient le *chat*... etc.

On voulut aussi faire disparaître les noms de saints que portent bon nombre de pays. Pour ne parler que du département de l'Ain, nous voyons par les actes publics que St-Rambert fut dénommé Montferme ; — St-Denis devint La Montagne; — Bourg-

St-Christophe, Bourg-sans-Fontaine ; — St-Vulbas, Claire-Fontaine ; — St-Amour, Franc-Amour ; — St-Maurice-de-Gourdans, Gourdans-la-Rivière; —St-Nizier-le-Désert, Désert défriché; — St-Jean-le-Vieux, Vieux d'Oiselon : — St-Jean-de-Niost, Niost tout court ; — St-Claude, Condat-Montagne ; — St-Eloy, Eloy-sur-Longevent ; — Ste-Croix, le Marais... etc.

Est-ce qu'on voulait aussi faire perdre le souvenir de tout ce qui rappelait l'ancienne France ? On serait tenté de le croire quand on constate que le nom de Rignieu-le-Franc fut changé en celui de Rignieu-sur-Thoyson.

Le bon sens populaire a fait justice depuis longtemps de toutes ces billevesées. Mais on a le droit de s'étonner que des hommes intelligents comme Louis Blanc, Michelet, Edgar Quinet, soient tombés en admiration devant cette œuvre de Fabre d'Eglantine. Pour ces écrivains ce serait « le calendrier « vrai où la nature elle-même dans la langue char- « mante de ses fleurs, de ses fruits... nomme les « phases de l'année. » Les exemples cités plus haut ne nous font guère apercevoir cette langue charmante et poétique. Mais ce qu'on voit très bien, c'est qu'on a voulu détruire et faire oublier la poésie des vieilles fêtes chrétiennes.

Vers la fin de 1793, on comptait bien les jours et les mois d'après le nouveau calendrier, mais la division du mois en décades, au lieu de la division en semaines, ainsi que l'observation des fêtes de la République n'entraient pas dans les idées du public. Aussi les administrateurs de plusieurs districts, notamment ceux de Montluel, Châtillon-les-Dombes, Pont-de-Vaux, se crurent-ils obligés de faire placarder des affiches ordonnant de chômer les jours de fêtes républicaines et de décadi (1).

La population de Meximieux était restée chrétienne : elle continuait à respecter le dimanche comme par le passé et ne montrait guère que des railleries et du mépris pour ce qu'elle appelait : « *les simagrées du cuble* (club). » Cet état des esprits irrita quelques fanatiques, qui exercèrent une pression efficace sur la municipalité. Celle-ci, qui n'était pas encore définitivement installée, saisit cette occasion de plaire aux sans-culottes et à leur maître Albitte. Aussi le 2 germinal (22 mars 1794) prit-elle la délibération suivante que nous donnons intégralement ; sans doute les municipaux s'inspirèrent des affiches dont nous avons parlé, mais leur délibération les laisse loin derrière elle.

« Le deuxième jour de germinal, l'an second de la République française, une, indivisible et démocratique, le conseil municipal étant assemblé en séance publique et permanente ; vu la pétition de la société populaire de cette commune, qui invite la municipalité d'aviser au moyen d'extirper les restes du fanatisme et de prendre toutes les précautions nécessaires pour les faire disparaître, notamment d'empêcher certains individus de célébrer encore par des apparences extérieures ce qu'on appelait cy-devant fêtes et dimanches ;

(1) De semblables affiches furent apposées à Villefranche et à Belleville.

« La municipalité délibérant et considérant que rien n'est plus urgent que de détruire tout ce qui peut encore réveiller les anciens préjugés ; qu'il serait indigne des républicains, qui ont juré de suivre la Révolution, d'être encore attachés à des anciennes erreurs, qui étaient d'autant plus absurdes, que les prêtres même qui les avaient inventées, viennent d'y renoncer et de les abjurer solennellement (1);

« Ouï le citoyen Vincent, officier municipal, remplaçant l'agent national absent;

« Considérant que la commune de Meximieux, étant chef-lieu de canton, doit donner elle-même l'exemple de suivre scrupuleusement la marche révolutionnaire, d'autant plus que les communes environnantes semblent se modeler sur sa conduite;

« Considérant encore que plusieurs cultivateurs, faibles et fanatiques, *perdent un temps précieux à la République en privant l'agriculture de leurs bras*, en célébrant encore ces jours indiqués par les prêtres;

« La municipalité, voulant faire tous ses efforts pour ramener les citoyens aux vrais principes républicains, voyant que jusqu'à cette heure les *moyens de persuasion* (2) qu'elle a employés ont été presque infructueux;

« Arrête : qu'elle ne reconnaît dorénavant que les fêtes nationales, telles que les décadis et les fêtes

(1) Allusion à la déclaration du curé de Samans, il en est parlé plus loin.

(2) Par exemple, l'arrestation du curé Papillon, du maire Rudigoz et d'autres citoyens, douce persuasion !

instituées par la Convention. Elle invite tous les citoyens de s'abstenir, ce jour-là, de tout travail et de témoigner par tous les moyens la joie et l'allégresse qu'ils ressentent de leur institution.

« Il est fait défense à tout citoyen de paraître dans les rues et les places publiques, comme ils le faisaient autrefois, les jours qu'on appelait dimanches, sous peine *d'être puni révolutionnairement* (?). Il est enjoint à tout citoyen, sous peine de paraître suspect et hors des principes de la Révolution, de s'occuper, ces jours-là, de leurs travaux ordinaires; et dans le cas où les domestiques ne voudraient pas, d'après les ordres de leurs maîtres, suivre leurs travaux, il est enjoint à ces derniers de les dénoncer afin de mettre la municipalité en état de les punir. Il est aussi enjoint à tous les marchands et artisans de tenir leurs boutiques ouvertes et de travailler.

« Défenses sont faites à tous les cabaretiers, aubergistes, de vendre chez eux, ces jours-là, aucun vin aux cytoyens de la commune, ni même à ceux d'une lieue à la ronde, sous peine de dix livres d'amende pour la première fois et de plus grandes peines en cas de récidive (1).

« Et pour veiller à l'exécution du présent, le commandant de la garde nationale sera requis de faire monter, ce jour-là, une garde de quinze à vingt hommes, choisis parmi les sans-culottes et républicains bien connus, qui seront tenus de traduire par devant la municipalité tous les contrevenants au présent arrêté.

(1) Pijolet, agent national, était aubergiste ; ce paragraphe dut le gêner, c'est peut-être ce qui motiva son absence

« La même garde sera montée les jours de décadis. afin de veiller à ce que personne ne semble travailler ce jour solennel. La municipalité espère du zèle des bons citoyens de la commune, qu'ils s'empresseront de seconder ses vœux, en donnant eux-mêmes l'exemple.

« Et comme les sans-culottes doivent toujours être les premiers à monter l'esprit public, en donnant l'exemple d'obéissance au présent arrêté; qu'il serait indigne de la Société de souffrir dans son sein des membres qui ne s'y soumettraient pas et sembleraient encore regretter les anciens préjugés ;

« La municipalité arrête : qu'extrait du présent sera lu dans la séance populaire de ce soir, convoquée extraordinairement, où invitation sera faite à la société de nommer dans son sein un comité de plusieurs membres bien connus, qui seront chargés de surveiller les membres de la société qui ne s'occuperaient pas de leurs travaux ordinaires et de les dénoncer à la société pour être appelés au comité épuratoire.

« Le présent arrêté sera lu, publié, dans toute l'étendue de la commune et affiché au lieu ordinaire.

« Fait et clos en la maison commune de Meximieux, les jour et an susdits.»

Signé : Bernard maire, Vincent, Carrier, Rodet. Rivolet. (*Arch. Mex. cahier n° 4.*)

Quand on a lu ce factum, on en a assez ! C'est long, c'est méchant et pas du tout libéral. La délibération est l'œuvre de quelques membres de la municipalité seulement. Mazoyer et Pijolet qui, le 30 juin précédent, criaient sur la place publique le travail aussi permis le dimanche que les *autres jours*, n'osèrent pas signer : l'argument se retournait contre eux à propos du décadi.

Mais que dire de ce comité sans-culotte chargé de surveiller les frères sans-culottes, lesquels à leur tour sont obligés de surveiller les citoyens ? N'est-ce pas admirable ? On peut douter qu'avec ce système de surveillance intensive, quelqu'un ait osé lever le doigt sans permission. Après cela, que les admirateurs de la Révolution essayent encore nous parler de tolérance et de liberté !

Cependant cet arrêté ne produisit pas tout l'effet auquel on s'était attendu (1) ; car la municipalité dut revenir sur la même question. Dans sa délibération du 28 prairial, elle frappe d'une amende de dix livres tout citoyen qui aura travaillé un jour de décadi ; en cas de récidive, punition de 20 livres d'amende ; à la troisième fois, les travailleurs devaient être traités en suspects et conduits à la prison du district. (*Arch. Mex.*)

Il est remarquable qu'à cette époque on ne savait prendre aucun arrêté sans qu'il contînt des menaces de suspicion, de dénonciation, ou d'incarcération.

(1) Quelques personnes résistaient ouvertement aux patrouilles chargées de veiller au repos du décadi. On citait, il n'y a pas encore bien des années, une marchande nommée Thévenet, qui leur répondait avec des expressions d'un réalisme effrayant. Ainsi elle choisissait le jour de décadi pour laver le linge de ses enfants, aux révolutionnaires qui lui en faisaient l'observation, elle répondait : « Je ne veux pas que mes enfants « soient des montre-... comme toi, sache-le bien, sans-culotte ! » On n'osa jamais la mettre en prison.

On comprend que l'époque où les municipalités prenaient de semblables arrêtés, était une époqne de persécution. Ce régime d'intolérance avait été inauguré par Amar et Merlino, continué par Javogues, un peu adouci par Gouly, et à l'époque où nous sommes parvenus, il était en pleine efflorescence sous Albitte. A Paris, le gouvernement était dirigé par Robespierre et les Jacobins ; non seulement il approuvait ce qui se passait dans l'Ain, il avait même étendu à toute la France le régime de sang que nous subissions.

Dans ces conjonctures le prêtre qui, dans nos pays, rendit les plus signalés services, fut M. Ruivet, un enfant de Meximieux. Il administrait les paroisses de la Dombes, de la Bresse et d'une partie du Bugey avec le titre de *préposé*, c'est-à-dire, vicaire général du diocèse de Lyon ; la juridiction du diocèse de Belley ne s'étendait pas alors sur ces pays. Une plume élégante et facile a écrit sa vie et raconté ses travaux apostoliques (1). On ne saurait dire mieux. Nous ne nous y arrêterons pas ; d'ailleurs notre but est de rappeler ce qui s'est passé à Meximieux.

Nous avons vu qu'à l'origine du schisme constitutionnel, les habitants fréquentaient surtout les messes dites par les prêtres non-sermentés. Peu à peu et par suite de la pression exercée par la municipalité, grâce aux talents et au savoir-faire de M. Papillon, enfin comme conséquence de la disparition des prêtres fidèles, la population presque toute

(1) Vie de M l'abbé Ruivet, vicaire général, par M. le chanoine Théloz

entière se rallia au culte schismatique. Il est à peu près certain que la plupart ne voyaient entre les deux cultes qu'une différence de forme ; du moins c'était l'enseignement donné par les prêtres intrus qui se gardaient bien d'apprendre à leurs ouailles qu'ils avaient été condamnés par le pape et qu'ils entraînaient leurs adhérents dans le schisme.

Après l'arrestation opérée le jour de Noël, on montra un grand étonnement : on ne comprenait guère que le fait de dire ou d'entendre la messe de minuit pût entraîner l'arrestation du curé et des autorités locales. Cependant les églises étaient partout fermées ; aucun culte public ne pouvait plus être exercé ; ceux qui auraient voulu suivre les pratiques de la religion se trouvaient désorientés. A cette époque les énergumènes, les ardents sans-culottes, menaient seuls le pays. C'est alors que se produisirent les saturnales impies où la religion catholique était tournée en ridicule. Tout comme Lyon, Bourg et certaines villes, Meximieux vit passer dans ses rues des processions sacrilèges où figuraient deux hommes revêtus d'ornements sacerdotaux, montés sur des ânes, parodiant les cérémonies du culte et chantant le *Libera me*. Les nom des deux *âniers* ne seront pas écrits ; d'ailleurs leurs familles n'habitent plus le pays. Ces impiétés se passaient le jour de la fête de Marat, à la fin de Janvier 1794 ; elles étaient l'œuvre d'un petit nombre ; les populations terrorisées voyaient et laissaient faire sans mot dire. Ces excès produisirent même un effet contraire à celui que se promettaient leurs auteurs, en ce qu'ils ouvrirent les yeux à bon nombre de personnes qui jusque-là étaient restées dans l'illusion. Une seule défaillance se produisit parmi le clergé originaire de Meximieux ; nous allons en parler.

Samans — (St Mamans ou St Mammès) — était une paroisse de l'ancien diocèse de Lyon. Le pays appartenait mi-partie à la Bresse, mi-partie à la petite Dombes. La paroisse n'existe plus ; les fermes qui la composaient dépendent aujourd'hui de Versailleux, Saint-Eloy et Rignieu-le-Franc. De l'antique église de St Mammès on ne voit plus que des débris de briques rouges. Cependant la croix du cimetière est toujours debout ; actuellement encore on s'y rend en pèlerinage des divers points de la Dombes pour demander la guérison des enfants affligés de quelque maladie chronique.

Au commencement de la Révolution, était curé de Samans Claude-Benoit Jacquemet, natif de Meximieux. Il avait succédé à M. Pernot que l'annuaire du diocèse de Lyon porte comme curé de Samans en 1784. Il était parent assez éloigné de Jean-Claude Jacquemet chanoine de Montluel. C'était un homme simple et partant peu instruit. Bien que nous n'ayions pas trouvé de document positif à ce sujet, on ne peut pas douter qu'il ait prêté serment à la Constitution civile du clergé. Lors de la réunion de sa paroisse à la commune de Meximieux (janvier 1793), comme il se trouvait le seul lettré habitant le pays, il fut déclaré notable et officier public pour la section de Samans ; il signait au registre municipal en cette qualité.

Vers la fin de 1793, le curé de Samans quitta définitivement sa paroisse pour venir habiter sa maison de Meximieux. La lettre par laquelle il fait sa déclaration de domicile est encore annexée au registre ; elle porte la date du 26 Décembre 1793 (1).

Un mois après, le 30 janvier 1794, Claude-Benoit Jacquemet comparaissait une seconde fois devant la municipalité. Dans le procès-verbal de sa comparution, les municipaux lui font déclarer : « qu'il n'en« tend plus faire aucun service divin, et que pour « preuve de sa déclaration il déposait sur le bureau « ses lettres de prêtrise (2) ».

C'était l'apostasie ; elle fut renouvelée d'une manière encore plus formelle le surlendemain, 13 pluviôse (1er février 1794). (3)

Enfin le 26 février 1794, ce malheureux prêtre se présenta une dernière fois devant les municipaux disant : qu'étant âgé de plus de soixante ans, qu'ayant signé la *formule d'Albitte*, il demandait, pour éviter la prison, à rester dans son domicile sous la surveillance de la municipalité (4). Sa demande fut agréée.

De fait les registres municipaux font mention de la surveillance de la commune à son égard. Ce pauvre prêtre tombé ne manqua pas de se présenter tous les cinq jours à la maison commune ; lui-même écrivait la formule de son acte de présence et il signait. Aucun municipal, pas même le secrétaire de

(1) Voir pièce justificative, n° 10.

(2) Voir pièce justificative, n° 11.

(3) Voir pièce justificative, n° 12

(4) Voir pièce justificative, n° 13.

la mairie, ne signa jamais avec lui. Le 28 fructidor an II (14 septembre 1794), est la date de sa dernière comparution.

Si l'on cherche la cause de cette triple apostasie, on la trouve facilement dans la faiblesse d'esprit et dans la peur. Les dates nous fixent à cet égard. Ainsi le maire Rudigoz et le curé constitutionnel sont arrêtés le jour de Noël ; le lendemain Jacquemet vient déclarer qu'il ne dit plus la messe et qu'il veut éviter tout soupçon sur son compte. De même le 10 pluviôse, les prisonniers, élargis par le représentant Gouly, sont reconduits à la prison de Montluel par ordre d'Albitte ; le lendemain Jacquemet livre ses lettres de prêtrise ; et comme le surlendemain sa frayeur dure encore, il revient annoncer aux municipaux qu'il ne veut plus faire aucun service divin, ni *public*, ni *privé*. On le voit, la municipalité connaissait très bien les dimensions intellectuelles de de son homme ; aussi s'offrait-elle, à ses dépens, un véritable luxe d'abjurations. On faisait venir le bonhomme, on écrivait les procès-verbaux de ses déclarations, et Jacquemet les signait.

L'ex-curé de Samans passa le reste de ses jours à Meximieux ; sa maison était dans le quartier Chantabeau, près de la chapelle des Pénitents. Sur la fin de sa vie, sa simplicité était devenue proverbiale. Il décéda le 16 mai 1808, et fut enterré le même jour. Son acte de sépulture, signé Rebourceau curé, porte qu'il avait reçu les derniers sacrements : depuis longtemps déjà il s'était réconcilié avec l'Eglise.

Pour les raisons que nous venons de donner, l'abjuration du curé de Samans ne produisit presque aucune impression dans Meximieux. Il n'en fut pas de même de la rétractation de M. Papillon, faite dans la prison de Montluel. Ici encore laissons la parole à M. Ruivet, il nous en dira les péripéties.

« La pensée me vint de profiter de la circonstance — (il se trouvait à Montluel) — pour engager M. Papillon à se mettre en règle du côté de la religion. Je lui écrivis par une personne sûre. La grâce lui parla au cœur ; il accepta avec plaisir l'entrevue que je lui proposais. Mais cette entrevue n'était pas sans dangers ; car quelle joie pour les frères et amis si pareille proie eût été prise à la souricière !

« Je vins cependant à bout de ranger mon projet de manière à pouvoir entrer dans la prison et à en sortir sans être surpris. En entrant je trouvai le patient assis, avec un bonnet de liberté sur la tête. Je badinai un peu sur le contraste de sa coiffure avec le local qu'il habitait ; puis nous parlâmes sérieusement d'affaires. J'obtins de lui une rétractation en règle bien et dûment signée et je partis de suite parce qu'il y avait péril à rester davantage. Il persévéra dans ses bons sentiments ; ayant été relâché quelque temps après, il se retira dans le Forez, sa patrie, où par sa bonne conduite il mérita de rentrer en grâce et d'être approuvé dans la suite comme missionnaire. » (1)

Monsieur Ruivet ne manqua pas de faire connaître cette rétractation dans sa paroisse natale ; im-

(1) Mém. manusc. de M. Ruivet publiés par M. Cattin, p. 389-90.

primée et répandue dans les familles, elle fit ouvrir les yeux à beaucoup de personnes qui peu à peu se détachèrent du culte constitutionnel. Cependant les missionnaires catholiques ne purent venir à Meximieux qu'après le neuf thermidor. Nous parlerons ci-après de leur apostolat. Auparavant l'église Saint Apollinaire devait encore subir un avatar ; elle allait être transformée en temple de l'Etre Suprême.

Après la chute des Hébertistes et des Dantonistes, Robespierre dominait à la Convention. Moins par conviction philosophique que par intérêt politique, il résolut de réagir contre l'athéisme des partisans d'Hébert ; pour cela il fit rendre un décret portant que le peuple français proclamait l'existence d'un Etre Suprême et l'immortalité de l'âme (18 floréal — 7 mai 1794). On décréta en même temps qu'une fête à la Divinité et à la Vertu serait célébrée dans toute la France le 20 prairial (8 juin) ; un vote unanime de la Convention déféra la présidence de cette fête à Robespierre. Le dictateur y parut un gros bouquet à la main, prononça un discours contre l'athéisme et en l'honneur de l'Etre Suprême, enfin joua en tout le rôle de grand pontife du nouveau culte. Ce fut son dernier triomphe.

Meximieux voulut aussi avoir sa fête de l'Etre Suprême. Le conseil municipal se réunit le 16 prairial pour en régler le programme. Parlant du décret de la Convention, les municipaux disaient avec un enthousiasme remarquable que « ce décret consolateur allait faire taire tous les malveillants et réunir les hommes vertueux ; et ils bénissaient la Convention dans toutes ses œuvres !... »

Pour donner une idée aussi exacte que possible de ces fêtes républicaines, citons en entier le procès-verbal de celle de Meximieux, tel qu'il est inscrit dans le registre municipal.

« A cinq heures la générale est battue ; à l'instant tous les citoyens sont mis sur pied et se sont empressés d'orner leurs maisons de verdures entremêlées de fleurs et de rubans tricolores. Le rappel ayant battu à huit heures, les citoyens de tout âge, de tout sexe, se sont rassemblés sur la place de la Liberté.

« Lé jeunes filles habillé en blanc et ornées de ruban tricolores ; les femmes entourées de leurs petits enfants, portant des corbeilles pleines de fleurs, le Bataillon d'*espérence* (1) sous les armes ainsi que le Bat^{on} des gardes nationales de la commune ; les vieillards, tous enfin, la joye peinte sur le visage, ont entouré l'arbre de la Liberté, au pied duquel ils ont fait entendre leur joye en chantant des himnes patriotiques, jusques à neuf heures, où un roulement de tous les tambours a annoncé la marche pour se rendre au temple, laquel s'est ouverte ainsi qu'il suit.

« Deux jeunes gens, forts et vigoureux, portaient l'inscription qui devait être placée au-devant du temple, où on lisait ces mots : « Le peuple français reconnaît l'Etre Suprême et l'Immortalité de l'âme.»

(1) Le bataillon d'espérance était composé de jeunes gens de douze à dix sept ans ; ils apprenaient l'exercice et portaient l'uniforme. Sur leur drapeau s'étalait cette devise pompeusement menaçante : « Tremblez, tyrans, nous grandirons ! »

Ils étaient entourés des vieillards des deux sexes, au-dessus de soixante ans, qui témoignaient par leur joye combien le décret de la Convention sur l'Etre Suprême les consolait. Des petits enfants avec des corbeilles pleines de fleurs ne cessaient d'en couvrir cette inscription tout le long de la marche.

« Ce cortège était suivi de jeunes filles habillées en blanc et ornées des couleurs nationales. Le bataillon d'*Espérence* les suivait. Marchait ensuite le conseil général de la commune décoré de ses marques distinctives, entremêlé avec les membres du comité de surveillance, du juge de paix, de ses assesseurs et de son greffier, aussi ornés de leurs marques distinctives, entourés de jeunes garçons depuis l'âge de six à huit ans : ils étaient suivis de la garde nationale.

« La marche était fermée par les mères de famille portant entre leurs bras leurs petits enfants.

« Ce cortège a marché chantant des himnes analogues à la circonstance.

« Arrivé à la porte du temple, les vieillards avec les autorités constituées ont placé l'inscription au-dessus de la porte principale, au millieu des cris d'allégresse. Tout le cortège est entré ensuite dans le temple qui venait d'être dédié à l'Etre Suprême, avec tout le respect qu'un lieu semblable doit inspirer.

« Il a été prononcé par le citoyen Carrier (1), offi-

(1) Un vieillard du pays m'a assuré plusieurs fois que, sous la Restauration, M. Carrier assistait à la messe chaque matin dans cette même église de St Apollinaire. Etait-ce en réparation de ses erreurs antireligieuses ? On le croyait.

cier municipal, un discours où il s'est attaché à prouver que l'*opinion* de l'existence de l'Etre Suprême était la base d'une bonne société et que sans ce principe il ne pouvait exister aucunes mœurs.

« Ce discours a été suivi d'une prière à l'Etre Suprême par laquelle l'assemblée le remerciait des bienfaits qu'il avait répandu sur la Révolution française et lui demandait de les continuer par la suite sur la République, de veiller sur nos représentants et de leur donner la force de conduire la Révolution à son terme et détruire les dangers qui la menacent encore, de protéger nos défenseurs et de les conduire dans le chemin de la victoire.

« Ce discours et cette prière ont été entendus avec attention et satisfaction de tous les assistants, qui ensuite ont fait *retentir de leurs cris :* « Vive la République ! Vive la Montagne ! »

« Le cortège est parti dans le même ordre et s'est rendu sur la place de la Liberté où l'himne des Marseillais a été chanté autour de l'arbre chéri. Toute l'assemblée a prêté le serment d'exterminer jusqu'au dernier des tyrans, protégée par l'Etre Suprême. La fête s'est terminée par des danses et des amusements publics où chaque citoyen montrait — *lisez* : *était tenu de montrer* — la joye la plus vive.

« Signé : Mazoyer, Bernard, maire ; Carrier, Rivolet, Pijolet cadet, Georges, secrétaire. » *(Arch. Mex. — 20 prairial, an II)*.

Toujours les tyrans ! Politiquement parlant, on en vivait. Et l'heureux régime de la Terreur n'était pas une tyrannie ? Assurément non !

On ne peut se défendre d'une impression étrange à la lecture de cette prière à l'Etre Suprême dans laquelle on remercie la divinité philosophique de tous les bienfaits qu'elle a répandus sur la Révolution,— et l'on se trouvait sous le règne de la guillotine! — on la prie d'étendre sa protection sur les chefs du pouvoir,— et il s'agissait des pourvoyeurs de l'échafaud, des buveurs de sang! — N'est-ce pas là ce qu'on appelle de l'aberration mentale?

D'après le récit de la fête, on ne peut guère savoir quel nombre de personnes y prirent part : dans ces sortes de procès-verbaux, il faut toujours tenir compte des exagérations. Toutefois si l'on en croit le récit des vieillards qui tous, il y a quelque trente ans, désapprouvaient les fêtes révolutionnaires, il est à présumer que ce ne fut pas la majorité de la population. Remarquons que quelques membres de la municipalité signaient seuls le procès-verbal; la majorité, n'osant rien et ne pouvant rien contre les meneurs de la société populaire, baissait la tête sans mot dire. Il devait en être de même pour la foule des citoyens.

Dans le registre municipal, quelques jours après la fête de l'Etre-Suprême, on trouve inscrit un petit fait divers qu'il ne faut pas passer sous silence ; c'est une vraie perle. Le voici :

« Du six messidor an II : — Le comité de surveillance du canton fait parvenir à la commune copie d'un de ses arrêtés où il est dit : « que des citoyens « se proposaient de chômer et de danser publique- « ment au moyen d'un instrument déjà loué, en

« célébration de la cy-devant fête de St Jean ; la « commune est chargée de prévenir cet abus,.. etc.»

La commune eut plus de bon sens pratique que le le comité révolutionnaire ; elle laissa se réjouir, tout en veillant au bon ordre.

Décidément ces terribles sans-culottes aspiraient à jouer tous les rôles, même celui de l'austère Caton. Un jour ils faisaient conduire des citoyens en prison sur de simples soupçons, pour quelques paroles imprudentes ; le lendemain ils se montraient farouches sous le rapport des mœurs jusqu'à prohiber une simple contredanse. Priver un citoyen de sa liberté, l'exposer à périr injustement, était un acte de vertu pour ces fils de Brutus ; danser au son de la viole ou de la musette, était quelque chose d'impardonnable ! — Comediante ! — Ils ne se souvenaient plus que, le soir de la fête de l'Etre-Suprême ils avaient dirigé le bal. La peur de voir honorer St Jean, l'antique patron de la paroisse, était assurément le principal motif qui faisait prohiber la vogue.

CHAPITRE XII°

Chûte de Robespierre et réaction thermidorienne. — Anniversaire du 10 août. — Les prisonniers de la Terreur. — Les Mignons de Châne. — Les Terroristes de Meximieux.

LASSÉE du despotisme de Robespierre, la Convention l'avait envoyé à l'échafaud (9 thermidor — 27 juillet 1794). — Ce jour-là on fit œuvre de justice ; mais les justiciers vainqueurs ne valaient guère mieux que les vaincus. Les uns et les autres étaient les auteurs ou les complices des crimes de la Terreur. Les thermidoriens, sentant leur vie menacée, avait d'abord voulu sauver leur tête ; la réaction ne vint qu'après.

Comme le mal était venu principalement des Jacobins, qui avaient étendu sur toute la France un réseau de clubs ou sociétés populaires, montant et entretenant la fermentation dans les esprits par des discours incendiaires, la Convention, après la chûte de Robespierre, défendit d'abord aux clubs de correspondre entre eux ; puis elle décréta leur suppression (1).

(1) C'est à partir de la suppression des clubs que disparurent du calendrier républicain les jours *sans culottides ;* on les appela désormais jours *complémentaires.*

Voici, d'après Barras, comment fut fermée la salle de la société mère ou club des Jacobins de Paris : « Je causais avec le député Legendre — (c'est « Barras qui parle) — sur l'intérêt pressant de sus- « pendre les séances des Jacobins. cette société si « malheureusement esclave de Robespierre. Je me « faisais un scrupule d'agir militairement contre « une réunion sans armes, lorsque Legendre me dit : « Eh bien ! moi, je vais à la tête des patriotes dis- « soudre ces mauvais Robespierristes, qui sont, à mes « yeux, indignes de se dire Jacobins. Il marche ef- « fectivement, et arrivé dans la salle des séances, il « a la satisfaction de voir que déjà une grande partie « des membres avait disparu ; il fit évacuer le reste ; « ferma les portes, et fit hommage des clés à la « Convention » (1).

Cependant n'aurait-on pas pu rechercher plus haut la cause du désordre ? On l'aurait reconnue dans le décret de l'Assemblée Constituante qui avait confié aux communes le soin de veiller à la sûreté du pays. De là étaient venus les gardes nationales, les sociétés populaires, les clubs, les comités de surveillance, les comités révolutionnaires, les pouvoirs exhorbitants donnés aux municipalités, ou qu'elles s'attribuaient et qui leur permettaient d'envoyer à la prison ou à la mort leurs ennemis politiques. Chaque société, chaque municipalité, interprétait les décrets ou les arrêtés à sa manière ; ensuite elle les appliquait comme elle les entendait.

(1) Mém. de Barras, t. Ier, p 223

En fait cet état de choses n'était rien autre qu'un régime *du bon plaisir du moment.* Est-il étonnant qu'il ait marqué son passage par du sang et des ruines ?

Dans notre département, la réaction ne se produisit pas immédiatement après le 9 thermidor ; les jacobins de Bourg croyaient même à la continuation de la Terreur. Ils ne parlaient de rien moins que d'installer la guillotine dans la ville et de procéder au massacre des prisonniers. Pour aider à cette odieuse besogne ils avaient demandé qu'on fit venir du pays de Gex trois cents hommes de la garde nationale qu'ils décoraient du titre burlesque de : « Bons b...... à poils ! » L'arrivée de Boisset mit fin à ces projets sanguinaires ; le premier soin de ce représentant du peuple fut de faire incarcérer les buveurs de sang de Bourg. Ce fut la fin du terrorisme dans l'Ain.

A Meximieux on ne devait pas être mieux informé. C'est le 21 thermidor seulement, jour de l'arrivée de Boisset, que la municipalité, tout en restant unie à la Convention, se déclara contre les sans-culottes du comité révolutionnaire. En effet une délibération, datée de ce jour, nous apprend que le comité révolutionnaire accusait la municipalité de n'avoir pas fait publier le décret du 18 floréal (7 mai). Celle-ci répond vivement que les fêtes de décadi, instituées par ledit décret « rendu à la suite du rapport fait par le traître Maximilien Robespierre », ont toutes été célébrées à Meximieux ; pour s'en convaincre il n'y a qu'à lire l'inscription placée au-dessus de la porte du temple; qu'au surplus le comité doit s'occuper des personnes et des opinions plutôt que des choses; qu'enfin elle exige que le comité raye de ses registres l'acte d'accusation qu'il a porté contre la commune.

En lisant cette réponse on comprend que les municipaux ne sentent plus planer sur leurs têtes la réalisation des menaces jacobines ; ils ne veulent plus être tenus en tutelle.

Le surlendemain, 23 thermidor, il y eut réunion au temple pour fêter l'anniversaire du 10 août. Lecture fut faite d'un rapport relatif « à la grande conspiration qui a existé à Paris du neuf au dix de ce mois. » — (Lisez : la chûte de Robespierre). — Après plusieurs motions et discours, tous, magistrats et citoyens, prêtèrent l'inévitable serment de ne jamais s'écarter de la Convention, de rester fidèles à la République et de combattre les tyrans jusqu'à la mort.

Malgré tout l'appareil de cette mise en scène pour obtenir la prestation d'un serment énergique, on constate que l'enthousiasme fait défaut. Le procès-verbal est écourté ; il n'est signé que de Bernard Mazoyer et Vincent, le reste de la municipalité s'était abstenu.

L'église de St Apollinaire compta une profanation de plus, ce fut le résultat le plus clair de la fête.

Cependant à mesure que l'on connut mieux dans quel sens se produisait la réaction thermidorienne, quand on sut de quelle modération faisait preuve le nouveau représentant Boisset, on s'enhardit à demander la mise en liberté des prisonniers. C'est alors que la municipalité de Meximieux donna un avis favorable à l'élargissement de Christin Emoz, ancien moine de Sept-Fonds, toujours détenu à Ambronay. De même le vieux père d'Antoinette Moine, du quartier de St-Jullien, présente une pétition pour qu'on lui rende sa fille, le seul soutien de sa vieillesse ; le conseil municipal opte pour la mise en liberté de cette ancienne religieuse « qui a toujours « mené une vie tranquille et pour laquelle les motifs « d'incarcération sont inconnus. » (*Arch. Mex.*). — *3 fructidor an II).*

D'ailleurs Boisset poussait les communes à demander la liberté des prisonniers. Par un arrêté du 14 vendémiaire an II — (5 octobre 1794), — il ordonnait que les municipalités enverraient au comité révolutionnaire de leur district une liste contenant, pour chaque commune, les noms des personnes détenues ou provisoirement élargies, ainsi que des explications sur le caractère et la vie politique de chacune d'elles.

Plusieurs arrestations avaient été faites à Meximieux à des époques différentes. Parmi les personnes incarcérées, quelques-unes avaient été définitivement relâchées ; d'autres étaient sous la surveillance de la municipalité ; quatre enfin se trouvaient encore à la prison de Montluel ; c'étaient, le curé constitutionnel Papillon, les chanoines Dufour et Jacquemet, et Louise Levrat. Les municipaux dressèrent comme il suit la liste des détenus et donnèrent sur eux des renseignements favorables de manière à faciliter leur mise en liberté.

. « Jean Gallian et Joseph Venard étaient de braves gens, un peu criards quand ils avaient bu, mais n'ayant rien fait qui put les rendre suspects et motiver leur détention. Le conseil ignore ce qui les a fait incarcérer ; aussi demande-t-il leur libération définitive.

« Louise Levrat, religieuse bernardine du couvent de Seyssel, est revenue dans son pays en décembre 1792 ; elle a vécu isolée ne se mêlant de rien ; c'est un caractère doux et sans expérience ; pourquoi l'avoir emprisonnée ?

« Les chanoines Dufour et Jacquemet sont d'un caractère froid et mélancolique ; vivant retirés et ne se mêlant aucunement de politique. Dufour est maladit ; Jacquemet très-âgé, extrêmement sourd, simple et sans malice ; ni l'un ni l'autre ne sont capables de troubler en quoi que ce soit la tranquillité publique. Leur arrestation a eu lieu par suite des ordres donnés par Baron et Rollet-Marat.

« Doux et paisible, tel est aussi le caractère du curé François Papillon. Ne se mêlant pas des affaires d'autrui, prêchant l'union et la concorde, il a fait prier pour le succès des armées de la République et pour la conservation des représentants du peuple. Il est un des premiers du canton qui ait cessé ses fonctions dans le courant de frimaire dernier. On ne lui connaît aucune ressources pour subsister. Le conseil *ignore les motifs de son arrestation.*»

« Aucun des détenus ne méritait d'être classé dans

les catégories de suspects ; — on ne pouvait pas même reprocher aux prêtres le refus du serment exigé par la loi du 17 Septembre 1793.» (*Arch.Mex.* 30 Vendémiaire, an III).

C'est la première délibération qui n'ait pas été dictée par le fanatisme et la haine, on a plaisir à la citer ; il y règne un vrai souffle de liberté. Elle nous aide à comprendre quel soulagement durent éprouver nos pères quand ils se sentirent enfin délivrés de la Terreur.

Sans doute ce rapport est bienveillant ; il est rédigé de manière à favoriser l'élargissement de ceux qui gémissaient encore dans les prisons. Mais il ne faudrait pas prendre au pied de la lettre tout ce qui y est relaté, aussi bien sur le caractère des personnages que sur les faits. Ainsi personne n'ignorait que le curé Papillon et plusieurs membres de la municipalité avaient été arrêtés le jour de Noël, au sortir de la messe de Minuit ; mais on se garde bien de le dire. Mieux que cela, six membres de la municipalité faisaient partie du comité de surveillance qui avait été l'instigateur de cette arrestation. Aussi à la lecture de la phrase bonasse : « le conseil ignore....», Boisset et les administrateurs du district de Montluel durent sourire, et tout en admirant la souplesse de nos municipaux, concevoir une médiocre estime de leur franchise. C'est au moment des incarcérations qu'ils auraient dû parler de la sorte, au moins leur langage eût alors été courageux et méritoire.

Quelques mois après, la veuve Mignon vient demander à la municipalité de Meximieux une attestation tendant à réhabiliter la mémoire de son mari. Dans cette question encore les municipaux firent preuve de justice et de bienveillance. Voici en effet ce qu'on lit dans le cahier des délibérations, sous la date du onze ventôse an III. (1er mars 1795).

« Est comparue Marie Thévenet, veuve de Michel « Mignon, jadis laboureur dans la commune de Bel-« ligneux, district de Montluel, laquelle nous a ex-« posé que le dit Michel Mignon, son mary, a été « condamné à la mort le 14 nivôse de l'année der-« nière(3 janvier 1794) par la commission révolution-« naire établie à Commune-Affranchie, sous prétexte « d'accaparement, et a demandé au Conseil général « un certificat qui attesta si son dit mary était acca-« pareur ou non.»

« Et a déclaré ne savoir signer.»

« Sur quoi le Conseil répond à la veuve Mignon « que son mary n'a jamais eu, à sa connaissance, la « réputation d'accapareur, mais bien celle d'un bon « cultivateur.»

« Et délivre le certificat demandé.»(*Arch. Mex.*)

Michel Mignon, dont il est ici question, était un fermier du hameau de Châne dépendant de la commune de Béligneux. Il avait été arrêté le 30 décembre 1793, avec quinze autres citoyens, sur la dénonciation des sans-culottes de Montluel. Cette dénonciation coûta la vie à cinq de ces malheureux qui furent guillotinés sur la place des Terreaux, à Lyon ; c'étaient : Ducret, maire de Montluel ; Pélissier, avoué ; Bertholon, aubergiste, Basset de Montchat et le fermier Mignon.

Les motifs de la condamnation de Michel Mignon sont indiqués, comme il suit, dans les affiches que l'on placardait sur les murs de l'Hôtel de Ville, les jours d'exécution.

« Mignon Michel, 44 ans, natif de Béligneux, y « demeurant, fermier, a refusé d'obéir à la loi du « maximum sur les denrées, a méchamment refusé « d'approvisionner le marché de Montluel, a dit « qu'il ferait soulever les communes environnantes « et qu'elles viendraient saccager Montluel, a enfin « désobéi aux réquisitions du district, maltraité ses « commissaires, en les colletant et les poursuivant à « coups de pierres, notoirement reconnu pour acca- « pareur et contre-révolutionnaire. (14 nivôse). »

Ces motifs de condamnation sont évidemment des prétextes, ainsi que le fait remarquer la veuve du supplicié; la municipalité de Meximieux est du même avis. A supposer vrais tous les faits énumérés dans l'affiche citée, il serait difficile d'en tirer raisonnablement une sentence de mort ; mais à cette époque on guillotinait pour de moindres motifs ; la seule qualification de contre-révolutionnaire suffisait au delà pour envoyer à l'échafaud.

La municipalité se montra plus sévère à l'égard des citoyens accusés de terrorisme. Un arrêté de Boisset, en date du 8 prairial — 28 mai 1795, — ordonnait que toute personne ayant pris part aux excès de la Terreur devait être mise en état d'arrestation provisoire. En conformité de cet arrêté, l'agent national de la commune requit, *(séance du 20 prairial)*, l'arrestation de Claude-Joseph Juénet, maréchal, et de Joseph Moine dit Germain. Les motifs de cette réquisition, étaient que le 20 ventôse dernier les citoyens susdits avaient voulu exciter des troubles dans la commune et diviser la société populaire ; pour cette tentative ils avaient déjà été condamnés à quinze jours de prison ; — qu'ayant été élargis par ordre du représentant Méaulle, sans que la commune les réclamât, ils avaient encore essayé de faire signer une dénonciation contre quarante citoyens du pays pour les envoyer à la guillotine ; — que sur le registre du comité de surveillance de Montluel, il existait des dénonciations, signées par eux, contre des citoyens qu'ils traitaient de fédéralistes, « *mot favori des terroristes qui a* « *fait périr combien de victimes !* » — qu'ils avaient enivré deux soldats et les avaient engagés à se porter chez Michel Mollion pour lui faire un mauvais parti ; — que somme toute de tels hommes devaient être mis hors d'état de nuire à la société. — (*Arch. Mex.*)

Mandés devant la municipalité, les deux inculpés promirent de mener désormais une vie exempte de reproches ; d'autre part le conseil tenant compte de leurs bonnes dispositions les laissa provisoirement en liberté.

Cependant ils furent arrêtés quelque temps après et conduits à Paris pour y être jugés avec bon nombre de terroristes du département de l'Ain. Car on trouve traces de lettres qu'ils écrivirent de la capitale pour demander copie de pièces relatives à leur cause, notamment des procès-verbaux de leur arrestation. Ils durent être acquittés par le jury, car Moine dit Germain, habitait encore Meximieux en 1814.

On peut remarquer, dans le cas de nos deux terroristes, comme dans nombre de cas analogues, que ce sont les comparses, ceux qui ont agi à l'étourdie, qui paient pour tous. Les habiles au contraire, qui ont seulement fait exécuter les décrets ou arrêtés malfaisants, sermonnent, ou font arrêter lesdits comparses. N'est-ce pas là quelque chose comme de l'ironie en action ?

CHAPITRE XIII°

Réouverture des églises. — Deux curés constitutionnels à Meximieux. — Missions catholiques dans les paroisses. — Fin de la Convention et Constitution de l'an III.

Après la loi du 10 Novembre 1793, il n'y eut plus en France de cérémonies religieuses, elles étaient remplacées par le culte de la Raison et par les fêtes républicaines instituées par la Convention. Les églises étaient devenues des temples, où l'on se réunissait pour la lecture des lois et pour l'audition de discours soi-disant patriotiques. La France présentait alors le spectacle inouï d'une grande nation, vivant sans Dieu et sans culte, alors que la presque totalité des habitants étaient restés catholiques. Rien ne donne mieux l'idée de l'oppression tyrannique qu'une minorité audacieuse peut à certains moments faire peser sur un pays.

Non seulement les prêtres fidèles qui ne s'étaient pas expatriés, mais aussi les ministres du culte constitutionnel étaient alors dans les prisons. Un très petit nombre avaient pu rester en liberté. Le plus souvent, les premiers en sortaient pour être conduits à la mort en haine de la religion ; ils étaient martyrs de leur foi. Les curés intrus du département de l'Ain étaient pour la plupart internés dans l'ancien couvent des Augustins à Brou ; parfois ils en étaient tirés pour donner aux révolutionnaires le spectacle d'une apostasie publique ; c'est ce qui arriva à Bourg le jour de la fête de Marat. Ces faits se produisirent plusieurs fois sous les proconsulats d'Albitte et de Méaulle ; la réaction thermidorienne y mit fin.

L'église Saint Apollinaire, nous l'avons dit, avait été convertie en temple de la raison. Nous avons dit aussi, malgré les termes pompeux du procès-verbal de la fête célébrée en l'honneur de l'Etre Suprême, que vraisemblablement la majorité de la population de Meximieux ne prit aucune part à ces fêtes païennes ; les faits nous donnent raison.

En effet, sous la date du 10 Décembre 1794, les registres publics constatent que l'agent national, Pijolet, porte plainte auprès de la municipalité disant: « que depuis longtemps, on faisait des dégâts dans le temple ; que la veille encore on avait jeté, par les vitraux, quantité de grosses pierres, qui avaient renversé et brisé les attributs de la société populaire ; — il demande que cette œuvre de fanatisme soit réprimée. » (*Arch. Mex.*)

Nous lisons encore que le 10 pluviôse (30 janvier 1795), le conseil de la commune, s'étant transporté au temple pour faire la lecture des lois, « ne fut pas peu étonné de n'y trouver personne », désertion qu'il attribue à la rigueur de la saison et au mauvais état du temple. (*Arch. Mex.*)

On ne sait ce qu'il faut admirer davantage ou la naïveté des municipaux qui *s'étonnent*, ou bien leur roublardise qui accuse la rigueur de la saison ! La vérité est que depuis longtemps les révolutionnaires avaient fatigué tout le monde ; chacun en avait assez du régime de l'impiété et l'on était bien aise de faire savoir aux sans-culottes qu'ils n'étaient plus guère à craindre.

Ces faits nous font bien comprendre que les populations étaient désireuses de la réouverture des églises et qu'elles ne devaient pas tarder à la demander.

Concernant le rétablissement du culte et la réouverture de l'église Saint Apollinaire, nous trouvons trois déclarations ou pétitions inscrites sur les registres de la municipalité de Meximieux.

La première déclaration est datée du 5 avril 1795; elle se réfère à l'article premier de la loi du 3 ventôse an III (21 février 1795), qui dit que : « l'exercice d'aucun culte ne peut être troublé ». Cinq citoyens l'ont signée et déposée sur le bureau de la municipalité. La voici telle qu'elle se trouve écrite de la main de Mazoyer.

« Le 16 germinal an III de la république, les citoyens soussignés déclarent à la municipalité de Meximieux, pour qu'elle ne soit pas étonnée d'un rassemblement de citoyens et de citoyennes, qu'aujourd'hui, pour la première fois, ils s'assemblent dans la ci-devant chapelle du Château pour y servir Dieu à leur manière et en vertu de la loi du 3 ventôse, an III, art. 1er ».

« Signé : Mazoyer, Rivolet, Léon, J. Beaufort et Jean Jouteur. »

La municipalité n'avait ni à consentir à la demande, ni à la refuser. Mais l'art. VI de la loi indiquée lui attribuait la surveillance de l'exercice du culte; c'est pourquoi elle désigne deux délégués : Ch. Bernard et J.-M. Thévenin, auxquels elle donne ordre de se transporter dans ladite assemblée pour veiller au maintien de la police et pour empêcher que les citoyens rassemblés soient troublés dans l'exercice de leur culte ». (*Arch. Mex.*)

La seconde déclaration est personnelle à M. Jean-Claude Jacquemet, ancien chanoine de Notre-Dame des Marais à Montluel; elle fut déposée sur le bureau de la municipalité le 22 thermidor (9 août 1795). Donnons-la aussi dans son entier.

« Je soussigné, Jean-Claude Jacquemet, prêtre, natif de Meximieux, district de Montluel, déclare vouloir exercer dans cette commune le ministère d'un culte connu sous le nom de culte catholique, apostolique et romain, qui renferme nécessairement la foi, la morale, la discipline et la hiérarchie de l'Eglise catholique, apostolique et romaine; et que je vis soumis aux lois purement civiles de la république, de laquelle déclaration je requiers acte pour me conformer à la loi du onze prairial dernier relative à l'exercice des cultes. »

« Signé : Jacquemet, prêtre. » (*Arch. Mex.*)

La municipalité donna acte de la déclaration, mais elle n'avait pas à délibérer.

La troisième déclaration est rédigée sous forme de pétition et revendique l'usage de l'église St Apollinaire. Citons le registre municipal.

« Ce jourd'hui six fructidor an III (23 août 1795), sont comparus les citoyens : Jean-François Rivolet, Michel Soffray, Jérôme George, Claude Galard, Jean Jouteur, Etienne Rivolet, Claude Saffange, Jean Beaufort, Gabriel Linage, Claude Juénet, Etienne Guichardet, Denis Tournier, Honoré Bert, lesquels ont dit que conformément à la loi du onze prairial dernier, relativement à la célébration des cultes dans les édifices qui y étaient originairement destinés, ils *était* dans l'intention de célébrer leur culte dans l'église *ditte* St Apollinaire, dont ils étaient en possession au premier jour de l'an II (22 septembre 1793); qu'en conséquence ils demandent: 1° à la municipalité *quel* leur accorde le local ci-dessus désigné: — 2° que conformément à l'art. 11 de la *ditte* loi, *il* se *soumette* à l'entretenir et réparer sans aucune contribution forcée : — 3° qu'en conséquence ils lui demandent à faire dans la commune une collecte pour recevoir les dons que chacun voudra faire *vollontairement*. Les sachant écrire ont signé. » *(Arch. Mex.)*

A première lecture, on dirait que ces trois déclarations tendent au même but ; le libre exercice du culte catholique. Cependant il n'en est rien. La déclaration du 16 germinal et la pétition du six fructidor avaient pour objectif la reprise du culte constitutionnel; il n'est pas possible d'en douter. On demande en effet la permission de célébrer un culte dans un édifice dont on était en possession au mois de septembre 1793; or, c'était le curé constitutionnel qui alors avait l'usage de l'église susmentionnée : parmi les signataires de la pétition se trouvent Mazoyer, ami particulier du curé Papillon, et Jean Jouteur, fabricien nommé par la municipalité pendant le ministère du curé intrus. De plus il ne faut pas oublier que les municipalités ne pouvaient concéder l'usage d'une église que dans le sens indiqué par la loi du onze prairial ; or un article de cette loi exigeait des prêtres la reconnaissance de la constitution civile du clergé ; c'est grâce à cet acte de soumission qu'il leur était permis de faire les offices dans un édifice rendu au culte.

Que parmi les pétitionnaires il y eût des personnes, désirant la réouverture des églises pour revenir à la religion catholique telle qu'elle était pratiquée avant les troubles révolutionnaires, nous n'hésitons pas à le croire; même nous sommes persuadé que ces personnes formaient la majorité de la population. Nous pourrions désigner des noms de pétitionnaires sur lesquels il n'y aurait aucun doute à élever à ce sujet. En général on voulait simplement revenir à la religion de ses pères, sans faire acccompagner ce retour d'aucune distinction entre le culte constitutionnel et le culte catholique. De la sorte il y avait malentendu : les habitants croyaient revenir aux pratiques de la religion catholique, tandis que la municipalité, en faisant appliquer la loi du onze prairial, travaillait pour le culte constitutionnel. Cette situation fausse n'était pas particulière à Meximieux; elle se reproduisit dans beaucoup d'autres pays.

La déclaration du chanoine Jacquemet avait pour

but de dissiper ce malentendu et d'éclairer ses compatriotes. En même temps qu'il leur faisait apercevoir la position fausse dans laquelle ils se trouvaient par rapport à l'exercice du culte, il leur apprenait de qui ils devaient recevoir les secours religieux, s'ils voulaient rester en union avec le centre de l'unité catholique. M. Jean-Claude Jacquemet était alors le seul prêtre fidèle résidant à Meximieux ; sa déclaration frayait la voix aux missionnaires qui allaient bientôt venir. C'est à partir de cette date qu'il signa toujours : Jacquemet, *prêtre catholique*, tant à cause de sa déclaration, que pour ne pas être confondu avec son homonyme l'ex-curé de Samans. (1)

Ce qui nous fait bien voir que l'église St Apollinaire avait été rouverte au culte contitutionel, c'est qu'il y eut encore deux curés intrus à Meximieux. Le premier fut un sieur Rolland, auparavant curé intrus de St-Laurent-d'Agny, dans le canton de Mornant. Il vint prendre possession de son poste vers la fin de 1795; c'était un incapable. L'autre, dont nous ignorons le nom et la provenance, était un individu taré; il s'adonnait à l'ivrognerie. L'intelligente et sensée population de Meximieux eut honte de suivre de tels pasteurs; elle s'éloigna d'eux. Ce fut la fin du culte constitutionnel dans le pays. Les personnes désireuses de pratiquer leur religion ne s'adressèrent plus qu'aux missionnaires. Ceux-ci n'avaient pas

(1) M. le chanoine J.-Claude Jacquemet était grand-oncle de M. l'abbé Portallier, si avantageusement connu dans le diocèse de Belley.

d'église à leur disposition ; ils disaient la messe dans les maisons particulières où l'on s'empressait de les accueillir.

Pendant tout le temps que dura le schisme constitutionnel, le diocèse de Lyon fut administré par une commission de vicaires généraux, qui agissaient au nom de Mgr de Marbeuf, archevêque légitime. Ce prélat exilé à Lubeck correspondait régulièrement avec ses collaborateurs et leur donnait les instructions et pouvoirs nécessaires dans leurs fonctions. Ces administrateurs pensèrent que le meilleur moyen de pourvoir aux besoins religieux du diocèse, serait de faire desservir les paroisses sous forme de missions. Pour cela ils établirent tout un plan d'administration dans lequel entraient des chefs de missions, des missionnaires, des catéchistes. Le chef de mission jouissait d'une juridiction s'étendant sur quarante ou cinquante paroisses ; il était à la fois le chef, le conseiller et le surveillant des prêtres de sa juridiction ; chaque année il devait faire deux fois la visite des paroisses comprises dans sa circonscription, puis il envoyait aux vicaires généraux un rapport sur la situation religieuse. Les missionnaires étaient chargés de plusieurs paroisses, leur nombre s'élevait parfois jusqu'à dix ou quinze. En tout temps ces zélés missionnaires se transportaient d'un pays à l'autre pour consoler et administrer les mourants, baptiser les nouveaux-nés, bénir les mariages. Ce ministère n'était pas exempt de périls; bien souvent le prêtre ne pouvait quitter son asile que la nuit ou par le mauvais temps. Que d'actions héroïques, accomplies alors par ces missionnaires et leurs aides, qui ne seront connus qu'à la fin des temps !

Les catéchistes étaient des personnes dévouées qui donnaient l'instruction religieuse aux enfants dans les paroisses ; ils préparaient les premières communions, présidaient les petites assemblées où l'on priait en commun, où l'on s'encourageait mutuellement à rester fidèle à ses devoirs de chrétiens, ils préparaient aux missionnaires des asiles sûrs dans des familles chrétiennes, annonçaient leur venue, indiquaient le lieu et l'heure où serait célébrée la prochaine messe.

Ce plan de missions fut mis à exécution à mesure que les prêtres rentrèrent de l'exil. Ils étaient ordinairement placés, dans des pays éloignés de leurs anciennes paroisses, afin d'éviter les difficultés qu'auraient pu leur susciter les gens antireligieux ou les acquéreurs de biens d'église, lesquels étaient trop connus d'eux. Le régime des missions fut exactement appliqué jusqu'au Concordat.

Monsieur Ruivet, chargé, en tant que vicaire général, de l'administration de la Bresse et de la Dombes, n'oublia pas son pays natal. De bonne heure il envoya à Meximieux d'excellents missionnaires. Ce furent d'abord: M. Tripier, ancien vicaire de St-Jean-sur-Veyle, et M. Caron, ancien vicaire de St-Martin-du-Fresne, tous deux revenus de l'exil; — ensuite vinrent MM. Cartier et Levrat, qui étaient chefs de mission.

Ces prêtres méritaient toute confiance, aussi ne manquaient-ils pas de refuges à Meximieux. Dans le quartier de St-Jullien, ils recevaient l'hospitalité chez Antoinette Moine, ancienne sœur converse du couvent des Bernardines de Seyssel ; nous avons déjà eu l'occasion de parler de cette excellente et pieuse personne. Ils trouvaient surtout un accueil empressé dans l'habitation de Madame veuve Favier, aujourd'hui maison Régneux. Leur cachette se voyait encore il y a quelques années ; elle a disparu par suite de réparations récentes. Bien souvent le salon de Madame Favier a servi d'oratoire pour la célébration de la messe. D'autres maisons du quartier de l'église ou de Chantabeau servirent de retraite aux prêtres catholiques, car souvent ils étaient obligés de changer de refuge pour dérouter les malveillants.

L'ancien religieux de Sept-Fonds, dont nous avons déjà parlé, le P. Christin Emoz, délivré enfin de la prison d'Ambronay, secondait activement l'œuvre des missionnaires ; il trouvait des aides dévoués dans le fils Favier, Benoit Flascant, Pierre Pélissier et d'autres encore, qui étaient toujours prêts à guider et accompagner les prêtres catholiques.

Près de Meximieux est le hameau considérable de La Côte ; là, il n'y avait point de dissidents, tous étaient catholiques ; aussi les missionnaires y étaient en sûreté. Ils étaient reçus dans la maison actuelle (1903) de Jean-Baptiste Didier, laquelle appartenait alors à Joseph Beaufort. Ce bon chrétien était le catéchiste du hameau. C'est chez lui qu'on se rassemblait pour prier, pour revoir les leçons du catéchisme, pour faire la lecture des Evangiles ou des prières de la messe quand un prêtre ne pouvait venir la célébrer les jours de dimanches ou de fêtes.

La messe était dite habituellement dans la maison de Pierre Didier, laquelle ne présentait aucune ouverture du côté du chemin public (1). On se rassemblait dans une chambre haute. Une armoire servait à la fois d'autel et de rétable; une petite pierre sacrée était posée sur la tablette d'un tiroir garnie de nappes blanches; un crucifix et deux chandeliers complétaient l'ornementation. C'était pauvre; mais comme on devait bien prier dans ce réduit qui rappelait les premiers âges de l'Eglise! Survenait-il une alerte? Le tiroir était repoussé en place, les vantaux de l'armoire se fermaient et les inquisiteurs révolutionnaires, ou les importuns, ne trouvaient que des gens occupés aux travaux de la maison et des amis qui étaient venus faire une visite.

Dans ce hameau demeurait aussi une admirable chrétienne, madame Thévenin-Colliard. Ancienne religieuse expulsée du couvent des Ursulines de Bourg, elle s'était retirée dans la maison paternelle, au quartier de la Côte-Colliard. Là, elle avait fondé une sorte d'école où elle enseignait la lecture et le catéchisme. Les missionnaires aimaient à visiter sa maison et jamais ils ne se lassaient d'admirer le dévoûment de cette pieuse institutrice ainsi que son remarquable talent pour l'instruction et l'éducation des enfants. C'était le temps où les écoles manquaient. Plusieurs pères de famille de Meximieux, justes-

(1) Maison actuelle de Gaspard Didier, fils de Pierre.

appréciateurs de son mérite, lui confiaient leurs enfants ; et c'est dans ce hameau écarté, à l'école d'une humble religieuse, que ces enfants venaient recevoir, avec les éléments de lecture et d'écriture, les premières leçons d'honnêteté et de vertu. Parmi ces jeunes écoliers, on ne saurait oublier les deux frères Portallier. L'un a fourni une carrière très honorable dans le notariat ; l'autre, entré dans les ordres, mourut dans la force de l'âge et du talent, étant directeur du Grand-Séminaire de Brou. Beaucoup de personnes doivent à Madame Thévenin leur retour à la foi de leurs pères.

Grâce à cette organisation des missions dont nous venons de parler, les catholiques purent passer les quelques mois de la seconde terreur et les dernières années de la Révolution sans manquer de secours religieux.

Pendant ces mêmes années, l'église Saint Apollinaire était à peu près désertée ; le curé ne voyait que de rares personnes assister à ses offices. Cet état de choses dura jusqu'après le Concordat ; c'est encore le registre municipal qui nous l'apprend. Nous lisons, en effet, dans une délibération du 15 pluviôse an XI (4 février 1803), que le conseil municipal de Meximieux vote une somme de deux mille francs pour les réparations à faire à l'église, aux murs du cimetière et au presbytère, « car, ajoute-t-on, le tout tombe en ruines, vu qu'on n'y a fait aucune réparation depuis quinze ans. Le curé *catholique* (1) doit venir sous peu, il y a donc

(1) M. Rebourceau, premier curé catholique de Meximieux après la Révolution.

urgence de faire promptement exécuter ces travaux, si on veut que le culte soit rétabli dans la paroisse.» *(Arch. Mex.)*

Cette date de 1803 est donc bien celle du rétablissement du culte catholique à Meximieux.

Nous avons dit de quelles précautions les missionnaires s'entouraient dans l'exerciee de leur ministère ; cette prudence était loin d'être exagérée. La Convention avait bien permis de rouvrir les églises, mais, par contre, dans son décret du 20 fructidor an III, elle avait édicté les mesures à prendre à l'égard des prêtres déportés, qui seraient rentrés sur le territoire de la République, et de tout ecclésiastique qui, ayant refusé l'acte de soumission exigé par la loi du onze prairial, exercerait les fonctions d'un culte quelconque dans les édifices publics ou dans des maisons particulières. Ce décret du 20 fructidor fut publié dans toutes les rues de Meximieux le 27 du même mois. Si les habitants avaient cru que leur église se rouvrait au culte catholique, leur illusion dut être de courte durée, puisque vingt jours à peine après le succès de leur pétition auprès de la municipalité, le tambour leur apprenait qu'ils avaient travaillé pour les prêtres intrus. Ils pouvaient aussi noter que leurs municipaux rouvraient l'église et faisaient publier un décret proscripteur avec la même aisance.

Et puis la Convention, prête à se séparer, ne voulait pas laisser perdre le souvenir des grandes journées de la Révolution , aussi exigeait-elle qu'on célébrât avec solennité les anniversaires du 10 Août et du 21 Janvier. Pendant ces fêtes, lisons-nous dans le registre municipal, tous les citoyens de Meximieux étaient tenus de cesser leurs travaux, sous peine d'être regardés comme partisans du royalisme, et comme ennemis de la république ; de s'assembler pour entendre la lecture des lois et « se pénétrer de nouveau de la haine qu'ils ont déjà jurée à tous les tyrans. » En vérité, on avait quelque peu arrondi les angles de la persécution, mais elle restait quand même à l'ordre du jour.

C'est en passant par ces alternatives de tolérance et de persécution que la France arriva à la Constitution de l'an III ou du Directoire (10 Août 1795).

Cette constitution changeait complètement le mode d'administration communale. Les communes n'eurent plus à leur tête qu'un agent municipal, secondé par un adjoint. La réunion des agents municipaux et de leurs adjoints formait le conseil ou municipalité cantonale. Son président était élu par les électeurs de tout le canton. Auprès de chaque municipalité le Directoire exécutif se faisait représenter par un commissaire chargé de requérir et de surveiller l'exécution des lois. Ces sortes de municipalités étaient nommées pour deux ans et renouvelables chaque année par moitié.

L'installation de la municipalité cantonale eut lieu à Meximieux le 24 brumaire an IV (16 novembre 1795).

Avaient été nommés :

Président : Claude-Joseph Jacquemet ;

Commissaire du Directoire exécutif : Louis Vezu; Agent municipal pour Meximieux : Claude Baret, avocat, avec Benoit George pour adjoint.

A l'avènement du Directoire se termine la période tourmentée de la Révolution : à cette date aussi finissent nos notes sur Meximieux : d'ailleurs 1795 est le terme qui avait été assigné à cet ouvrage.

M. de Talleyrand a écrit ces quelques lignes sur la période révolutionnaire : « J'avoue que c'est sans aucune peine que je verrais se perdre les détails de cette grande calamité : ils n'ont aucune importance historique. Quelles leçons les hommes auraient-ils à tirer d'actes sans plan, sans but, produits spontanément par des passions effrénées ? » (1)

Si le lecteur attentif a bien remarqué la série de décrets et d'arrêtés rendus pendant la Révolution, il saura ce qu'il faut penser de l'affirmation de Talleyrand. Il est indéniable que les événements de cette terrible époque se déroulèrent suivant un plan tracé d'avance. Que les chefs, qui se trouvaient en tête du mouvement, aient prévu tout ce qui a été fait et la manière dont les choses ont été faites ; que leur pensée, ou la direction imprimée par eux, n'ait jamais été dépassée par de trop zélés patriotes, ce serait téméraire de l'affirmer. Mais il ne reste pas moins vrai que le plan de désorganisation sociale de la France a été mis à exécution dans les tristes années qui ont terminé le XVIIIe siècle.

(1) Mém. Talleyrand, t. Ier, p. 228.

Quant à la leçon à tirer des événements, ell nous a été dictée par le fabuliste bressan, cité dan l'Avant-propos de cet ouvrage ;

Des fautes du passé, gardons au moins le fruit !

FIN

APPENDICE

Les écoles de Meximieux avant la Révolution

Avant la Révolution, on comptait dans l'Ain, quinze communes possédant une maison d'instruction appelée collège. Ces communes étaient Bourg, Bâgé, Pont-de-Vaux, Pont-de-Veyle, St-Trivier-de-Courtes, Nantua, Belley, Culoz, Jujurieux, Lagnieu, St-Rambert, Trévoux, Châtillon-les-Dombes, Montluel, Thoissey.

Les collèges de Bourg, Belley, Nantua et Thoissey étaient les plus considérables.

Les classes de ces quinze collèges étaient tenues par soixante-trois professeurs, et fréqentées par 1.820 élèves, tant pensionnaires qu'externes; ce qui attribue une moyenne de vingt-neuf élèves à chaque professeur.

Leur existence était assurée au moyen de fondations s'élevant à près de 40.000 fr. de rentes annuelles (1).

Ce rapide aperçu nous montre, qu'avant 1789, l'instruction secondaire était plus répandue dans nos pays qu'elle l'est de nos jours. Ce résultat était dû uniquement à l'initiative privée.

La Révolution mit la main sur les fondations de

(1) Bossi. Statistique du département de l'Ain, édition de 1808, p. 369 et seqq.

tous ces collèges et en fit vendre les biens comme apppartenant à des corporations religieuses. Du fait de cette spoliation, il ne resta rien desdites maisons d'éducation, en sorte que l'auteur de la statistique citée plus haut, M. Bossi, préfet de l'Ain, pouvait écrire, en 1808 cette phrase durement accusatrice : « La France, battue par l'orage révolutionnaire, « n'avait plus d'instruction publique ». Si la Convention et le Directoire créèrent des écoles supérieures, il n'est que trop vrai qu'ils ne firent rien pour tirer l'instruction secondaire et l'instruction primaire des ruines sous lesquelles elles avaient pour ainsi dire été ensevelies. Avant la création de l'Université, pour tout budget de l'instruction publique, le gouvernement de Napoléon Ier dépensait une somme de sept mille francs, qu'il allouait aux Frères des Ecoles chretiennes, pour instruire les enfants du peuple.

Dans son énumération, M. Bossi a oublié le collège de Meximieux ; car cette petite ville possédait, au XVIIIe siècle, une *école de charité* et un *petit collège*, où les enfants devaient « recevoir l'enseigne- « ment et la doctrine, puisque ce collège, a été esta- « bly anciennement pour ces deux objets. » (1). Ce sont les termes dont se servent les syndics dans le procès-verbal d'une délibération de la Communauté de Meximieux, sous la date du 26 juin 1763.

Ces écoles bénéficiaient de fondations produisant

(1) Déjà en l'année 1585, on trouve une note, écrite dans les registres publics, disant que Pierre Girard, pédagogue à Meximieux, tenait en pension chez lui des enfants de Lyon pour les préparer au collège.

environ 1.500 liv. de rente annuelle (1). Un administrateur comptable gérait les deniers de ces fondations et rendait son compte à la Communauté qui le nommait. Parmi ces comptables, nous voyons apparaître successivement : Blanchon, sergent royal, Didier, notaire, Valliat, Lacua, Christin Blanchon.

Un principal était chargé de l'enseignement du latin, et un maître apprenait aux enfants les éléments de la lecture et de l'écriture. Vers 1760, le principal était M. Serdan ; mais comme il habitait le village assez éloigné de Rapans et qu'il ne pouvait pas se rendre d'une manière assidue à sa classe, il fut remplacé, à la rentrée de 1763, par l'abbé Déplatière, de Villieu. On allouait, au nouveau principal un gage de 250 liv. par an, et on ajoutait : « C'est à « condition qu'il enseignera la jeunesse de tout son « pouvoir, et que les enfants pauvres du lieu seront « enseignés gratis : — Ceux commençant l'a-b-c, « payeront cinq sols par mois ; — ceux qui appren- « dront à écrire, avec la lecture jusqu'au contrat, « payeront dix sols par mois : — ceux qui conti- « nueront la lecture, l'écriture, et voudront appren- « dre l'*arethmétiqne*, payeront quinze sols par mois; « — et ceux qui apprendront le latin payeront vingt « sols par mois. »

On le voit, c'était une école en partie payante et en partie gratuite à cause des fondations.

En 1764, l'abbé Déplatière est appelé à la prêtrise; il résigne ses fonctions pour entrer dans le ministère paroissial. Il est remplacé, à la tête du collège, par

(1) Actuellement cette rente vaudrait environ 4 500 fr.

Jacques Place, natif de St-Laurent-sous-Rochefort, en Forez, mais résidant à Loyes. En 1770, nouveau changement : un sieur Carret, de Montluel, est accepté pour tenir les écoles. On ne lui donne que 200 liv. de gage, ainsi qu'à Jean-Pierre Défranc qui lui succède en 1776. Puis viennent Claude Vivier et Benoit George, fils de Jean-Baptiste. (1778 et 1781). Au mois de mai 1791, Benoit George démissionne, son poste de secrétaire de mairie ne lui permettant pas de s'occuper des classes. L'abbé Pierre Brison, clerc minoré, natif de Meximieux, le remplace, il reste à son poste jusqu'en juillet 1792. A cette date, il donne sa démission parce qu'on veut lui faire prêter serment à la constitution civile du clergé, serment auquel il n'était pas astreint. A la rentrée des classes, en octobre, on n'avait point trouvé de maître, les écoles ne pouvaient être ouvertes. La municipalité osa faire appel aux services de l'abbé Brison qu'elle avait renvoyé trois mois auparavant; celui-ci méprisa ces avances intéressées. Quelque temps après, Claude Vivier consentit à occuper une seconde fois le poste de maître du collège.

L'année suivante, tout était changé : nous voyons le citoyen Vivier réclamer un certificat de civisme et demander l'autorisation de tenir une école à ses frais. La Révolution avait déjà parachevé son œuvre de spoliation ; il ne restait à Meximieux ni collège, ni école de charité, ni fondations charitables; on ne voyait plus sur la scène, qu'un pauvre magister, demi-lettré, demandant à instruire les enfants à ses risques et périls.

Faut-il rappeler que le Séminaire actuel de Meximieux, fondé par M. Ruivet, n'a rien de commun avec le petit collège qui existait avant la Révolution ?

ÉPILOGUE

Combat de la montée des Cannes, à Loyes, (18 Février 1814)

Les troupes autrichiennes, qui après la bataille de Leipsick avaient pénétré en France, arrivèrent à Meximieux vers les premiers jours de Février 1814. Leur avant-garde, forte de seize cents hommes stationna à Meximieux et n'alla pas plus loin du côté de Lyon. Augereau, que Napoléon avait chargé de défendre Lyon et les départements de l'est, montrait peu d'énergie à repousser l'invasion étrangère; aussi les populations murmuraient. C'est alors que le préfet du Rhône crut devoir prendre sur lui la responsabilité d'envoyer une forte brigade de troupes françaises attaquer les Autrichiens postés à Meximieux. D'après ses instructions, le général Meunier partit de Lyon le jeudi 17 Février, à sept heures du soir; arrivé à Montluel, il y passa la nuit. Il avait sous ses ordres : un escadron des hussards de Berchigny, le 20e et le 67e régiment de ligne, un régiment d'infanterie légère, trois pièces d'artillerie et environ cinquante gendarmes.

Le lendemain matin, dès la pointe du jour, les Français quittent Montluel et tombent brusquement sur une grand'garde postée à la Dangereuse, à mi-chemin entre Montluel et Meximieux. Surpris à l'improviste, tous les Autrichiens sont faits prisonniers, sauf un cavalier hongrois qui s'échappe de toute la vitesse de son cheval et arrive à Meximieux en criant aux armes. Les troupes autrichiennes se rassemblent en toute hâte et vont se ranger en bataille à l'entrée de Meximieux, non loin de la caserne de gendarmerie ; elles disposaient de cinq pièces d'artillerie. Dans le combat qui commença bientôt, vingt-deux coups de canon furent tirés par les Autrichiens ; deux soldats français furent tués près du domaine de la Nette, sur le territoire de Pérouges ; les Autrichiens ne perdirent qu'un seul homme, c'était un chasseur esclavon, tué sur les bords du Longevent, petite rivière qui sert de limite à Pérouges et à Meximieux.

L'ennemi étant inférieur en nombre se vit obligé de battre en retraite, partie du côté Chalamont partie du côté de Loyes. Le régiment d'infanterie légère fut chargé de poursuivre les Autrichiens qui se retiraient par la route de Chalamont; les autres régiments d'infanterie et les hussards de Berchigny serraient de près le gros des troupes autrichiennes qui fuyaient par la route de Loyes. Arrivés près de ce village, les ennemis prirent position en haut de la montée des Cannes; il était neuf heures du matin. Le combat recommença plus vif; trente-trois coups de canon furent tirés sur les Français. Un obus autrichien, passant près du clocher de Villieu, alla percer le mur du presbytère et éclata ensuite dans les greniers; jusqu'en 1850 on montrait les traces de son passage.

Les Français eurent sept soldats tués; les Autrichiens, cinq. Trois cents autrichiens furent faits prisonniers. De part et d'autre il y eut de nombreux blessés, qui furent transportés dans les bâtiments du Séminaire de Meximieux. Les secours de la religion leur furent donnés par le pieux et vénérable Mgr de Giampe, évêque d'Assise, exilé par Napoléon.

Les Autrichiens, toujours pressés par les Français, furent obligés d'évacuer la position de Loyes et de se retirer vers Pont-d'Ain par Mollon et les collines de la Cotière. Dans la nuit du dix-huit au dix-neuf février ils occupaient Châtillon-la-Palud. Là un individu nommé P..., étranger au pays, ayant tiré un coup de fusil sur un poste autrichien, la maison, d'où était parti ce coup de feu, fut aussitôt incendiée. Le nommé Boiron, domestique du maire, fut aussi tué dans une vigne par une balle autrichienne Irrités de leur échec et vexés de l'hostilité que les populations montraient à leur égard, les autrichiens se saisirent de trois des principaux habitants, c'étaient les nommés Alexandre Dupras, Garçon et Giraudier. Ils les attachérent à la gueule de leurs canons et les traînèrent ainsi jusqu'à Pont-d'Ain. On les aurait fusillés sans l'intervention de M. Demarest, curé de Priay, qui, parlant l'allemand, put prouver leur innocence.

A Mollon, il y eut une petite escarmouche entre un poste autrichien placé sur les hauteurs, du côté de l'ouest du village, et une compagnie française qui avait passé par la Côte et Fétans pour arriver par un chemin détourné jusqu'en arrière de Loyes.

Le but des chefs, qui la commandaient, était de surprendre l'ennemi sur sa ligne de retraite; mais ils étaient arrivés quand la retraite était déjà presque entièrement effectuée.

(C. B.)

PIÈCES JUSTIFICATIVES

PIÈCE JUSTIFICATIVE N° 1

Procès-verbal de l'Assemblée des électeurs du bourg de Meximieux (15 Mars 1789)

Aujourd'hui, 15 Mars 1789, l'assemblée convoquée au son de la cloche en la manière accoutumée, sont comparus en l'église de St Jean par devant nous Claude François Mazoyer, notaire royal soussigné, syndic perpétuel, sieur Claude Joseph Jacquemet..... (suivent 141 noms d'électeurs) — tous nés français ou naturalisés, âgés de vingt-cinq ans, compris dans le rôle des impositions, habitants ce bourg composé de 324 feux; lesquels pour obéir aux ordres de sa majesté, portés par ses lettres, données à Versailles le 7 Février 1789, pour la convocation des Etats-Généraux de ce royaume, et satisfaire aux dispositions du réglement y est annexé, ainsi qu'à l'ordonnance de M. le lieutenant-général, dont ils nous ont déclaré avoir une parfaite connaissance, tant par la lecture qui vient de leur en être faite que par la lecture et publication cy-devant faite au prône de la messe de paroisse par M. le Curé, le dimanche 8 du présent mois, devant la porte de l'église, nous ont déclaré qu'ils allaient d'abord s'occuper de la rédaction de leurs cahiers de doléances, plaintes et remontrances. Et en effet, y ayant vaqué, ils nous ont présenté ledit cahier qui a été signé par ceux des habitants qui savent signer et par nous, après l'avoir coté par première et dernière page et paraphé *ne varietur* en bas d'icelles

Et de suite lesdits habitants après avoir mûrement délibéré sur le choix des députés qu'ils sont tenus de nommer en conformité desdites lettres du Roy et réglement y annexé, et les voix ayant été par nous recueillies en la manière accoutumée, la pluralité des suffrages s'est réunie en faveur des sieurs Claude François Mazoyer, Jean-Baptiste Valliat, Charles Bernard et Jérôme François Chenevier, qui ont accepté ladite commission et promis de s'en acquitter fidèlement.

Ladite nomination des députés ainsi faite, lesdits habitants ont remis, en notre présence, auxdits sieurs Mazoyer, Valliat, Bernard et Chenevier, leurs députés, le cahier afin de le porter à l'assemblée qui se tiendra le 23 Mars en l'église des RR. PP. Dominicains à Bourg, devant le lieutenant-général, et leur ont donné tout pouvoir requis et nécessaire à l'effet de les représenter en ladite assemblée pour toutes les opérations prescrites par l'ordonnance susdite; comme aussi de donner pouvoirs généraux et suffisants, de proposer, remontrer, aviser et consentir tout ce qui peut concerner les besoins de l'Etat, la réforme des abus, l'établissement d'un ordre fixe et durable dans toutes les parties de l'administration, la prospérité générale du royaume et le bien de tous et chacun les sujets de sa Majesté.

Et de leur part lesdits députés se sont présentement chargés des cahiers de doléances dudit bourg de Meximieux, et ont promis de les porter à ladite assemblée, et de se conformer à tout ce qui est prescrit et ordonné par lesdites lettres du Roy, règlement y annexé et ordonnance susdatés. — Desquelles nomination de députés, remise des cahiers, pouvoirs et déclaration, nous avons à tous les susdits comparants donné acte.—Et avons signé notre présent procès-verbal ainsi que le duplicata que nous avons remis aux députés pour constater de leurs pouvoirs.

(*Suivent soixante-six signatures.*)

PIÈCE JUSTIFICATIVE N° 2

Discours de M. Carrier à l'assemblée des électeurs de Meximieux (1-3 Février 1789)

Messieurs. Admirons l'ordre successif des opérations de l'assemblée des cytoyens actifs de Meximieux. Nous les avons commencées en invoquant la troisième personne de la Sainte Trinité pour qu'elle daignât nous diriger dans le choix de nos officiers municipaux. Nous avons accueilli avec transport les réclamations d'un corps d'ecclésiastiques respectables qui demandaient à être introduits dans notre assemblée et les voix ont appelé à la présidence Monsieur notre pasteur. Nous avons payé un tribut à la vieillesse, en choisissant de nouveau nos scrutateurs ; la religion, la justice, la piété filiale, devoirs essentiels dans la société, ont présidé à nos opérations. Nous avons bientôt recueilli le fruit de ces heureux auspices ; nous avons vu la tranquillité régner, l'assemblée former ses délibérations sans tumulte; sans désordre le peuple a choisi ses représentants; c'est assez faire leur éloge que de dire : le peuple les a élus. — *Vox populi vox Dei.* — La voix du peuple est la voix de Dieu.

Il me reste une motion à faire : Je demande que nous finissions comme nous avons commencé. Je demande que notre président, assisté de ses dignes collègues, Messieurs les chanoines, nous dise demain à huit heures du matin, une messe haute de cérémonie. Cette messe sera annoncée par trois coups de cloche, à la volée, pour inviter les habitants à y venir remercier l'Etre suprême de l'heureuse fin de nos opérations. Au second coup de cloche, Messieurs les officiers municipaux et les notables se réuniront au corps de garde, pour de là se rendre à l'église deux à deux, portant au chapeau la cocarde nationale,

Messieurs les notables marcheront les premiers et arrivés à l'église, se placeront au côté gauche du chœur; la clôture de la marche sera terminée par Monsieur le Maire, et les officiers municipaux se placeront du côté droit du chœur. Cet ordre leur servira d'installation. Après la messe on chantera le *Te Deum* et l'*Exaudiat* pour la santé de Louis XVI, le bienfaisant et le restaurateur de la liberté nationale.

(*Arch. Mex.; Compte rendu des élections.*)

PIÈCE JUSTIFICATIVE N° 3

Discours de M. Pivet (30 Janvier 1791)

« Mes paroissiens : Je viens, avec plaisir, prêter en votre présence le serment qu'exige de nous l'assemblée nationale, et par là vous donner des preuves de ma parfaite soumission à la loi. D'après les principes que j'ai développés dans la courte instruction que je vous ai faite, et qui sont ceux de l'assemblée nationale même, qui a déclaré plusieurs fois qu'elle n'entendait toucher en rien au spirituel, je déclare qu'invariablement attaché à la religion, dans laquelle j'ai eu le bonheur de naître, et à ma foi, je veux vivre et mourir dans la croyance et dans le sein de l'Eglise catholique, apostolique et romaine. Et en même temps je promets avec serment de veiller avec soin sur les fidèles de la paroisse qui m'est confiée ; d'être fidèle à la nation, à la loi et au Roy; et de maintenir de tout mon pouvoir la constitution décrétée par l'assemblée nationale et acceptée par le Roy.

« Ce serment que je viens de prononcer, mes paroissiens, part, j'ose vous l'assurer, du patriotisme le plus pur ; et le vœu que je forme est de voir consolider cette constitution dont je viens de jurer le maintien. Puisse le Seigneur maintenir parmi nous la paix et la tranquillité sans laquelle les fondements de notre liberté naissante pourraient être ébranlés et peut-être renversés !

Puissent les détracteurs, les ennemis de notre Révolution, reconnaître, abjurer leurs erreurs; et, faisant le sacrifice de leurs intérêts particuliers, travailler de concert avec nous à son affermissement. Puissions-nous enfin, mes paroissiens, y concourir nous-mêmes par notre concorde et notre union! Loin de nous les haines, les divisions, les petites jalousies, qui ne font que nuire à l'avancement de notre régénération politique. Unissons-nous tous pour faire le bien! Soyons soumis à la loy! honorons les personnes en place, respectons les propriétés, aimons notre patrie et chérissons notre roy! — Tels sont, mes paroissiens, les moyens d'assurer le succès de la Révolution qui vient de s'operer dans cet empire; et tels sont aussi les vœux que je forme aujourd'hui, en face des autels, comme chrétien, comme pasteur et comme citoyen! » *(Arch. Mex.)*

PIÈCE JUSTIFICATIVE N° 4

Discours de M. Jacquet (30 Janvier 1791)

« Messieurs. Je saisis avec empressement l'occasion de montrer de nouveau ma soumission la plus entière et la plus respectueuse aux décrets émanés de l'auguste assemblée de nos représentants. Il est bien doux pour moi de renouveler devant mes concitoyens le serment civique que j'avais déjà prononcé à la face de l'autel de la Liberté, au milieu des gardes nationales auxquelles j'étais uni par un titre qui m'est encore si cher et si honorable. Comme *fonctionnaire public de l'Eglise*, je jure, et bien sincèrement, de remplir mes fonctions avec exactitude; comme chrétien, je jure de demeurer inviolablement attaché à l'Eglise catholique, apostolique et romaine; comme citoyen français, et dans l'ordre civil et politique, je jure d'être fidèle à la nation, à la loi et au Roy, et de maintenir de tout mon pouvoir la constitution décrétée par l'assemblée nationale, acceptée et sanctionnée par le Roy. — Vous m'êtes témoins, mes frères, que,soit dans mes instructions publiques, soit dans mes conversations particulières, je ne me suis jamais écarté des règles d'une juste subordination ; et je vous ai toujours exhortés à la confiance en Dieu, à la paix et à la soumission aux puissances. Eh! un ministre de la religion pourrait-il annoncer autre chose que ce qui est conforme à l'Ecriture-Sainte? Rendez, dit le Sauveur, à César ce qui est à César. —Et l'Apôtre St Paul, prescrivant les devoirs des premiers chrétiens, leur recommande, par le devoir de la conscience, de rendre à tous ce qui leur est dû; le tribut à qui ils doivent le tribut ; les impôts à qui ils doivent les impôts; la crainte à qui ils doivent la crainte; l'honneur à qui ils doivent l'honneur. — Que les maximes de cette sainte religion sont propres à nous la faire chérir et respecter .

« Je désire, je requiers même, que ce serment et ce discours soient inscrits dans le procès-verbal qui va être dressé pour servir de preuve de ma soumission aux décrets de l'assemblée nationale, de mon attachement à ma religion, à ma patrie et à mon Roy. » (*Arch. Mex*)

PIÈCE JUSTIFICATIVE N° 5

Procès-verbal du passage à Meximieux de M. Royer, évêque intrus (17 Avril 1792)

« Le 17 Avril 1792, nous Jean-Baptiste Royer, par la Miséricorde divine et dans la Communion apostolique, évêque du département de l'Ain, sommes arrivé à Meximieux, pour faire notre visite, après l'avoir fait annoncer, tant à messieurs les officiers municipaux qu'à monsieur le Curé du dit lieu, par des lettres en date du dix du présent mois, sur les dix heures et demie, accompagné de MM. les officiers municipaux, de MM. de la garde nationale et d'une multitude d'autres citoyens, nous nous sommes rendus processionnellement à l'église paroissiale. Etonné de n'y trouver ni M. le Curé, ni M. le Vicaire de la paroisse, un officier municipal nous a observé que M. Pivet, averti de notre visite, avait déclaré à MM. de la municipalité que son opinion religieuse ne lui permettait pas d'annoncer la future visite de monsieur l'évêque à ses paroissiens ; il nous a été ajouté que son défaut de présence ne ferait pas néanmoins obstacle à ce que la visite eût lieu ; que MM. les fabriciens nous remettraient toutes clefs et autres objets nécessaires à cet effet. D'après ces renseignements, nous sommes entré dans l'église St Apollinaire de Meximieux et y avons fait une instruction aux citoyens assemblés, célebré les Saints mystéres, visité le ciboire et ostensoir, les lieux où ils étaient renfermés, donné la bénédiction du Saint Sacrement, visité la Sacristie où nous nous sommes fait représenter les registres des baptêmes, mariages et sépultures de la paroisse, desquels ayant fait lecture nous avons trouvé l'acte de la célébration du mariage entre Joseph Venard, natif de Villebois, et Anne Brisson de Meximieux, en date du 20 Février, présente année 1792, dans lequel il est dit qu'ils ont été dûment dispensés de deux bans. Comme nous sommes seul chargé, et par les lois civiles et canoniques, d'accorder telles dispenses, et que nous n'avons point fait expédier cette dernière, nous entendons interpeller M. le Curé pour avoir à déclarer en vertu de quel pouvoir il s'est écarté de la loi. Nous avons ensuite fait notre visite des fonts baptismaux, des boites pour les saintes huiles, de la nef et des chapelles. Nous nous sommes retiré en chantant le Te Deum, toujours accompagné de MM. les officiers municipaux et de MM. de la garde nationale, dont nous rendrons dans tous les temps témoignage du zèle, de la vigilance et de l'activité qui les animent et de l'accueil qu'ils nous ont fait en qualité de leur évêque.

« De tout quoi dressé le présent procés-verbal que

nous avons signé et fait contresigner par un de nos vicaires cathédraux, faisant fonction de secrétaire.

A Meximieux, l'an et jour que dessus.

† J. B. Royer, évêque de l'Ain.

L. F. Savarin, vic. cath., Secrétaire.

(*Arch. de Meximieux*)

PIÈCE JUSTIFICATIVE N° 6

Réponse du sieur Beaublez au Conseil général de la Commune (9 Septembre 1792)

Le jour d'hier, sur les huit heures du soir, ayant vu plusieurs personnes de mes amis qui s'amusaient autour de l'arbre de la liberté, je me joignis à eux ; et comme ils chantaient des couplets que je croyais non seulement très innocents, mais encore qui pouvaient produire un bon effet auprès des personnes fanatiques qui donnent du scandale en affectant de ne pas aller aux offices de notre Curé constitutionnel, je me fis donner une copie et je chantais avec ces jeunes gens, en faisant le tour de Meximieux. Lorsque je fus près de l'Hôtel d'Angleterre(1) j'entendis un particulier qui me pria de me taire. Etant persuadé que l'on ne pouvait pas m'interdire un amusement aussi innocent, et croyant que les bons patriotes pouvaient se joindre à moi sans se compromettre et sans troubler l'ordre public, je ne voulus pas me rendre à une pareille invitation et continuais ma chanson. Il est faux que je fusse à la tête d'une troupe (2), comme on l'annonce avec une espèce de partialité, je chantais avec tous les autres et j'étais confondu dans la foule. Je défie le sieur Valliat d'établir qu'il m'ait requis au nom de la loi de me taire : il ne me parla pas comme officier en place, ni comme procureur de la commune, et il n'était

(1) Aujourd'hui maison de M. le Docteur Roux.

(2) Cependant il vient de l'avouer. « pouvaient se joindre à moi. »

décoré d'aucune marque distinctive. S'il eût agi, en cette qualité, je connais le respect que je dois aux pouvoirs constitués, et j'aurais obéi. Au reste, si l'on me poursuit, ce que je n'ai pas lieu d'attendre, ma punition, quelle qu'elle soit, sera toujours peu de chose en comparaison de la satisfaction que j'ai éprouvée ce jourd'hui à la messe de notre curé, en y voyant plusieurs personnes que je n'y avais point encore vues ; ce qui a été sans doute l'effet de la chanson. *(Arch. Mex. 9. Sept. 1792.)*

PIÈCE JUSTIFICATIVE N° 7

Lettre de Danton, président de la Convention nationale, au représentant Dubois-Crancé.

Citoyen,

« La fameuse journée du 10 Août s'approche ; il est temps de frapper le grand coup ; il faut que la Sainte Montagne triomphe : n'épargne rien, je t'en conjure. Tu sais que le département de Rhône-et-Loire, et notamment la ville de Lyon, qui est une des plus importantes par ses richesses et sa population, entre pour beaucoup dans le grand et fameux projet dont tu as une parfaite connaissance Emploie donc les grandes ressources, que dis-je ! toutes les forces qui sont en ton pouvoir pour asservir les lyonnais rebelles, dussions-nous même abandonner le Mont Blanc au tyran Sarde; peu nous importe; les Savoisiens fussent-ils enchaînés deux à deux; point de considération, point de demi mesure, *il est temps que nous régnions !*

Il faut cerner de toutes parts la Ville de Lyon, lui ôter tous les moyens de subsistance ; que les citoyens orgueilleux de cette ville rebelle, ainsi que toutes les villes rebelles quelconques, tombent enfin à nos pieds ; si, contre toute attente, tu ne pouvais réduire cette ville par la famine, il faudra pour lors l'assiéger sans miséricorde et même, s'il le faut, la réduire en cendres.

Si les cultivateurs crient et demandent où ils iront vendre leurs denrées, dis leur qu'ils aillent à Constantinople, s'ils veulent. Distribue à force des assignats, ne les compte pas · tout se trouvera à la fin. (*27 Juillet 1793. — An II de la République.*)

Cette lettre a été publiée dans les archives historiques du Rhône, année 1825, p. 239. Elle est considérée comme authentique.

PIÈCE JUSTIFICATIVE N° 8

Du 10 Pluviôse an II (30 Janvier 1794)

Le bureau municipal assemblé en séance publique, lecture a été faite d'un ordre du citoyen Grand, agent national près le district de Montluel, en date du 9 Pluviôse à deux heures après minuit, par lequel le Maire de Meximieux est requis de faire arrêter et conduire aux prisons de Montluel: Papillon curé, Jean Gaillan, Antoine Derrias,(Humbert) Joseph Rudigoz, maire, Joseph Brisson, Jean Moiffon, officiers municipaux, Joseph Venard, Joseph Moine dit Germain, la domestique de Martin aubergiste, et la femme de Pierre Chevrier; enfin tous ceux qui ont été élargis et mis en liberté par le représentant Gouly. Le dit Maire est également tenu, sous sa responsabilité, de faire réapposer les séquestres et les scellés sur les biens meubles, effets et papiers de ces individus, et ce conformément aux ordres qui ont été envoyés audit agent national par voye extraordinaire par le représentant Albitte. (*Arch. Mex.*)

PIÈCE JUSTIFICATIVE N° 9

Inventaire du mobilier et titres de la Fabrique Saint Apollinaire (27 Décembre 1793)

A la Sacristie s'est trouvé: Une armoire en chêne avec douze tiroirs et placard au dessus à neuf portes; — quinze chasubles de différentes couleurs à galons de soie, et quatorze autres à galons d'or; — trois chapes et dalmatiques noires; — deux petites bannières l'une à galons, l'autre en broderie; — deux voiles en soie; — quatorze nappes; — deux draps mortuaires et des guenilles; — deux bassins ou plats en étain, un autre en cuivre; — une grande et une petite lampe; — une croix et six chandeliers massifs également en cuivre; — une grande croix, six chandeliers, deux petites croix, douze petits chandeliers, trois navettes, et quatre encensoirs, le tout en cuivre argenté; — un petit crucifix; — une fontaine avec cuvette en étain; — deux flambeaux avec leurs manches; — deux croix en cuivre dont une avec son manche; — un goupillon; — une pièce de tapisserie en laine brodée; — un grand et petit dais; — un coffre à deux portes; — un escabeau; — deux mauvais surplis et deux aubes; — cinq mauvais livres de chant; — deux missels; — une bannière en damas; — un calice en argent; —

Dans l'église, quatre confessionnaux· — une crédence à trois tiroirs où étaient enfermées quarante livres de cierges.

Les commissaires de la municipalité voyant que l'heure devenait tardive, arrêtèrent leur inventaire...etc

(*Arch. Meximieux.*)

PIÈCE JUSTIFICATIVE N° 10

Déclaration de domicile faite par le curé de Samans

Citoyens,

Je vous déclare que j'ai cessé de dire la Messe, que les principaux habitants de Samans ont fermé les portes de l'église, que je me suis retiré dans mon domicile à Meximieux pour éviter tout soupçons contre moy.

A Meximieux, le 26 Xbre 1793, vieux style; le six nivôse an second de la république française une et indivisible.

Jacquemet, cy-devant curé de Samans.

PIÈCE JUSTIFICATIVE N° 11

Du 11 pluviose (30 Janvier 1794)

Est comparu le citoyen Cl. Ben. Jacquemet, ci-devant Curé de Samans, et a dit que depuis longtemps, il avait cessé les offices de Curé de Samans, comme il conest par la déclaration qu'il a faite par devant nous en date du 10 nivôse dernier; qu'il déclare qu'il n'entend plus faire aucun service *public* divin, et que pour preuve de sa déclaration il déposait sur notre bureau ses lettres de prêtrise qui consistent... (Suit l'énumération de ces lettres, depuis celles de clerc tonsuré jusqu'à celles de prêtre en date du 20 Xbre 1755. — Ces lettres furent envoyées au district de Montluel.)

Nota.—Par la déclaration du 10 Nivôse que nous avons omise, Jacquemet donnait sa démission d'officier public de Samans et remettait les registres de sa paroisse à la municipalité de Meximieux. (*Arch.Mex.*)

PIÈCE JUSTIFICATIVE N° 12

Du 13 pluviose (1er Février 1794)

Est comparu le Cytoyen Cl. Ben. Jacquemet, ci-devant Curé de Samans, lequel nous a déclaré qu'il ne veut professer dorénavant d'autres principes que ceux de la raison, de la liberté et de l'égalité comme un vrai républicain; qu'il abdique son état et fonctions de prêtrise et abjure ses erreurs.. . Déclare en outre qu'il n'entend faire aucun service, ni *public* ni *particulier*. De tout quoi il a requis acte et signé. (*Arch Mex.)*

PIÈCE JUSTIFICATIVE N° 13

Du huit ventôse (26 Février 1794)

Est comparu le citoyen Cl. Benoit·Jacquemet, lequel nous a dit qu'en conformité de l'arrêté du représentant Albitte,en date du 8 pluviôse, il s'était rendu à Montluel pour y être *sur* la surveillance de la municipalité, qu'il y avait demeuré jusqu'à ce jour; mais qu'ayant eu connaissance de l'arrêté du même représentant, du 21 pluviôse dernier, portant que les cy-devants prêtres, qui auraient rétracté leurs erreurs suivant la formule envoyée par ledit représentant et qui seraient âgés de plus de soixante ans, pourraient rentrer dans leur domicile pour y être *sur* la surveillance de la municipalité, il se présentait par devant nous et nous déclarait qu'il entendait *jouir* de ce dernier arrêté, puisqu'il etait âgé de 62 ans passés, qu'il avait abjuré par devant nous le 13 pluviôse dernier et qu'il se soumettait d'ailleurs de se représenter par devant la municipalité à toutes les époques fixées par l'arrêté....etc. (*Arch. Mex.*)

TABLE DES MATIÈRES

Pages

Belley — Imprimerie Louis Chaduc. 1901.

Lightning Source UK Ltd.
Milton Keynes UK
UKHW021920210319
339633UK00007B/149/P